구텐베르크의 귀환

출판문화의 re-르네상스를 위한 성찰

This work was supported by the Daejin University Research Grants in 2012

구텐베르크의 귀환

출판문화의 re-르네상스를 위한 성찰

이용준 · 김원제 · 정세일 지음

이담 Books

머리말

책은 인류 역사상 가장 오래된 매체이다. 인간은 문명이 발전하면서 자신의 사상과 역사를 기록하려고 노력해왔다. 이런 필요성에 의해 문자를 발명하고 진흙판, 대나무, 파피루스, 양피지를 이용하여 책을 만들어왔다. 중국에서 만들어진 종이는 오랫동안 서양에 전달되지 못하다가 동서양의 문물교류가 활발해진 12세기 이후 실크로드를 따라 서양에 전달됐다.

근대 문명이 시작되기 전까지 책은 숙련된 필사공에 의해 일일이 베껴 쓰는 방식으로 제작되었다. 따라서 책 자체가 워낙 귀한 것이어서 중세시대 어떤 수도사는 책 한 권을 잘 가꾼 포도밭과 바꾸었고, 15세기 독일에서는 설교집 한 권이 양 200마리와 수십 가마의 호밀과 바꿔졌다는 기록이 남아 있다.

그런 의미에서 구텐베르크의 활자인쇄술은 확실히 획기적인 사건이었다. 활자인쇄술에 의해 책은 누구나 필요한 만큼 값싸게 이용할 수 있는 대상이 되었다. 또한, 오늘날과 같이 문명과 과학, 민주주의가 발전하는 데 결정적인 공헌을 하였다. 1999년 말 미국의 잡지『라이프 (Life)』는 전문가 설문조사를 통해 지난 1천 년 동안 인류사에서 가장 중요한 사건 중 그 첫 번째로 구텐베르크의 활자인쇄술을 꼽기도 했다.

이렇게 인류 역사와 흥망성쇠를 함께했던 책이 오늘날 중요한 변화의 기로에 놓여 있다. 영상문화의 확산과 인터넷의 성장으로 독자의 관심영역에서 멀어지기도 하고, 디지털의 영향을 받아 전자책이 등장했다. 종이책의 소비감소로 미국에선 대형서점이 부도가 나기도 하고, 한편으론 원소스 멀티유즈의 경향으로 스토리가 탄탄한 원작 소설과 만화가 전성기를 구가하고 있다.

이러한 혼돈의 상황에서도 책의 가치와 미래에 대해 회의적으로 보는 사람들은 거의 없다. 책은 앞으로도 지식·정보를 전달하고 교육의 중요한 수단이 되며, 새로운 문화를 창조하고 궁극적으로 삶의 질을 개선하는 데 지속적으로 기여할 것이기 때문이다. 특히 인터넷 시대의 폭발적인 '정보 스모그' 속에서 책은 정선된 지식·정보의 최대 공급원으로 가치가 더욱 빛날 것으로 보인다.

그러나 현재 우리가 목도하고 있는 출판 시장의 변화는 단순한 변동의 수준을 넘어 '혁명'의 소용돌이에 접어들어 있다. 이미 미국의 인터넷 서점 아마존에서는 전자책의 판매가 종이책 판매량을 앞서고 있으며, 애플 앱스토어에서는 전자책 앱이 게임 다음으로 많이 다운로드되고 있다.

이제 책의 디지털화는 거스를 수 없는 추세인 것으로 보인다. 그러나 당분간은 아날로그와 디지털의 조화를 기본으로 책의 생태계가 변화될 것이다. 이런 가운데 출판문화는 위기와 기회라는 두 가지 국면을 동시에 맞이하고 있다. 이에 우리에겐 '오딘(odin, 지혜의 신)의 눈'이 필요하다. 출판문화 세상을 통찰하는 '지혜의 눈' 말이다. 디지털과 스마트라이프가 화두가 되는 세상에서 책의 가치를 극대화하고 인간 삶을 풍족하게 하는 방향으로 변화하면 지속적인 발전을 이룰 것이고, 반대 방향으로 간다면 심각한 위기상황에 빠질 것이다.

이 책은 혼돈과 격변의 시대를 겪고 있는 책의 세계를 일반인과 출판관계자가 모두 편안하게 볼 수 있게 집필되었다. 독서이력제의 시작 및 독서교육의 강화, 전자책의 등장으로 일반인들도 책과 출판문화에 대한 관심이 증가하고 있으며, 디지털 출판의 확산으로 출판계 종사자들도 출판의 현재와 미래에 대해 궁금하게 생각하고 있다는 점에 초점을 맞춰 책이 집필되었다. 또한, 출판의 세계를 궁금해하며 이 분야에 종사하고 싶어 하는 사람들에게도 좋은 지침서가 될 수 있게 구성하였다.

책의 앞부분은 출판문화의 과거와 현재까지의 역사를 다루고 있다. 종이, 인쇄, 책의 기원과 발전과정 및 각자의 산업이 어떻게 형성되어 있는가를 살펴보고 있다. 따라서 인류 문명에 있어 출판과 인쇄가 어떤 의미를 가지고 있는가, 출판산업과 인쇄산업은 어떤 범주와 영역을 가지고 있는가가 자세히 서술되어 있다.

책의 중간 부분은 현업 출판계 및 인쇄계의 세계를 설명하는 내용으로 채워져 있다. 일반인과 예비출판인뿐 아니라 출판계 종사자들이라 하더라도 이 분야에 대한 체계적인 지식이 없는 사람들에게 유용한 지식이 될 만한 내용을 정리하였다. 출판계 인력구조, 출판기획, 출판편집과 제작, 도서출판의 경영, 출판유통과 마케팅, 국내외 출판산업 동향 등에 대한 설명이 자세히 되어 있다.

책의 끝부분은 출판문화의 환경에 대한 내용이 주로 기술되어 있다.

출판이 하나의 문화현상으로 자리 잡는 데 중요한 역할을 하는 독자와 독서문화 및 출판 관련 정책과 법규를 살펴보고, 출판의 미래를 가늠해 보는 디지털 시대 출판문화 및 미래의 출판 패러다임에 대해 전망했다. 여기에서 안내해주는 내용은 독자 여러분에게 출판문화의 세계와 책의 미래를 다양한 각도에서 바라보는 시각을 제공해줄 것으로 기대한다.

바야흐로 출판문화와 책의 세계는 변곡점의 한가운데 서 있다. 독자는 전자책의 등장과 각종 스마트 기기들의 등장으로 책을 어떻게 이용할 줄 몰라 어리둥절하고, 출판계와 인쇄계는 급변하는 산업환경에 어떻게 대처해야 할지를 몰라 허둥대고 있다. 이런 시기에 일반 독자들에겐 책에 대한 이해를 돕고, 출판계 입문자와 종사자들에게는 출판산업과 문화에 대한 체계적인 안내를 제공하기 위해 만들어진 이 책이 저자들의 바람대로 많은 도움이 되길 바란다.

저자들은 출판계에 대한 경험이 일천한 사람들이다. 따라서 출판·인쇄현업에 대한 내용을 설명할 때 경험 부족으로 실상과 다소 동떨어진 설명을 하는 부분도 있을 수 있다. 독자 여러분에게 널리 양해를 구한다.

저자들은 이 책을 구상한 지 2년여 만에 힘들게 원고를 완성하여 책을 내게 됐다. 모쪼록 녹록지 않은 집필과정을 통해 나온 이 책이 우리나라의 출판·인쇄산업과 출판·독서문화의 발전에 작은 기여라도 했으면 하는 바람을 가져본다.

2011년 12월 겨울날
저자 일동

목 차

머리말 ··· 4

제1장 종이와 기록문명

1. 종이의 기능 및 가치 ······································ 15
2. 종이문명의 가치, 대자보 사례 ······················ 31
3. 종이미디어의 미래 ·· 38

제2장 인쇄술의 발전과 인류문명

1. 인쇄술의 역사적 발전과정 ···························· 43
2. 인쇄술이 인류문명에 미친 영향 ···················· 59

제3장 출판문화산업의 개념과 속성

1. 출판문화산업의 개념 ···································· 69
2. 출판문화산업의 간행물 유형 분류 ················· 72
3. 도서출판물의 미디어콘텐츠로서의 속성 ··········· 77
4. 도서출판물의 기능 및 가치 ··························· 82

제4장 출판문화의 발전과 혁신

1. 책의 역사적 발전과정과 중요성 ····················· 89
2. 최근 세계 도서출판시장 경향 ······················· 107
3. 현 단계 국내 도서출판시장의 문제점 ············· 111
4. 출판시장의 혁신과 미래 발전 방향 ················· 115

제5장 도서출판 시장의 가치사슬

1. 도서출판 시장의 가치사슬 구조 ················· 123
2. 전자책 시장의 가치사슬 구조 ················· 130

제6장 인쇄문화산업의 개념과 특징

1. 인쇄문화산업의 개념 ················· 145
2. 인쇄공정 ················· 147
3. 친환경 인쇄의 중요성 ················· 151

제7장 출판업계에서 일하는 사람들

1. 출판사의 인력 구조 ················· 157
2. 국내 출판시장의 인력 구성 현황 ················· 160
3. 출판업계 미래 인력의 조건 ················· 164

제8장 국내외 출판산업의 동향

1. 글로벌 출판산업 동향 ················· 173
2. 한국 출판산업 동향 ················· 183

제9장 출판기획

1. 출판기획의 이해 …………………………………………………………… 199
2. 출판기획의 요건 …………………………………………………………… 201
3. 출판기획의 유형 …………………………………………………………… 204
4. 출판기획자의 역할 ………………………………………………………… 209

제10장 출판편집과 제작의 이해

1. 출판편집 ……………………………………………………………………… 219
2. 출판제작 ……………………………………………………………………… 229

제11장 도서출판의 경영 및 비즈니스

1. 출판업의 특성과 출판경영 ……………………………………………… 245
2. 디지털 환경에서 출판경영 혁신 ……………………………………… 253
3. 출판 경영전략으로서의 OSMU ………………………………………… 264
4. 종이산업의 블루오션, 페이퍼 마케팅 ………………………………… 276

제12장 도서출판의 유통과 마케팅

1. 도서정가제에 대한 이해 ………………………………………………… 283
2. 공공도서관의 이해 ………………………………………………………… 291
3. 출판마케팅 전략 …………………………………………………………… 297

제13장 독자와 독서문화

1. 출판독자의 소비행태 ……………………………………………………… 305
2. 독서문화 ……………………………………………………………………… 310

제14장 디지털 시대의 출판

1. 전자책 빅뱅 ··· 319
2. 디지털 패러다임에서 제작·유통·소비 방식의 변화 ················· 325
3. 전자출판의 변화 양상 및 전망 ··· 329
4. 출판만화 시장의 현재 및 미래 ··· 333

제15장 출판미디어 정책론

1. 출판진흥정책의 당위성 ··· 343
2. 해외 출판진흥정책 동향 및 특성 ······································ 346
3. 국내 동향 및 미래 지속성장을 위한 정책과제 ····················· 351

제16장 출판법제

1. 국내외 표현의 자유 관련 사례 및 제도 ······························ 363
2. 국내외 저작권법 관련 사례 및 제도 ··································· 368
3. 기타 출판과 관계된 법률 ··· 374

제17장 출판의 미래, 미래의 출판

1. 출판 환경의 변화 ··· 383
2. 출판의 패러다임 변화 ··· 387
3. 출판의 미래 성장 조건 및 전망 ··· 396

참고문헌 / 403

제1장
종이와 기록문명

1. 종이의 기능 및 가치

디지털 시대를 맞이해 종이의 기능은 혁신적으로 전환되고 있다. 디지털 시대 초기, 문서가 인터넷으로 들어가자 종이의 불필요함이 역설되었다. 그러나 오늘날 종이의 사용은 오히려 더 늘어나고 있다. 디지털 시대를 사는 우리는 디지털문서를 활용하면서도 종이에 출력해 확인하고 보관하는 오랜 습성을 버리지 못하는 것이다. 인터넷신문이 주목받는 시대가 됐음에도 불구하고, 여전히 종이신문은 유효하고 무가지가 성업 중인 게 현실이다. 종이가 갖는 묘한 매력, 나름의 미디어적 가치가 있기 때문이다.

1.1. 시각 기호에서 문자로

언어나 의미 있는 소리를 만들어 사용하기 전에도 원시 인간 사이에 커뮤니케이션 과정이 이루어졌다. 그 과정에는 말로 표현하는 형태보다는 기술적이거나 시각적인, 심지어는 후각적인 방법이 동원되었다. 언어가 있기 이전에 사용된 비음성기호는 행위기호(performance codes), 인조기호(artificial codes), 매체기호(media codes) 및 맥락기호(contextual codes) 등으로 구분된다. 그러나 이런 비언어적 기호는 의미 전달에 한계가 많았다.

인간은 공동체를 이루어 공동 노동으로 생계를 유지하면서 말을 사용하기 시작했다. 인간은 구석기시대인 야만의 시대에 이미 분절언어를 만들어 썼다. 언어는 맹수가 나타나 큰 소리로 외치는 수준의 이른바 '외침의 단계'로 시작하여, 사냥할 때 '가까이 오라(ee)', '도망가라(oo)'고 명령하는 '명령의 단계'를 거치면서 차츰 발전했다.

인간은 낮은 생산 수준과 거대한 자연 환경에 무력감을 느끼지 않을 수 없었다. 인간 의식은 어린이 같은 순수한 종교적 관념에 지배당했다. 인간은 종교적 관념을 동굴 등에 그림으로 표현했다. 그림을 통해 인간은 절대자인 신과 대화하고자 한 것이다. 이런 그림과 같은 시각기호는 촌락공동체가 발달하고 교환이 성행하면서 차츰 발전해 갔다. 원시인들은 수를 세거나 길이나 무게를 재기 위해 비구상적 표기를 이용하고, 달력을 만들었다.

인류는 선사시대부터 의사전달 및 기록보존을 위한 여러 가지 표현 방법을 고안해 사용하였다. 가장 대표적인 방법은 결승문자(結繩文字·quipu 또는 khipu)이다.

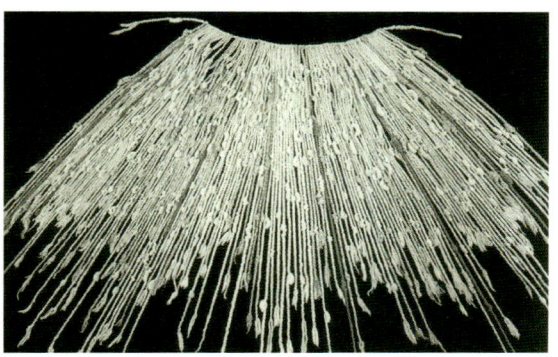

고대 잉카의 결승문자
출처: York University(http://www.yorku.ca/).

결승이란 천이나 양털을 꼬아 만든 새끼 끈을 적당한 간격마다 일정하게 매듭을 짓는 것을 말하며, 매듭이나 간격의 수는 각각 일정한 의미를 나타냈다. 결승에 사용되는 새끼 끈의 다양한 색상도 일정한 의미를 표시하는 것이었다. 선사시대 인류는 이 같은 결승을 통해 수(數)와 물리적 대상물, 그리고 전쟁, 사랑 등과 같은 추상적 의미까지 기록할 수 있었다. 결승문자는 고대 중국, 중동의 페르시아, 남미의 잉카제국 등에서 주로 사용되었으며, 가볍고 휴대가 용이하여 왕이나 귀족 등 특권층의 전령이 지니고 다니기도 하였고, 공적인 기록의 경우 관리들에 의해 관리되고 보관되었다(이종국, 2006).

고대 북아메리카 인디언들은 의사소통과 기록을 위해 색패(色貝, wampum)를 이용했다. 색패는 의사표현의 수단으로 이용되던 조개껍데기를 말한다. 조개껍데기의 크기와 색상, 그리고 그 배열 등에 따라 의미하는 바가 달랐다. 검은색 조개껍데기는 죽음과 두려움, 흰색은 평화, 붉은색은 전쟁이나 위험을 의미했다.

결승문자와 색패보다 발전된 형태의 문자는 그림문자(pictograph)이다. 그림문자는 나무나 돌 등에 선이나 그림을 그려 기록을 남기는 것으로, 결승문자나 색패에 비해 보다 구체적이고 다양한 표현이 가능한 것이었다.

그림문자는 다양한 도형 등을 조합하거나 도형에 색을 칠하여 관념이나 대상을 표시하는 방식으로 구성되었다. 북아메리카 인디언의 그림문자의 경우, 태양 그림은 하루를 상징하였고, 인간의 그림 위에 동물을 그려 넣어 그 사람의 이름을 표시했으며, 붉은색으로 칠한 인간 그림으로 상처 입은 사람을 나타냈다. 그림문자는 세계 도처에서 발견되고 있어, 지리적으로 광범위하게 사용되었음을 알 수 있게 한다.

이같이 세계 여러 지역에서 사용되던 그림문자는 상형문자(象形文字), 설형문자(楔形文字), 표의문자(表意文字) 등으로 발전하였다.

고대의 그림문자
출처: 호주 시드니 파워하우스박물관(http://www.powerhousemuseum.com/).

기원전 5천 년기와 4천 년기부터는 나일강변의 이집트와 티그리스·유프라테스 양하 유역의 메소포타미아에서 문자가 나타나기 시작하였다(부길만, 2008).

이집트에서는 신성문자로 알려진 상형문자를 사용하였다. 메소포타미아에서는 우르크기에 신전 계산서인 토판문서에 그림과 기호를 적어 쓰기 시작했다. 이들 그림과 기호는 기원전 3천 년경인 제므뎃-나스르기에 이르러 문자에 가까워지고 우르 고왕조기에 현대 학자들이 해독할 수 있는 설형문자(일명 쐐기문자)로 발전했다.

설형문자는 복잡한 기호의 모양을 가지고 있었지만, 상형문자는 사물의 모양을 본떠 만들었다는 특징이 있다.

1.2. 서양종이의 원조 파피루스, 그리고 다양한 기록재료들

문자가 만들어지자 이들을 기록할 기록매체가 발전하기 시작하였다. 인류는 종이 발명 이전에도 거북의 껍데기, 동물의 뼈와 가죽(양피지), 점토판, 파피루스(papyrus), 옥(玉), 도기, 대나무 및 나무 등 주변에서 보편적으로 용이하게 구할 수 있는 여러 가지 재료들을 이용하여 기록을 남겨왔다.

종이 발명 이전 동양에서 가장 널리 사용되던 재료는 대나무와 나무였다. 대나무는 불에 구운 다음 다양한 크기로 나누어서 기록에 사용하였는데 이를 죽간(竹簡)이라 한다. 그리고 나무는 일정한 크기로 쪼개어 기록에 사용되었는데 이를 목독(木牘)이라 부른다. 여러 개의 죽간이나 목독은 가죽 끈이나 비단실 등을 이용하여 책(策)으로 만들어지기도 하였는데, 이는 곧 한 권의 책(冊)이 되었다.

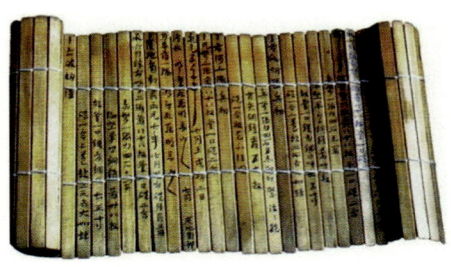

대나무로 만든 죽간과 나무를 쪼개어 만든 목독
출처: (shbae3521.egloos.com/9398424).

중국에서는 나무와 대나무 이외에 일부 특권층이 비단을 재료로 한 견백(絹帛)을 기록에 사용하기도 했다. 견백은 비단으로 만들어졌기 때문에 그림을 그리거나 글씨를 쓰고 펼쳐 읽고 보는 것이 편리하였다(류부현, 2004).

서양에서는 점토판, 파피루스, 양피지(羊皮紙) 등이 종이 등장 이전에 기록을 위해 사용되었다. 점토판은 주로 메소포타미아 지방과 그 주변 지역에서 설형문자를 기록하는 데 사용되었다. 부드럽고 유연한 진흙을 알맞은 크기와 형태로 빚어서 나무나 뼈, 또는 쇠붙이로 된 철필로 문자를 새긴 다음 불에 굽거나 태양빛에 말렸다. 글씨를 새기는 데 시간이 오래 걸리거나 내용을 첨가해서 기록할 필요가 있는 경우에는 진흙이 마르지 않도록 젖은 천으로 싸서 사용했다. 점토판은 그 크기와 모양이 매우 다양하여 삼각형, 원형, 원추형의 것도 있으며, 공문서나 법률 기록, 계약, 약속어음 같은 데에도 널리 사용되었다. 하지만 점토판은 부피가 크고 무거워서 사용하기가 불편하고, 하나의 책은 수십 내지 수백 개로 이뤄져 있기 때문에 보관과 열람이 매우 불편했다. 그럼에도 보존성은 매우 특출하여 현존하는 것 중에는 고대 바빌로니아나 아시리아 지방에서 발굴된 기원전 4천 년경의 점토판도 있어 당시의 문헌 연구에 커다란 도움을 주고 있다.

파피루스(papyrus)는 중국의 종이 제조방법이 유럽에 전해진 8세기 이전까지 유용한 기록매체로 이용되었다.

파피루스를 최초로 만든 곳은 바로 이집트지방이며, 기원전 2500년경부터 사용하기 시작했다. 파피루스는 이집트 나일강 유역의 늪지대와 삼각주 지역에 많이 자생하던 다년생 식물의 줄기를 잘게 쪼개고 이것을 종횡으로 놓아 끈끈한 액으로 밀착시킨 후 이를 햇볕에 말린 다음 상아나 조개 등으로 문질러서 광택을 내는 과정을 거쳐서 만들어진 것이다. 나일강의 습지대에 많이 분포하고 있는 파피루스 풀은 높이가 4~5미터나 되는 것도 있다. 파피루스는 파피루스 풀을 말린 것을 여러 장 이어서 두루마리로 만들어 사용하였다.

파피루스에 문자를 기록하기 위해서는 기름의 그을음에 고무용액을 섞어 만든 검은 잉크와 빨간 진흙이나 산화철로 만든 빨간 잉크가 주로 이용되었고, 끝이 뾰족한 나무 막대기를 연필 모양으로 만들어 필사 도구로 사용되었다. 파피루스는 그 자체가 부스러지기 쉽고 습기에 약하여 기록을 오래 보존하는 데 적당하지 못했다. 파피루스는 고대 이집트와 지중해 연안 국가와 및 유럽 여러 지역에서 널리 사용되었으며, 로마시대에는 책, 법률이나 외교 문서 등에도 사용되었다.[1]

헬레니즘 시대로 구분되는 기원전 3세기 초, 고대 문예와 문헌학의 중심지였던 이집트의 수도 알렉산드리아에 설립된 대규모 도서관에는 이 같은 파피루스로 만들어진 책이 공적으로 수집되고 보관되기도 하였다. 고대 시대에는 파피루스로 책을 만드는 일이 꽤 번창해

---

1) 대한인쇄문화협회 홈페이지(http://www.print.or.kr/) 내용 참고.

알렉산드리아의 도서관에는 파피루스 책이 수십만 권 있었다는 기록
이 있다. 오늘날까지 보존된 파피루스 문서 중에는 『사자의 서(死者의
書)』라는 것이 있는데, 고대 이집트의 피라미드 안에서 발견된 것으
로 죽은 사람을 사후세계로 인도하는 상형문자가 그려져 있다.

　파피루스는 현대의 종이와 유사한 형태로 가볍고 동그랗게 말려지
므로 가지고 다니기에 편리하였다. 이 파피루스가 바로 종이 즉, 페이
퍼(paper)의 어원이 되었다. 이 파피루스는 이집트 국가에서 독점하여
만들었으며, 개인이 허락 없이 만들 수 없었다. 파피루스는 페니키아
와 지중해 연안을 따라 유럽으로 전해졌으며, 이집트의 중요한 수출
품이었다(브뤼노 블라셀, 권명희 옮김, 1999).

　한편 로마시대에는 헬레니즘 시대의 도서관이 수집한 파피루스 장
서들이 모두 로마로 유입되어 사제와 구족계층에 의해 사용되었다.

파피루스로 만든 이집트 기록물 『사자의 서』(좌)와 다년생 식물 파피루스(우)[2]
출처: 조선닷컴(www.chosun.com/.../2007/10/10/2007101001384.html).

---

2) 기원전 10세기에 제작됐으며 파피루스 줄기로 만들어졌다.

1세기 말 무렵에는 기존의 두루마리형 파피루스가 외양과 같은 낱장을 묶어 만든 코덱스(codex)형, 즉 오늘날의 책과 같은 형태로 변화하기 시작하였고, 5세기경에는 두루마리 책들과의 경쟁에서 코덱스형 책이 완전하게 승리를 거두게 되었다. 그리고 이에 따라 인류의 독서습관도 페이지를 넘기며 책을 읽는 형태로 혁신이 이루어졌다.

하지만 파피루스는 값이 비싸고 찢어지기가 쉬워서, 양피지가 등장하고 중국에서 종이가 전해지면서 역사의 뒤안길로 사라져갔다.

기원전 200년경, 서양에서는 파피루스를 대신할 새로운 기록매체가 등장한다. 파피루스를 대신해 등장한 양피지(parchment)는 송아지나 양, 염소의 가죽을 이용해서 만들었다. 이집트에서 탄생해 고대 로마까지 널리 사랑받던 파피루스는 프톨레마이오스 왕조에 이르러 수출이 금지되고, 이를 구할 수 없었던 사람들이 파피루스를 대신해 양피지를 만들었다.

당시 이집트와 경쟁관계에 있던 페르가몬은 알렉산드리아 도서관에 못지않은 많은 양의 파피루스 책을 페르가몬 도서관에 모으려고 했는데, 이를 못마땅하게 여기던 이집트의 왕은 마침내 파피루스의 수출을 금지하게 되었다.

페르가몬의 왕 에우메네스 2세는 파피루스를 대신할 재료를 찾는 데 온 힘을 기울였고, 그리하여 양이나 염소, 송아지 같은 동물의 가죽을 이용한 양피지를 개발하게 되었다(박정숙, 2010).

양피지는 고대 로마사회와 중세유럽사회 등에서 널리 이용되었다. 양피지는 내구성이 강해 기록을 오래 보존하는 데 용이하였다. 하지만 양피지를 만들기 위해서는 여러 마리의 동물을 필요로 하기 때문에 가격이 비쌌다. 따라서 양피지를 사용할 수 있는 계층은 한정적이었다.

유럽에서는 종이 사용이 확산되기 이전까지, 특히 중세시대에 양피지가 핵심 기록 재료로 이용되었으며, 특히 이 시기 유럽사회를 지배한 종교적 기록과 학문적 기록은 대부분은 양피지를 이용한 것이었다. 양피지 또한 코덱스형 책의 재료가 되었다. 기독교가 지배하던 중세시대 코덱스형 종교서적은 신을 알고 영혼을 구원받기 위한 명상적 독서 형태에 적합하였다. 중세시대에는 양피지에 책을 필사(筆寫: 책의 내용을 일일이 손으로 베껴 씀)하는 작업이 성행했다. 이에 따라 양피지 책의 생산도 증가하였는데, 그 이유는 수도원의 수도사가 필사작업이 손으로 행하는 일종의 기도로 인식되었으며, 책을 만드는 일이 경건한 노동의 형태이기도 하였기 때문이다. 따라서 필경사들은 종교서적을 정성을 기울여 필사하였고, 채색화가들은 삽화와 장식을 넣어 책을 아름답게 꾸몄다(엘리자베스 L.아이젠슈타인, 전영표 옮김, 2008).

중세 유럽에서 제작되어 이용되던 코덱스형 양피지 책의 전형
출처: (http://203.241.185.12/).

하지만 12세기에 들어 프랑스 궁정을 중심으로 『아서 이야기』 등 전설적 영웅들을 소재로 한 궁정소설이 성행하기 시작하면서 책의 기능은 문학과 학문발전의 수단으로 확장되어 갔다. 중세사회 후기에 도시들이 성장하고 대학에서의 종교 이외의 다양한 학문연구가 활발하게 진행되면서, 대학도서관이 성행하게 되었으며, 책의 이용자들도 더욱 증가하게 되었다.

양피지는 12~13세기까지 쓰이다가 중국에서 발명된 종이가 아랍을 거쳐 서양에 전달된 이후 급격히 사라지게 되었다(오딜 리무쟁, 장석훈, 2007).

1.3. 종이의 발견과 확산

종이는 중국의 후한 시대인 105년에 채륜(蔡倫)에 의해 발명되었다. 채륜은 나무껍질과 마(麻), 헌 헝겊, 어망 등을 물에 불려 찢어서 종이를 만들었다.

서기 63년, 가난한 농부의 아들로 태어난 채륜은 13살 무렵 환관으로 궁궐에 들어가고, 20대 중반 무렵 궁중물품을 제조하는 공방의 책임자로 일하게 된다. 이때 채륜은 당시 중국에서 널리 쓰이던 죽간과 일반나무를 잘라 기록한 목간의 불편함을 절실히 느끼고, 이를 대체할 기록매체를 발명하려는 데 심혈을 기울인다. 이러한 노력을 기울이길 17년, 서기 105년에 마침내 나무껍질과 낡은 천 등을 주원료로 한 종이를 발명한다.

채륜은 종이를 발명한 후에도 평생 동안 종이의 질 개선에 힘을 쏟았고, 이러한 채륜의 업적을 기려 옛사람들은 종이를 채륜이 만들었다 하여 '채후지'라고 부르기도 하였다(김순철, 2001).

채륜이 만든 종이는 이후 시간을 두고 전 세계로 펴져갔다. 우리나라에는 593년 고구려 영양왕 때 종이가 들어왔고, 일본에는 610년 고구려 승려 담징에 의해 전파되었다. 서양의 경우, 12세기에 이르러서야 제지술이 도입될 수 있었다. 제지술은 당나라와 사라센 제국이 투르키스탄의 탈라스 강 주변을 놓고 전쟁을 벌였고, 이 '탈라스 전투'에서 포로로 잡혀간 중국인 제지 기술자에 의해 757년 사마르칸트에 처음으로 제지공장이 세워지면서 중앙아시아로 전파되었다. 사마르칸트에서 만든 종이는 '사마르칸트지'라고 불리며 매우 유명했고, 12세기경에는 종이 만드는 기술이 무어인에게도 전파되어 이들의 점령하에 있던 스페인에까지 전해지게 되었다. 이렇게 중국의 종이 만드는 기술은 전쟁을 통해 실크로드를 타고 이슬람 지역으로 전달되었고, 12세기 중반에는 유럽지역으로도 전달되었다. 1189년 처음으로 프랑스에 제지 공장이 생겼고 이어서 이탈리아, 독일 등에 제지 공장이 생기기 시작하였다(채백, 2001).

특히 이슬람과 기독교가 충돌한 십자군 전쟁 때 많은 유럽의 기독교도들이 아랍의 신기한 물건을 가지고 집으로 돌아갔는데, 그중에 하나가 종이였다. 처음 한동안은 유럽의 상인들이 아랍까지 가서 종이를 사왔지만, 곧 유럽 사람들도 종이 만드는 방법을 알게 되었다. 유럽 사람들은 못 쓰는 넝마를 이용해 종이를 만들기 시작했다. 그러나 인쇄술의 발전으로 종이의 수요가 늘어나자, 넝마의 공급이 달려 나무펄프에서 종이를 만드는 방법을 정착시켜 나갔다(오딜 리무쟁, 장석훈 옮김, 2007).

중국 제지술의 세계 전파 과정
출처: (http://www.han-style.com/hanji/history/introduction.jsp).

그동안 수많은 기술적 발전에도 불구하고 종이가 기록매체로서 확고부동한 자리를 지키고 있는 것은 기록성과 보존성이 뛰어나기도 하지만, 무엇보다 가독성과 휴대성이 월등하기 때문이다. 얇아서 책으로 만들기 쉽고, 가벼워 휴대하기도 편했던 것이 기록매체, 전달매체로서 적합했던 것이 종이의 장점이다.

1.4. 종이의 진화, 디지털 페이퍼

최근에 와서는 전자종이(electronic paper), 만능종이(smart paper), 전자잉크(electronic ink)라고도 불리는 디지털 페이퍼(digital paper)가 디지털 시대 기록매체로 등장하면서 종이의 아성을 위협할 태세다.

디지털 페이퍼는 시간적·공간적 제약이 거의 없고, 표시와 판독이 용이해 꿈의 디스플레이(display)라고 불린다. 인터넷의 바다에서 쏟아지는 엄청난 양의 정보를 제약 없이 표시할 수 있는 매체가 절실히 요구되는 상황에서, 지금까지는 디스플레이라고 불리는 전달매체가 그 역할을 수행해왔다. 그러나 기존의 디스플레이들은 종이만큼 보기가 용이하지 않고, 부피가 크고 무거우며 무엇보다 전원공급을 필요로 하기 때문에 시·공간적 제약이 따랐다. 디지털 페이퍼가 바로 이러한 한계를 극복하면서 각광을 받고 있는 것이다.

디지털 페이퍼는 정보전달매체의 일종으로서 질감이 종이와 비슷해 휴대가 간편하고 지우고 쓰기 편리하다는 장점을 갖는다. 무엇보다 영구성과 신뢰성 측면에서 유리하다. 디지털 페이퍼는 수백 년 동안 데이터를 유지할 수 있어 읽기가 가능하며, 정보가 손상되어도 손상부분을 확인할 수 있고 일정부분 복구도 가능하다. 종이에 사용되는 잉크는 컴퓨터 디스플레이가 가지는 중요한 특성 중 하나가 부족하다. 즉각적인 삭제와 재사용이 가능한, 닳지 않고 수백만 번이나 반복할 수 있는 능력, 이러한 능력을 가진 전자잉크는 나무를 펄프로 만들 필요도 없이 수시로 업데이트 할 수 있다. 재래식 책과 유사한 촉감을 구현하는 전자도서, 무선으로 얇고 유연한 디스플레이에 내용이 전송되어 지하철에서건 사막 한가운데서건 읽기 편하게 만든 전자잡지나 전

전자 잉크로 e-페이퍼 위에 인쇄된 신문3)

---

3) 컴퓨터 모니터 화면처럼 사진과 문자를 입력할 수 있지만, 손쉽게 구부리고 접을 수도 있다.

자신문 시대를 열어주는 것이다.

전자종이를 개발하려는 노력은 1980년대부터 있어 왔다. 제록스의 팔로알토연구소(PARC)는 1980년대부터 전자종이 개발팀을 두고 지속적인 연구개발 활동을 펴왔다. 기술적 정체기를 지나, 1997년 MIT 미디어랩은 'E-잉크'라는 벤처회사를 설립했는데, 미국의 대표적인 통신 장비업체인 루슨트, 벨 연구소, IBM, 신문재벌 허스트 그룹 등이 참여했다. 이에 자극받은 제록스도 자이리콘 미디어(Gyricon Media)라는 회사를 설립했는데, 여기에는 3M이 참여했다. E-잉크는 1999년 임미디어(Immedia)라는 디지털 페이퍼 제품을 발표했는데, 두 개의 얇은 판 사이에 있는 쌍안성 캡슐(minuscule capsule)이 전기적 자극에 따라 안에 있는 하얀 색소가 위아래로 움직이면서 하얀색을 띠거나 검은색을 띠게 되는 원리를 응용한 것이다. 자이리콘 미디어가 개발한 스마트 페이퍼는 전기자극에 반응하는 수백만 개의 양시성 구슬(bi-chromal bread)을 픽셀로 활용한 것이다. 이들이 지향하는 바는 '느낌 그대로의'

'e-페이퍼(전자종이)'

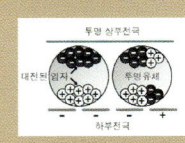

· 2000년 미국 E-Ink사가 상용화함
· 마이크로캡슐 속 투명한 유체 속에 떠 있는 흑백의 입자가 전류 변화에 따라 이동하고, 수많은 캡슐들이 모여 흑백의 영상을 구현
· 전원을 끊어도 영상이 사라지지 않고 화면을 전환할 때 말고는 전력이 소모되지 않아 한 번 충전으로 수천 페이지를 볼 수 있음
· 종이와 같은 성질을 가지고 있으므로 복사기에 복사할 수 있음
· 백라이트가 필요 없어 일반 종이처럼 오래 들여다봐도 눈이 피로하지 않다는 장점이 있음
　출처: 「e-book성장의 주역-아마존」, 『SERI 경영노트』, 2009. 5. 28.

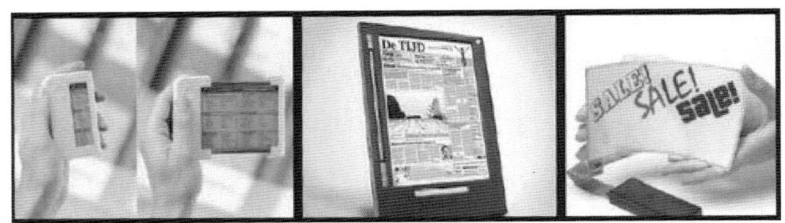

종이를 모방하는 디스플레이 제품들4)

종이이다. 종이의 특성을 고스란히 살리면서 디지털 기능을 부가하려
는 것이 디지털 페이퍼의 최종목표인 것이다(이용준·김원제 외, 2010).

영화 <마이너리티 리포트 Minority Report>(2000, 스티븐 스필버그
감독, 톰 크루즈, 콜린 파렐 주연)에는 2054년을 배경으로 하는데, 흥
미로운 미래기술들이 다양하게 펼쳐진다. 그중 관심을 끄는 것은 'e-
페이퍼' 기술이다. 영화에서 주인공이 당국의 추적을 피해 지하철 속
으로 숨어드는 장면이 나온다. 지하철 승객 중 일부가 신문을 보고
있는데 이 신문은 실시간으로 정보가 업데이트되며 심지어는 동영상
까지 나타난다. 지명수배자가 된 주인공은 결국 신문 때문에 정체가
드러나 다시 도주해야 하는 처지에 놓인다. 영화에선 2054년 먼 미래
의 일로 그려졌으나, 상용화 시기는 훨씬 앞당겨질 것으로 보인다.

SF영화는 미래 과학기술을 한발 앞서서 예견하고 미래 사회상을 살펴
볼 수 있게 해준다. '상상이 미래를 부른다'는 명제처럼, <마이너리티 리
포트>에서 보여진 미래사회상이 곧 펼쳐질 것임은 의심의 여지가 없다.

---

4) 두루마리처럼 접었다가 필요하면 펼쳐보면 되는 e-페이퍼(왼쪽), 벨기에 '데 타이트(De Tijd)'의 휴대용 디
지털 전자신문(가운데), 백화점 세일 가격표 등으로 활용할 수 있는 e-페이퍼(오른쪽).

2. 종이문명의 가치, 대자보 사례

최루탄과 고문으로 얼룩진 우리 현대사에서 캠퍼스의 벽은 항상 대자보 차지였다. 대자보는 '시대의 외침'으로서의 역할을 충실히 해 냈다. 오늘날 그 대자보는 시간의 흐름만큼이나 사뭇 변했다. 보다 경 쾌하게, 보다 세련되게, 보다 발랄하게. 하지만, 여전히 대자보는 우 리에게 메시지를 전달하고 있다. 그것은 바로 우리 사회의 이야기이 고 대한민국의 이야기이며 우리 세대의 이야기다. 세상을 비추는 창, 바로 대자보의 세상인 것이다.

대자보는 제작이 용이하며 다수인에게 전달할 수 있으므로, 인쇄 술이 발명되기 이전 중요한 커뮤니케이션 수단으로 사용되어 왔다. 물론 매스커뮤니케이션 시대를 지나 오늘에 이르기까지 대자보는 중 요한 의사표현 수단, 즉 미디어의 역할을 수행해왔다.

2.1. 최초의 커뮤니케이션 미디어로서 대자보

네이버 백과사전에 따르면, 대자보(大字報)는 중국의 벽신문(壁新聞) 을 이른다고 설명한다.

매스미디어를 이용할 수 없는 민중 자신의 커뮤니케이션 미디어로 서 벽신문의 전통은 현대에 이르기까지 일관되고 있다. 널리 인용되 는 사례로서 중국의 경우, 1930년대 후반부터 '벽보(壁報)'에 의한 선 전·공작이 전개되었다. 문화대혁명의 소용돌이 속에서도 유소기(劉 少奇) 등 실권파가 공산당의 각 기관을 장악하였고, 기관지 등 간행물 이 실권파의 손안에 있는 상황이었기 때문에 대자보는 조반파(造反

派)의 중요한 무기의 구실을 하였다. 1966년 11월 8일 북경대학교의 홍위병(紅衛兵)들이 써붙인 대자보 "유소기는 자산계급 노선을 밟는 권력파의 제1호이고, 등소평(鄧小平)은 제2호이다"와 같은 격렬한 구호로 실권파를 공격한 것은 그 대표적인 사례이다.

서양의 경우엔 기원전 5세기 무렵 로마에서 지방근무자에게 뉴스를 보내기 위하여 손으로 직접 쓴 뉴스레터가 있었다고 전해진다. "왔노라, 보았노라, 이겼노라(veni, vidi, vici)"로 유명한 가이우스 율리우스 카이사르(GAIVS IVLIVS CAESAR)는 이미 기원전 60년에 대자보를 전략적으로 활용한 인물로 평가된다. 세계제국인 로마의 지도자답게 그는 로마보다 외부에서 활동하는 시간이 많았다. 그의 행동반경은 지금의 스페인, 영국, 이집트, 그리스, 아프리카 등 광대하였다. 교황의 감독 하에 게시판에 공인된 뉴스를 내붙였던 것을 카이사르가 법정기록이나 전쟁·범죄 등의 사건을 매일 게시하게 하여 보다 효율적으로 활용했다. 이런 점에서 신문의 시초로 평가되기도 한다.

시오노 나나미는 『로마인 이야기』 카이사르 편에서 다음과 같이 기록하고 있다. "아무도 상상조차 못했고 기대도 하지 않았던 일을 '집정관 통달(通達)'이라는 형태로 실현했다. 집정관 통달은 라틴어로 '악타 디우르나' 또는 '악타 세나투스'라고 부르는데, 일보(日報) 또는 원로원 의사록을 의미한다. 원로원에서 이루어진 모든 논의나 토론이나 결의를 이튿날 포로 로마노의 한쪽 벽에 써 붙이는 것이다(4권)." "로마에서 행해진 연설은 대자보에 기록되어 폼페이, 나폴리, 피사, 피렌체의 중앙 광장에 나붙었다(5권)."

로마집정관 카이사르는 정부발표 사항을 일보의 형식으로 게시하는 '악타 디우르나(Acta Diurna)'를 로마 광장에 써붙였다. 통신과 교통수단이 지금처럼 발달하지 않은 고대에서는 효과적인 커뮤니케이션 채널 수단 확보가 어려웠다. 이에 카이사르는 배타적인 원로원 회의를 노출시켜 민중의 정치의식을 키우고 카이사르 자신의 의정을 홍보하는 수단으로 '악타 디우르나'를 통해 원로원 의사록을 대중에게 공표한 것이다. 또한 정복자로서 카이사르는 전쟁에서 승리하고 돌아오면 반드시 적국에서 탈취한 재물, 사로잡은 노예 등 성과물을 일일이 대자보에 기록해 시민들에게 널리 알렸다. 이런 점에서 카이사르는 미디어의 힘을 제대로 이해한 인물로 볼 수 있겠다. 언론을 통제, 활용하여 권력을 쟁취하고 유지하는 것은 권력자의 기본전략이었음을 카이사르의 사례는 보여준다(시오노 나나미, 2007).

2.2. 한국 현대사와 함께한 대자보

우리가 사극에서 주로 접하는 방문(榜文) 같은 것이 한국에서 대자보의 효시라 할 수 있다. SBS의 역사드라마 <서동요>를 보면, 서동이 자신의 의사를 민중에게 전파하는 중요한 수단 중 하나로 벽서를 사용하였다.

우리에게 대자보는 언로를 갖지 못한 민중의 매체였다. 그것은 담벼락에 혹은 기둥에 붙여 수많은 사람들에게 소식을 전해주면서 잘못된 것을 알려주고 바로잡는 구실을 해왔다. 민중의 매체이다 보니 대자보는 언제나 민중이 쉽게 이해하고 알기 쉬운 말로 씌어졌다. 그러나 그 일로 인해서 '민중의 글'이 탄압받는 경우도 있었다. 조선 왕조 연산군 때 연산군의 폭정을 비판한 대자보가 한글로 씌어졌다고 해서 탄압받은 것은 대표적인 사례이다.

미디어가 난무하는 요즘 세상에서도 대자보는 여전히 살아 있다. 여전히 특정인의 '말과 글'이 통제 받거나 몇몇 언론에 의해서 독점되기 때문이다. 언론시장을 독점하는 소수 신문과 방송은 일반 시민이 필요한 내용보다는 자사의 이익을 위해 여론을 왜곡하고 거짓된 정보를 알리기 일쑤였다. 아무리 과학이 발달하고 정보가 넘쳐흘러도 정작 우리에게 필요한 말과 글은 쉽게 접근할 수가 없었다.

특히 군부독재 시절 대자보는 학생들과 민주화세력의 입장을 대변하는 유일한 매체였다고 해도 과언이 아니다. 그 시절 대자보는 그야말로 '목숨 걸고' 써야 했고, 밤새워 쓴 대자보는 어스름한 새벽녘 대학가 곳곳에 은밀히 붙여지곤 바로 떼어지는 줄다리기 속에서 '진실'을 전파하고 '저항'의 의지를 독려했다.

'온라인 대자보'를 천명한 『대자보(jabo.co.kr)』의 이창은 편집국장은 대자보의 의미를 이렇게 평가한다. "대자보는 언론매체를 소유하지 못한 민중들이 자신의 의사를 표현하던 지극히 민중적인 언로였다. 여기에 독재정권 혹은 군사정권이 등장해서 자신들의 권력을 유지하기 위해 국민의 '눈과 귀'를 막고, 기존언론에 '보도지침' 등의 방법을 통해 정보를 통제할 경우, 대자보는 민중의 '눈과 귀'가 되어주고 사발통문이 되어 정보의 공유를 이루어주게 하는 유일한 매체가 된 것이다. 그래서 한때 대자보 앞에는 수많은 학생들이 운집해서 그 내용에 대해 즉석토론이 벌어지기도 하고, 이를 떼어내려는 학교 측과 실랑이를 벌이는 와중에 종이신문의 기자와 형사들이 나란히 읽는 풍경이 연출되기도 했다."

1980년대에 대자보가 유행했던 것은 그만큼 군부독재정권의 폭압의 강도가 더해진 것에도 기인하지만 이는 거꾸로 사회 전반에서, 특히 기층민중과 지식인들의 민주화에 대한 열망이 커진 것에 비례하기도 한다. 정권의 비리와 전횡이 많아질수록 대자보의 질과 양도 증가하였는데, 무엇보다 대자보가 대학가의 전유물이라 불리게 된 것은 학생운동이 사회변혁의 동력이 된 것에 있다.

1970년대만 하더라도 명망가들에 의한 집회와 성명서, 그리고 밤새 등사기로 밀어 인쇄상태가 선명치 않은 유인물이 고작이었지만, 당시의 대자보는 대중을 개인의 공간에서 광장으로 나오게 하였고, 그 힘으로 '6월 항쟁'을 이루어낸 것이다.

우리의 미디어 역사는 거대 매체의 군림으로 요약된다. 자본과 결합된 거대 인쇄매체는 글 쓰는 사람과 글 읽는 사람 간의 구분을 낳았으며, 영상매체인 텔레비전은 거대 방송사와 수동적 시청자를 분명하게 구분하였다. 상업화된 미디어 세계에서 글을 남에게 전달할 수 있는 사람은 팔리는 책의 저자에 한정되었다. 글 쓰는 사람의 한정성, 지면의 제한, 권력의 개입에 의한 왜곡된 의사소통이 인쇄 매체의 민주적 발전을 가로막았다.

대자보는 이러한 인쇄매체의 한계를 돌파하였다. 또한 대자보는 아주 훌륭한 게릴라전의 무기였다. 제한된 공간에서 대자보는 쉽게 대중에게 접근할 수 있었다. 다양한 생각을 여러 사람에게 공개적으로 전달하는 대자보의 위력은 중간 범위의 게릴라전에서 아주 뛰어난 위력을 발휘하였다.

그러나 격렬한 80년대가 가고 냉전의 종식과 함께 사회주의의 몰락, 민주화의 진전에 따라 포스트모더니즘이 휩쓴 90년대 이후 대자보는 더 이상 학생들의 대변지가 아니었다. 거대담론이 사라진 자리에는 각종 취업안내, 토플이나 토익강좌 광고가 난무하는 상업지로 변질되었다. 그 대신 대자보는 노동의 현장이나 시민단체의 행사장으로 이동했다.

대자보가 예전에 담당했던 '폭로'의 기능이 다양한 언론매체로 분산된 현 시대에 대자보의 역할이 약화된 것은 사실이다. 이로 인해 대자보는 좀 더 돋보이려고 변화를 시도한다. 형형색색의 종이와 글씨, 그림으로 대자보를 만들고 있다. 최근 대학가의 대자보는 학생회나 동아리에서의 '공지' 기능으로 전락했다. 이런 변화는 급속하게 변화하는 문화적 세태를 우리들에게 직시하게 한다.

그럼에도 여전히 대학가의 대자보 안에는 시사 포인트가 존재한다. 거대 언론이 놓칠 수 있는 시사의 포인트를 대자보는 놓치지 않는다. 뿐만 아니다. 정치 이슈를 비롯한 사건들과 그 사건의 이해를 돕는 섬세한 이야기들까지 담고 있다. 그럼으로써 대자보는 보다 폭넓은 이해와 깊은 사고를 돕는다. 결국 첨예한 시사 문제들에 대해서 올바른 가치판단을 내릴 수 있도록 하는 것이다.

2.3. 대자보의 생명력은 여전히 유효

첨단 미디어가 범람하는 21세기 대자보의 운명은 소멸되는가? 아니다. 대자보가 알리고자 했던 내용의 '소통' 방식에 변화가 온 것이지 대자보 자체가 무의미해진 것은 아니다. 온라인을 통해 대자보가 부활하고 있는 것이다. 지난 1999년 1월 23일 창간된 '인터넷 대안언론의 원조' 『대자보』를 위시해 수많은 온라인매체가 인터넷 시대 대자보 역할을 수행하고 있다.

새로운 담론의 공간, 게시판은 헤아릴 수조차 없다. 벽보를 통해,

대자보를 통해 민초가, 학생들이, 국민이 거리에 운집했다면 이제는 인터넷 게시판의 글 하나가 광화문의 촛불시위를 촉발한다. 인터넷에 '대자보'를 붙이는 것이 더 효과적이다.

이는 미디어 자체가 변화했기 때문이다. 인터넷 게시판이 대자보를 대체하고 있다. 인쇄매체를 주도하던 소수 명망가의 권력이 약화되고 전자게시판에 글을 올리는 열린 생각의 소지자들이 전자 공간의 헤게모니를 주도하고 있다. 기존의 거대 매체는 방송은 '일 대 다수', 통신은 '일 대 일'이라는 선입관을 주입하였다. 그러나 인터넷은 '다수 대 다수'라는 특성을 갖는다. '다수 대 다수'의 연결은 곧바로 다양성과 송신-수신자의 결합을 가져온다. 수신자는 자신이 연결하고 싶은 사람이나 사이트(site)를 스스로 선택하고 능동적으로 접속할 수 있다. 뿐만 아니라 스스로 발신자가 되거나 다른 발신자가 만든 사이트에 적극적으로 참여함으로써 송신—수신자 구분의 전통적 매스미디어 역학을 깨트린다.

21세기 대자보의 의미를 이창은 국장은 이렇게 규정한다. "이제 커뮤니케이션의 변화에 따라 의제도 함께 변하는 시대가 왔다. 공동체의 개혁과 진보를 위해 고민하고 그것을 함께 풀어내는 소통의 역할을 하면, 대자보는 항상 우리 곁에 남아 있을 것이다. 그것이 커다란 종이에 차트글씨로 전달되든 인터넷 메신저로 전파되든, 대자보는 우리가 함께 풀어갈 문제를 공유하고 연결해주는 매개체이기 때문이다."

그렇다. 여전히 대자보는 우리사회 커뮤니케이션의 중요한 미디어로 그 생명력을 유지해 갈 것이다.

3. 종이미디어의 미래

3.1. 종이의 가치는 영원

컴퓨터가 도입되면서 모든 문서를 컴퓨터 파일로 대체하기 때문에 종이의 소비량이 줄 것이라는 예측이 있었다. 그러나 이 예상은 빗나갔다. 중요한 문서를 컴퓨터 파일로만 보관하는 것에 일말의 불안감을 가진 사람이 아직 많고, 결정적으로 컴퓨터 화면보다는 인쇄한 종이를 더 좋아하는 경향이 지배적이기 때문이다. 오히려 컴퓨터 시대에 맞물려 이전보다 우리는 더 많아진 이면지와 파지의 홍수 속에 살고 있다.

거의 폐기되리라고 예상했던 재래잉크와 종이가 디지털 시대에서도 계속 번창하리라는 것은 의심의 여지가 없다. e-북이 종이책의 퇴장을 가져올 것이라는 예언이 있었으나, 실제 종이책 시장을 크게 위협하지 못하는 상황이다. 디지털 페이퍼 역시 아직은 종이책의 문화 자체를 바꿀 정도의 충격을 일으키지는 못할 것으로 전망된다. e-북이 이동성과 검색, 멀티미디어 등 기능이 뛰어나 도서관용, 어린이용, 절판도서용 등으로 특수한 영역에서 장점을 발휘하며 종이책과 공존하듯이, 디지털 페이퍼 역시 종이문화를 대체하지는 않을 것이다. 라디오와 TV, 인터넷 등 새로운 미디어의 출현에서 보듯이 디지털 페이퍼와 종이는 대체관계가 아니라 보완관계로 공존의 길을 걷게 될 것으로 보인다. 오히려 하나의 콘텐츠가 종이에도 담기고 디지털 페이퍼에도 실릴 수 있다는 점에서, 디지털 페이퍼는 또 다른 기회를 창출할 수 있을 것이다. 종이에 전원을 포함시킬 수도 있고, 티끌만한 크기의 반도체 칩을 내장할 수도 있다. 그리고 별도의 전원 없이 들고 다니면서 볼 수 있는 디지털 페이퍼가 실용화를 앞두고 있다. 펄프로 만든다는 고전적 의미의 종이는 아니지만 이러한 유용한 기술들이 우리의 생활을 보다 풍요롭고 편리하게 만드는 것은 분명하다.

종이는 한 번의 생존위기를 거뜬히 넘기고 장수하고 있다. 종이의 기능은 단순히 문자의 기록매체나 장식적인 목적에 머물지만은 않기 때문이리라.

3.2. 꿈과 환상의 단서 제공

방송이 등장하자 신문이 망할 것이라고 모두 예언했지만, 신문의 발행부수는 꾸준히 증가해왔다. 모두들 환상에 휩싸여 꿈꾸고 있을 때 묵묵히 신문을 제작하는 신문지식기술자들이 있었던 것이다. 마찬가지로 인터넷의 등장으로 인해 모든 게 '화면' 안으로 들어가 버리는 것 같지만 종이책의 발행부수는 전혀 줄어들지 않고 있다.

컴퓨터의 발달로 인해 기존의 종이를 기반으로 한 인쇄매체 시장이 급격히 줄어들 것으로 예상했으나 현실은 그렇지 않다. 오히려 인쇄시장은 재도약의 계기를 맞게 되었다. 약 500년 동안이나 종이로 된 책을 읽는 데 익숙해진 대중의 습성에 전자북은 손으로 넘겨보는 책보다는 익숙하지 않은 것이 사실이다. 그런 이유로 인터넷상에 등록된 각종 소설이나 시, 매뉴얼 등의 콘텐츠를 컴퓨터상에서 보는 것보다는 인쇄를 해서 보는 경우가 더 일반적인 것이다. 전자콘텐츠와 전자북 등이 활성화되어 가고 있는 현실이지만, 여전히 종이기반의 출판과 인쇄가 대중의 사랑을 받을 수밖에 없는 것이다.

오늘날 우리가 꾸는 꿈의 대부분은 어릴 적 읽었던 동화책, 자라면서 접하는 각종 브로슈어, 팸플릿, 책 등에서 얻은 이미지들에 부분적으로 기인한다. 우리의 꿈과 환상의 단서는 책장에서 나온 것일 수 있다. 인쇄기술이 없었더라면 우린 애초에 꿈도 꿀 수 없었을지도 모른다. 인쇄를 통해 나온 저작물들은 인류에게 많은 꿈(총천연색 꿈)을 주었으며, 상당수의 꿈이 현실화되어 세상의 발전을 가져왔다. 물론 아직도 많은 꿈과 환상이 우리 주변을 맴돌고 있으며, 오늘 이 시간에도 꿈은 만들어지고 있다. 그래서 세상은 살 만한지도 모른다.

지금 이 시간에도 인쇄매체는 새로운 꿈을 생산해내고 있다. 바로 이 점이 디지털 시대 인쇄매체의 가치를 다시 돌아보아야 하는 이유인 것이다.

제 2 장
인쇄술의 발전과
인류문명

"해당 사회의 운명은 대체로 기술, 특히 특정한 역사적 시기에
전략적 중요성을 갖는 지배적인 기술을 사회가 다룰 수 있는
능력 또는 무능력과 관계가 있다.
기술은 그 자체가 역사적 진화와 사회의 변화를 결정하지는 않지만,
다른 한편으로 기술은 사회가 기술의 잠재력을 사용하기로
결정한 용도뿐만 아니라 사회를 변화시키는 잠재력 또한
구체화한다는 점에서 그 사회의 운명을 결정한다."

_마뉴엘 카스텔(Castells, M.)의 『네트워트 사회의 도래(The Rise of the Network
Society)』(2003) 중에서

1. 인쇄술의 역사적 발전과정

책은 지식을 모아 보존하고 대중화시키는 데 가장 큰 영향을 끼쳐
왔다. 책이 보급되기 위해서는 문자와 종이, 인쇄술이 필수적이지만
책을 통한 지식의 대중화에 가장 중요한 역할을 한 것은 인쇄술이다.

1997년 미국의 시사주간지 『라이프』는 지난 1천 년 동안 인류사에
서 가장 중요한 사건 중 그 첫 번째로 구텐베르크가 금속활자를 발명
해 성경을 찍어낸 것을 꼽았다. 당시 귀족과 성직자들의 전유물이었
던 성경이 그의 인쇄기를 통해 일반인들에게 보급되면서 결국 서양
문명이 현재 세계를 지배하게 되는 중요한 계기가 되었기 때문이다.

구텐베르크의 성경 인쇄본

움베르토 에코의 소설 『장미의 이름』을 보자. 이 소설은 감독 장 자크 아노에 의해 1986년에 영화로 만들어질 만큼 베스트셀러의 반열에 올라 있다. 40여 국에 번역돼 2천만 부 이상 팔린 이 소설은 메디치상, 스토레가상 등 각종 문학상을 휩쓸기도 했다. 소설은 중세 말의 한 수도원을 배경으로 한다. 주인공 윌리엄 수도사가 수도사들이 연속적으로 살해당하는 음모를 파헤쳐가는 줄거리다. 윌리엄 수도사의 임무는 기호를 있는 그대로 인지하여 진정한 의미를 이해하는 것이다. 그는 기호학의 실천자로서 임무를 수행한다. 미로, 도서관, 거울, 비밀통로, 독약에 의한 살해 등 전형적인 기호학적 소재들로 가득하다. 수도원 도서관에는 아리스토텔레스가 희극에 관해 논한 시학 제2권의 필사본이 숨겨져 있다. 예수가 평생 단 한 번도 웃지 않았으며, 웃음은 악마의 유혹이고 신성모독이라 믿는 수도원장이 그 책에 독을 발라놓아 책을 보는 사람은 모두 독살당하게 된다.

제목은 중세의 시구절에서 "태초의 장미는 이름으로 존재하나 우리는 빈 이름만을 가지고 있다"는 구절에서 따온 것이다. 장미는 과거의 영광은 사라지고 허망함만 남은 것, 과거의 아름다움을 잃고 이제는 이름만 남아 있다는 것을 상징한다.

> "실체는 모두 사라지고 남아 있지 않다. 과거의 영광스럽고 위대한 것들은 덧없이 사라지고 만다. 하지만 그것들은 오직 이름으로만 남아 있다."

인쇄술이 발달하지 않아 책을 많이 찍어낼 수 없었기 때문에 벌어진 일이다. 책은 수도사만이 볼 수 있었기에 그 자체가 예수와 대화하는 권위의 상징이 된 것이다. 결국엔 권력이 되었지만 말이다.

1.1. 목판인쇄 이전의 인쇄형식

인류역사는 문자가 발명된 이후 기록이 이루어지면서 시작되었다. 문자가 사용되고 기록물이 등장하는 시점은 선사시대와 역사시대를 구분하는 기준이 된다. 문자의 등장 시기는 인류 최초의 도시문명인 메소포타미아 문명이 형성된 시기와 일치하며, 문자의 사용으로 인해 사회조직 및 행정기구가 체계화되고 중앙집권적 국가권력이 발전할 수 있었다. 문자의 등장은 인간의 지각과 이성체계에도 영향을 미쳐, 인간이 현실을 인식하고 이해하는 방식에 결정적인 변화를 초래하였다(정보통신정책연구원, 2010).

문자가 등장하기 이전에 인류는 주로 말로 의사를 표현하고 정보를 전달했다. 문자 등장 이전, 인류의 지식 및 정보전달은 주로 기억력에 의지했다. 고대 그리스 시대의 시인들은 현재와 같은 문학가의 역할보다는 자신의 기억력에 의지하여 사회문화적 이슈들을 낭송을 통해 공동체에 전파하고 공유하게 만드는 일종의 사회적 커뮤니케이터로서의 역할을 수행하였다. 플라톤은 문자사용이 증가하면서 인류가 문자에 의존하여 기억력을 소홀히 한다는 비판을 제기하기도 하였다.

문자의 진화와 더불어 기록을 위한 인쇄형식과 인쇄기술도 발전되어 갔다. 그림문자에서 추상적 문자로의 발전은 인류의 의식을 변화시키고 다양한 학문의 등장을 가능하게 하였다. 인간은 그림문자 전체의 모든 부분을 동시에 지각하여 그 의미를 파악하게 되지만 추상적인 문자를 대할 때는 개개의 문자를 차례차례 순서대로 읽어가며 비로소 단어와 문장의 의미를 파악할 수 있게 된다. 즉, 그림문자를 파악하기 위해 인간의 뇌는 전체성과 통시성, 그리고 통합화의 특성을 이용한다. 하지만 뇌는 문자언어의 의미를 파악하기 위해 연속성과 분석능력, 그리고 추상화 등의 능력에 의지하게 된다.

따라서 문자언어는 인간이 추상적인 것을 표현하고 이해할 수 있게 하였고, 인간의 선형적 사고 및 체계화 능력 발전을 자극하였다. 그리고 이 같은 선형적 사고와 체계화 능력은 철학과 과학의 발전을 추동하였다. 문자 활용이 활성화되기 시작한 그리스 시대에 철학과 의학, 그리고 수학 및 과학은 물론 역사기록과 여행기 등이 꽃피웠던 것도 이 같은 관점에서 해석될 수 있다. 문자 시대 초기에는 문자의 사용능력이 사회계층 분화의 직접적 원인으로 작용하기도 하였다. 문자를 이용한 커뮤니케이션을 위해서는 별도의 교육이 필요하기 때문에, 문자사용이 가능한 사회구성원과 그렇지 못한 사회구성원 사이의 계층 분화가 이루어졌고, 군주와 사제 등은 문자를 이용하여 법조항을 확고하게 구축하고 사회시스템을 구축하면서 사회를 통제하기도 하였다. 이후, 문자의 사용이 일반화되면서 사회는 신화와 전설, 그리고 이야기가 지배하던 사회에서 합리성과 과학이 지배하는 사회로 이행되어 갔다.

동양에서는 목판인쇄를, 서양에서는 금속활자인쇄술을 최초의 인쇄로 인정하고 있다. 하지만 인류는 목판인쇄 등장 이전에도 문자를 통해 기록을 남겼고, 압인법(押印法), 날염법(捺染法), 탁인법(拓印法) 등과 같은 인쇄 형식을 사용했었다. 압인법은 기원전 5천 년경부터 주로 메소포타미아와 이집트에서 사용되었던 인쇄방식이다. 압인법은 나무나 금속 등의 재료를 이용하여 만든 둥근 통(원통·圓筒)이나 인형(印形) 같은 재료에 문자나 그림을 새기고 이를 점토판 위에 굴리거나 눌러서 자국을 만들어내는 방식을 말한다. 압인법은 기록이나 물건의 소유를 밝히는 표시를 남기고, 천문이나 역서, 의학 등의 학문을 전파하며, 왕의 칙령이나 법령을 포고할 때 주로 사용되었다(부길만, 2008).

압인법으로 만들어진 다리우스 1세의 인장

날염법은 나무나 금속 등에 그림이나 무늬를 새긴 후 천에 날염하는 방식이다. 이 방식은 인도에서 처음 시작되어 불경을 날염하는 데 사용되기도 하였고, 이후 페르시아와 중국 등으로 전파되었다. 인도에서는 옷감 짜는 기술이 발달하였기 때문에 천에 날염하는 방식이 고안될 수 있었다. 종이가 등장하면서 날염을 위한 재료로 천 대신 종이가 사용되기도 하였다.

탁인법은 석면(石面)에 글자나 기호, 그림 등을 새기고, 종이를 물을 축여 붙인 후 부드러운 헝겊 등에 먹물을 묻혀 가볍게 두드려 찍어내는 방식을 의미한다. 이집트에서는 기원전 4천 년경에 조각된 것으로 밝혀진 석문(石文)이 발견되었고, 중국에서도 주(周)나라 시대에 제작된 석고문(石鼓文)이 발견되기도 하였다.

탁인법에 의해 제작된 석고문(石鼓文)
출처: 한국서학연구소(http://blog.daum.net/gaoyingzhu/1702002).

1.2. 목판인쇄술의 등장

목판인쇄술 등장 이전 존재했던 압인법, 날염법, 탁인법 등의 인쇄형식은 이후 목판인쇄술을 싹트게 하는 근원이 되었다. 기술적으로 목판인쇄방법은 이 같은 원시적 인쇄형태에 영향을 받은 것이었다. 인쇄의 시발점으로 인정받고 있는 목판인쇄는 중국에서 발명된 것으로 인정받고 있다. 그 이유는 당시 중국이 인쇄술을 발명할 만한 다음과 같은 여건을 갖추고 있었기 때문이다.[5]

첫째, 중국에서는 금석문이나 비석에 먹을 묻혀 탁본하거나 찍어내는 일이 일찍부터 성행하였다. 이 같은 방식은 이후 목판인쇄술 출현에 큰 영향을 주었을 것으로 평가되고 있다.

둘째, 한(漢)나라 때부터 관(官)이나 민간인들 사이에서 보편적으로 사용되던 인장의 재료로 석재나 금속, 상아 등과 함께 목재가 쓰이고 있었으며, 인장을 새기는 기술 중 하나로 5세기부터 양각(陽刻)하는 방식이 도입되었다는 점도 중국에서 목판인쇄 발명에 영향을 미친 요인 중 하나로 분석되고 있다. 목재에 양각하는 방식은 목판인쇄술의 핵심 기술이라고 할 수 있기 때문이다.

셋째, 중국에서는 목판인쇄에 사용되는 재료인 종이가 세계에서 가장 먼저 발명되었다는 점이다. 종이는 중국의 후한 시대인 105년에 채륜(蔡倫)에 의해 발명되어 중국을 비롯한 한국과 일본에서 널리 쓰였다.

8세기에 이르러 종이는 목판인쇄의 중요한 재료 중 하나로 사용되

---

5) 대한인쇄문화협회 홈페이지(http://www.print.or.kr/) 내용 참고.

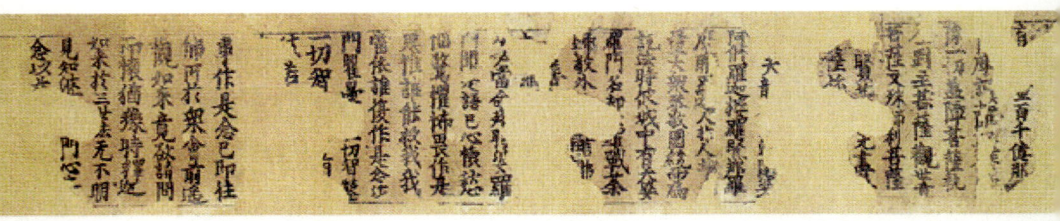

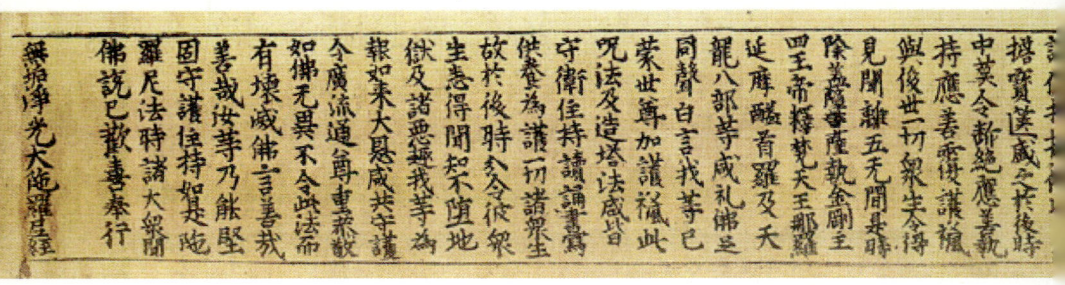

무구정광대다라니경
출처: 불교신문(http://www.ibulgyo.com/archive2007/200910/20091021256134278.asp).

기 시작하였다. 목판인쇄술은 740년경 중국 당나라에서 처음으로 출현하였다. 재료로는 강도가 높은 대추나무나 배나무 등이 주로 사용되었다. 우리나라의 경우, 중국과 거의 같은 시기에 목판인쇄의 역사가 시작되었다. 신라시대인 751년에는 세계에서 가장 오래된 목판인쇄물인 「무구정광대다라니경(无垢淨光大陀羅泥經)」이 제작되기도 하였다.

한편 유럽에서는 목판인쇄술이 크게 번성하지는 않았으며, 주로 판화제작 등에 이용되었다. 유럽에서는 손으로 그린 삽화를 복제가 용이한 목판 방식으로 인쇄하였고, 이 같은 방식은 활판인쇄술이 출현한 이후에도 책에 삽입되는 그림이나 삽화 등의 제작에 널리 이용되었다.

1.3. 금속활자인쇄술의 발명과 확산

현존하는 세계에서 가장 오래된 금속활자본은 고려시대인 1377년 제작된 『직지심체요절(直指心體要節)』이다. 이 책은 백운화상이 고려 공민왕 21년(1372)에 원나라에서 받아온 불조직지심체요절 1권의 내용을 대폭 늘려 상·하 2권으로 엮은 것이다.

유럽에서의 금속인쇄술은 구텐베르크가 1447년 금속활자를 발명하고 1450년 가동식 인쇄기를 제작하여 1455년 『42행 성서』를 활자인쇄술을 이용해 간행하면서부터 시작되었다. 구텐베르크의 인쇄술은 포도압착기를 응용하여 만든 평압식(平壓式) 인쇄기로 최초의 볼록판인쇄라는 의미도 동시에 지닌다. 이렇게 유럽사회에 도입된 금속인쇄술은 1522년 마르틴 루터의 『신약성서』 초판 간행을 가능하게 하여 르네상스와 종교개혁의 촉매제로 작용하기도 하였고, 17세기 독일에서 세계 최초의 일간신문 『라이프치거 자이퉁(*Leipziger Zeitung*)』 창간의 기술적 근간이 되는 등 근대 서구 사회의 성립에 결정적인 영

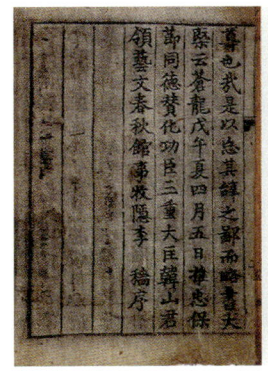
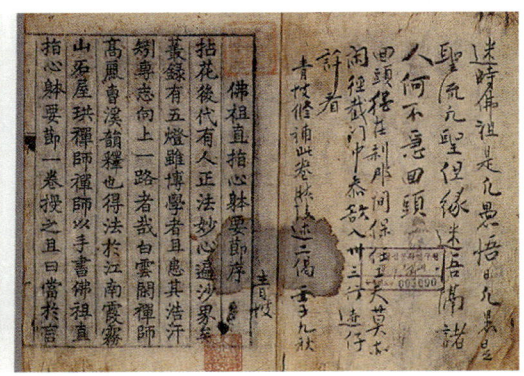

불조직지심체요절(佛祖直指心體要節)
출처: 국가문화유산포털(http://www.heritage.go.kr/).

향을 미쳤다. 또한 구텐베르크의 인쇄술 등장 이후 책의 다품종 대량 생산이 가능해지면서 유럽사회에서의 학문의 성격도 한두 권의 텍스트에 몰입하여 이를 해석하고 주석을 다는 방식에서 다양한 서적을 참고하는 방식으로 변화하였다. 또한 책의 의미도 변화하였는데, 구텐베르크의 인쇄술 등장 이전까지는 지식과 진리의 '보존'이라는 측면과 책의 읽는 '활용'의 측면 모두가 중요하였다면, 이후에는 '보존'의 측면보다는 '활용'의 측면이 우위에 서게 되었다(엘리자베스 L.아이젠슈타인, 전영표 옮김, 2008).

활자인쇄술 등장 시기의 유럽사회

중세 말기에 가서는 출판의 역사에서 가장 중대한 변화가 일어난다. 우선 14세기 중반에 이탈리아를 시작으로 흑사병이 창궐해서 유럽 전역의 인구는 무려 3분의 1이나 줄어들었다. 인구의 감소로 인해 상대적으로 물자가 풍족해지게 되었으며, 대참사 직후의 사회 분위기는 전반적으로 소비 지향적이었다.

덕분에 종이의 공급 역시 풍부해져서 가격이 많이 떨어졌으며, 각지에서 대학이 세워지며 필사본 책에 대한 수요가 늘어났다. 바로 이 대목에서 구텐베르크가 등장해 인쇄술을 혁신했다. 물론 구텐베르크 이전에도 인쇄는 있었다. 목판인쇄는 중국에서 6세기경에 처음 등장했고, 유럽에서도 14세기에 이미 부분적으로나마 사용되고 있었다. 따라서 "구텐베르크가 인쇄술을 발명했다"는 표현은 잘못이며, "구텐베르크가 금속활자를 발명해서 인쇄술을 혁신했다"는 것이 맞는다.

구텐베르크는 요한 푸스트와 동업 관계를 맺고 1455년경 〈구텐베르크 성경〉이라 부르는 『42행 성경』을 활자인쇄술로 제작한다. 구텐베르크가 인쇄술을 발명한 초창기에 성경을 주로 찍어낸 것은 당시 성경에 대한 수요가 많았기 때문이다.

구텐베르크의 인쇄술이 가져온 당시 유럽사회의 변화는 오늘날의 인터넷보다 결코 못하지 않았다. 구텐베르크 이전에는 2개월 만에 책 1권이 필사되었지만, 그 이후에는 일주일 만에 책 500권이 인쇄되었다. 1450년부터 1500년까지 반세기 동안 유럽 각국에서는 2,000만 권에 달하는 인쇄본이 간행되었다. 그야말로 정보의 대폭발이 일어난 셈이었다. 곧이어 정보의 양뿐만 아니라 질에서도 큰 변화가 생겨났다. 책이 널리 보급되면서 인류의 문자문화가 그 어느 때보다 더 막대한 영향력을 행사했으며, 창작 활동도 더욱 활발해졌다.

구텐베르크 이후로도 인쇄술은 계속 발전했다. 1453년에 동로마제국의 콘스탄티노플이 함락되자 피난민과 함께 각종 고전 필사본이 유럽으로 들어왔다. 이탈리아의 베네치아에서는 알두스 마누티우스가 이 원고를 토대로 수준급의 '인큐내뷸러(incunabula)(1500년 이전에 나온 초창기 인쇄본)'를 만들었다. 영국에서는 1476년에 런던의 웨스트민스터 사원에서 인쇄소를 차린 윌리엄 캑스턴 덕분에 당시까지만 해도 영향력이 미미했던 런던 방언이 널리 유행하며 현대 영어의 주축을 이루게 되었다. 독일의 프랑크푸르트에서는 1480년부터 서적 시장이 열리기 시작해서 지금도 세계적으로 유명한 도서전이 매년 개최되고 있다.

유럽의 금속활자인쇄술은 천주교 선교사들에 의해 16세기 중반 이후 동양사회에 전해지기도 하였다. 유럽의 활자인쇄술은 1561년 포르투갈 선교사에 의해 인도 고아지방에 전파되었고, 1589년에는 중국에 그리고 1590년 일본에 도입되었다.

1.4. 근대 인쇄술의 혁신과 발전

활자인쇄술 도입 이후 유럽사회에서는 인쇄기술의 혁신이 지속되었다. 17~18세기 중반에는 이탈리아와 영국 등을 중심으로 금속판의 표면을 부식시켜 만든 오목판을 이용한 오목판인쇄가 등장하였고 18세기 말에는 독일에서 평판인쇄의 시초가 되는 석판인쇄술이 발명되었다. 또한 19세기 초반 독일에서는 윤전기 인쇄기와 증기기관에 의한 최초의 동력인쇄기가 발명되었고, 1842년 영국의 패밀리헤럴드사는 최초의 실용적 식자기로 분류되는 피아노타이프를 제작하였다. 이같은 근대 인쇄술의 혁신에 힘입어 1855년 미국에서는 최초의 컬러인쇄잡지가 창간되기도 하였다.

19세기 후반에서 20세기 초반에는 사진이나 원화를 정밀하게 인쇄하는 기법인 콜로타이프 인쇄와 사진 제판법에 의한 오목판 인쇄인 그라비어인쇄, 그리고 판면에서 일단 잉크화상을 고무블랭킷에 전사하여 거기에서 종이에 인쇄하는 간접인쇄(indirect printing) 방법인 오프셋 인쇄 등의 방법이 실용화되었다(채백, 2001).

이같이 지속적인 혁신을 거듭하며 발전한 서양의 근대 인쇄술은 19세기 중반 이후 동양 사회에 급속히 전파된다. 1850년대 일본은 나가사키에 활자인쇄소를 설치하고 네덜란드에서 수입한 인쇄기와 활자로 서책을 간행하였고, 중국에서는 영국인 윌리엄 갬블이 명조체 한자 활자 7종을 제작하여 한자의 근대 활판인쇄의 기초를 이룩하였다.

아시아 국가 중 서양의 근대 인쇄술을 가장 적극적으로 받아들인 나라는 일본이다. 1860년 일본에 독일 석판 수동인쇄기와 석판석 등이 전래되었고, 1870년대에는 일본 최초의 민간 서구식활판제작소가 나가사키에 세워졌으며, 1890년대에는 일본 최초로 두루마리용 활판윤전기와 알루미늄 평판윤전인쇄기가 수입되었다. 이후 일본의 인쇄술은 급속한 근대화를 이루었다. 1906년 동경기계주식회사는 신문 윤전인쇄기 제작에 성공하였고, 1913년에는 미국제 인쇄기를 모방해 오프셋 인쇄기가 제작되었다. 또한 1920년에는 4·6반절의 두루마리지 그라비어인쇄기가 완성되었으며, 1948년에는 동경기계제작소 등에 의해 일본문 전용 모노타이프가 개발되기도 하였다.

한편, 우리나라의 경우, 최초의 근대식 한글 납활자는 성경을 인쇄하기 위한 목적으로 서양의 선교사들에 의해 일본과 중국에서 만들어졌다. 근대 인쇄술이 국내에 도입되기 이전, 이미 중국과 일본에서는 기독교 선교단체들이 근대식 한글 납활자를 만들어 한글 성경과 사전 등을 인쇄하였다. 그리고 이 중 일부의 활자는 훗날 국내로 들

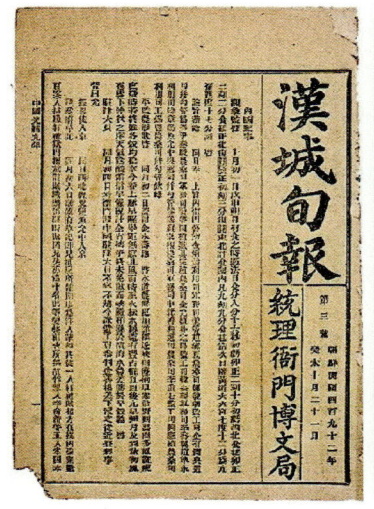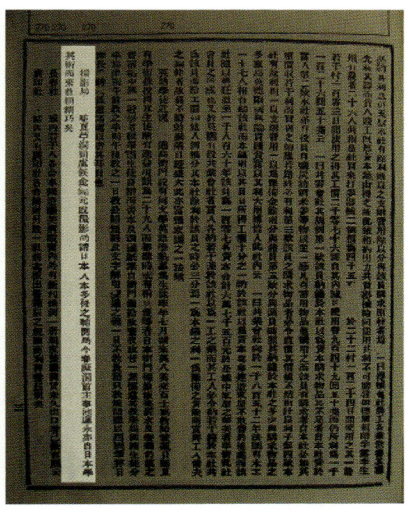

국내 최초의 근대식 인쇄소인 박문국에 의해 발간된 『한성순보』
출처: (http://www.gallerykim.com/).

여와 성서를 간행하는 데 계속 사용되었다. 최초의 근대식 한글 납활
자는 1880년(고종 17년) 성경을 출판하기 위해 일본에 주재하고 있던
프랑스의 천주교 신부인 리델(Ridel)의 지도 아래 최지혁(崔智爀)이 쓴
글자를 글자본으로 하여 일본 요코하마에서 처음으로 주조되었고,
1886년 한불조약이 조인된 후에는 이 활자가 국내에 수입되어 서울
에서 성서가 간행되기도 하였다.

1883년 7월에는 최초의 근대식 인쇄소인 박문국(博文局)이 설치되
면서 근대식 납활자와 활판 인쇄술이 국내에 본격적으로 수입되었고,
이를 통해 국내 최초의 신문이자 관보(官報)인 『한성순보(漢城旬報)』
가 발간되었다. 그리고 1884년에는 일본에서 활판 인쇄기와 납활자를
도입한 광인사인쇄공사(廣印社印刷公社)에 의해 서책들이 인쇄되기 시
작하였다. 광인사인쇄공사는 최초의 근대식 민간 인쇄업체이지만 당

시에는 인쇄와 출판이 명확히 분리된 개념이 아니었기에 인쇄와 출판을 함께 겸하고 있었다.[6)]

국내 각 종교단체들이 운영하던 인쇄소들 또한 근대 인쇄술의 보급에 기여하였다. 천주교의 성서활판소, 개신교의 배재학당인쇄소, 안식일교의 시조사인쇄소, 천도교의 보성사인쇄소 등은 국내에 활판 인쇄술이 보급되는 데 크게 기여하였다. 또한 미국 기독교 선교사에 의해 설립된 배재학당의 인쇄소는 1896년(고종 33) 4월 7일 우리나라 최종의 민간 종합신문인 『독닙신문(독립신문)』이 인쇄될 수 있도록 적극 후원하기도 하였다.

1900년대 전반기의 국내 인쇄산업은 일본 제국주의 정책에 많은 영향을 받았다. 1900년에는 일본의 강요로 농상공부에 인쇄국이 발족되었고, 1901년에는 상설 주전소(鑄錢所)인 전환국 내에 인쇄과가 신설되었다. 1904년에는 전환국이 폐쇄되면서 탁지부(度支部)에 새로 인쇄국이 설치되고, 전환국의 인쇄 시설과 제지 공장이 탁지부의 인쇄국으로 이전되었다. 탁지부 인쇄국은 일본의 국내 통감정치에 기여하였지만, 인쇄기술자 양성과 활판 인쇄술의 민간보급에 큰 역할을 담당하기도 하였다(대한인쇄문화협회, 2009).

1920년대에는 인쇄사의 설립이 증가하면서 인쇄 시설의 증설도 동시에 이루어졌으며, 모노타이프와 그라비어, 오프셋 인쇄와 자동화 시설 등이 국내에 처음으로 도입되기 시작하였다. 또한 1920년 10월에는 국내 최초의 인쇄 전람회가 개최되기도 하였다. 이 같은 국내 인쇄산업의 성장은 1930년대까지도 지속되었다. 하지만 1940년대에

---

6) 대한인쇄연구소 홈페이지(http://kpri.or.kr/) 참조.

는 제2차 세계대전이 심화되면서 국내 인쇄업계도 그 성장세가 감소할 수밖에 없었다.

1945년 광복을 맞이하면서 국내 인쇄업체 수는 다시 지속적으로 증가하기 시작하였다. 그리고 1950년대는 한국전쟁 이후의 파괴된 인쇄시설을 재건하는 과정에서 기존의 활판 중심의 인쇄시스템이 오프셋 인쇄의 컬러 인쇄시스템으로 전환되기 시작하였다. 1960년대 중반부터는 인쇄 시설도 재래식의 수

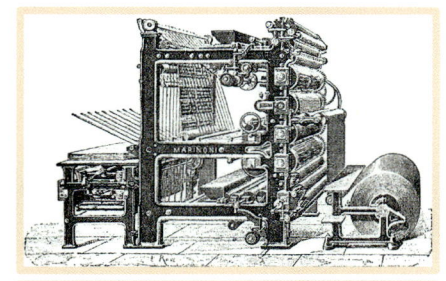

1880년대 중반 이용되던 윤전기(상)와
최신 베를리너판 윤전기(하)

동 방식에서 자동 방식으로 바뀌고 단색 인쇄기가 다색 인쇄기로 대체되는 등 국내 인쇄기술이 선진국 수준으로 향상되었으며, 이를 통해 우리나라는 인쇄물 수출국이 되었다. 1970년대에 들어서는 국내 경제의 성장과 수출 증가로 인해 인쇄량이 급속히 증가하였고, 단면 5도 및 6도 컬러의 오프셋 인쇄기와 양면 4도 및 6도 컬러의 오프셋 윤전기 등이 도입되면서 인쇄품질의 고급화도 이루어졌다.

1980년대에는 국내 인쇄산업에 컴퓨터가 도입되면서 공정혁신이 진행되고 다품종 소량생산이 가능해졌다(김재윤, 2006). 1980년대 중반에는 전산 사식 시스템이 개발되어 조판 처리가 빠르고 수정 작업과 자료 보관이 용이하게 이루어질 수 있게 되었고, 개인용 컴퓨터를

입력기로 사용할 수 있어 설비 투자비용도 대폭 절감할 수 있게 되었다. 제판 분야의 경우 토털 스캐너 시대로의 이행이 이루어졌고, 전자출판의 발전과 함께 문자 입력과 컬러 스캐닝, 레이아웃, 컬러 수정 등 조판과 제판의 공정이 한 라인으로 통합될 수 있었다. 특히 이 시기에 도입되기 시작한 DTP(Desk Top Publishing)는 인쇄 기술 전 분야가 컴퓨터 전자 출판 방식으로 이행하는 동력으로 작용하였다. DTP는 전자출판, 또는 탁상출판이라 불리는 것으로 퍼스널 컴퓨터나 레이저 프린터, 스캐너 등을 조합하여 책상 위에서도 손쉽게 활자인쇄 수준으로 출력할 수 있는 시스템을 말한다(인쇄수출진흥 동국대학교 RIS사업단, http://captris.or.kr/).

1990년대부터는 국내 인쇄산업에 디지털 인쇄가 확산되기 시작하였다. 이 시기에는 디지털 이미지가 DTP에 의해 통합 운영되고 일반 상용 컴퓨터를 활용해 특수 디자인 효과까지도 표현할 수 있게 되었다. 또한 컴퓨터의 활용이 확산되면서 기존의 디자이너와 출력소 간의 주요 커뮤니케이션 툴이었던 화판까지도 필요 없게 되었고, 전산 사식 공정과 원색 분해 공정이 제판에서 사라지게 되었다(대한인쇄문화협회, 2009). 그리고 1990년대 중반에는 PDF(Portable Document Format)가 새롭게 등장하였고, 1990년대 후반부터는 디지털 인쇄기 활용으로 POD(Printing On Demand, POD) 시대를 맞이하게 되었다. '프린팅 온 디맨드'란 디지털 인쇄 장비를 활용하여 고객이 원하는 인쇄물을 원하는 양만큼 인쇄하는 주문형 인쇄로 대표적인 디지털 인쇄 기술이다(김재윤, 2006).

2. 인쇄술이 인류문명에 미친 영향

인쇄술과 인류문명 사이의 관계를 압축적으로 보여주는 광화문 교보문고의 슬로건

인쇄술은 지금까지의 인류 문명사 형성에 깊은 영향을 미친 중요한 요인 중 하나로 작동해왔다. 인류의 역사에서 정보 및 커뮤니케이션과 관련된 기술과 시스템의 혁신은 종종 사회의 변화에 깊고 폭넓은 영향을 끼쳐왔다. 인류 문명에 있어 인쇄의 도입은 기록의 대량생산과 대량소비를 가능하게 만든 중요한 혁신이었으며, 인터넷의 등장이 정보지식사회의 고도화에 기여하였다면, 인쇄는 근대사회 또는 산업사회의 도래를 추동하였다고 하겠다(Fang, 1997).

역사적으로 목판인쇄와 금속활자인쇄는 중국 및 한국 등 동양사회에서 먼저 시작되었다. 하지만, 이 같은 인쇄기술이 사회변화에 미친 영향은 구텐베르크의 금속활자인쇄술을 중심으로 한 유럽사회에서 보다 크게 나타났다(Castells, M., 1996, 2000).

1455년 구텐베르크는 납으로 만든 활자와 포도즙 짜는 기계를 계량하여 인쇄기를 만들고, 이 인쇄기를 이용하여 『42행 성경』을 인쇄하였고, 이를 시작으로 금속활자인쇄시스템은 유럽 전역으로 확산되었다.

구텐베르크의 인쇄기와 이 인쇄기로 인쇄된 『성경』
출처: 구텐베르크박물관(http://www.gutenberg-museum.de/).

　　구텐베르크의 인쇄술이 등장하자 유럽사회에서 책의 생산과 소비
방식이 가장 먼저 변화하였다. 책을 제작하기 위한 노동 시간이 감소
되고, 생산비가 크게 절감되었다. 또한 책의 대량 생산이 가능해지면
서 책의 가격도 저렴해지게 되었다. 이 같은 변화는 일부 계층에만
국한되었던 책을 통한 교육과 지식의 보급이 일반인들에게도 확대되
는 것을 가능하게 하였다.

책의 생산과 소비의 이 같은 변화는 사회의 변화로 이어졌다. 기존의 절대왕정이나 종교적 권위를 위협하는 새로운 사상들이 인쇄물을 통해 일반인들에게 널리 유통되면서 시민사회와 자유주의가 대두하게 되었다. 또한 구텐베르크의 인쇄술이 널리 이용되면서 유럽 사회에서는 점차적으로 언어와 지적 개념의 표준화도 이루어지게 되었다. 구텐베르크의 인쇄술 등장 이전까지 유럽사회의 기록생산은 손으로 써서 만든 필사본이 중심이었다. 필사본은 오랜 기간 되풀이되면서 베껴지는 사이에 잘못 표기되는 경우도 있었고 지역이나 저자에 따라 용어의 개념이 달리 전해지기도 했다. 그러나 구텐베르크 인쇄술의 등장으로 언어와 지적 개념은 규격화되고 표준화될 수 있었다.[7]

인쇄술이라는 커뮤니케이션 테크놀로지가 인류 문명에 미친 영향에 대한 대표적 분석으로는 해럴드 이니스(Harold Innis), 마샬 맥루한(Marshall Mcluhan), 닐 포스트먼(Niel Postman) 등의 연구가 있다. 커뮤니케이션 매체가 사회 변화에 미치는 영향에 대한 연구의 선구자인 해럴드 이니스는 1950년대에 출판된 『제국과 커뮤니케이션(*Empire and Communications*)』에서 납과 안티몬이 섞인 합금으로 주조된 금속활자와 새롭게 개발된 금속활자용 잉크 등 혁신적 금속인쇄시스템이 등장하고, 유럽의 중심지들에 금속인쇄술을 이용한 인쇄소가 설치된 이후의 유럽사회의 역사적 사건과 변화를 인쇄술의 발전 및 사회적 활용 범위의 확대 과정과 관련지어 분석하였다. 그리고 구텐베르크의 금속인쇄술이 16~17세기 유럽의 종교개혁은 물론 이후 개인주의적 사고와 민족주의 발흥, 대중문화와 금융제도의 등장 및 발전에도 영

---

7) 대한인쇄문화협회 홈페이지(http://www.print.or.kr/) 내용 참고.

향을 미쳤다고 설명하였다.

구체적으로 이니스는 종교개혁의 성공은 마르틴 루터(Martin Luther)를 비롯한 종교개혁가들이 자신들의 주장을 유럽 전역에 대량으로 확산시키기 위한 팸플릿 및 서적 제작에 인쇄술을 적극 활용하였기 때문에 가능했다고 분석하였다. 그리고 교회와 수도원의 지식독점과 권위에 대항하는 다양한 저작물들이 금속활자 인쇄술을 통해 인쇄되어 널리 보급되면서 유럽에서의 개인주의적 사고와 민족주의의가 등장하게 되었다고 설명하였다. 이니스는 또한 금속활자 인쇄술을 갖춘 인쇄출판업자들의 주도로 영국에서 대중문학작품이 대량으로 생산되면서 대중문화가 형성되기 시작하였다고 보았다. 그리고 금융제도는 정보에 대한 접근의 용이성과 관계되기 때문에 금융제도의 발전 역시 금속활자 인쇄술에 기반을 둔 뉴스 정기간행물 발간의 활성화와 관련된 것으로 분석하였다(해럴드 A.이니스, 김문정 옮김, 2008).

한편 '미디어는 메시지다'라는 경구로 잘 알려진 마샬 맥루한도 구텐베르크의 인쇄술과 인류 문명사를 연결 지어 설명했다. 맥루한은 인류의 역사는 인간의 기능과 역할을 확장하기 위한 미디어의 발달사이기도 하며, 미디어가 시각, 후각, 촉각, 미각, 청각 등 인간의 오감(五感)의 사용에 영향을 미친다고 보았다. 또한 오감을 모두 사용하는 커뮤니케이션 상황을 감각이 균형을 이루는 가장 이상적인 상태로 평가하였다. 그리고 이 같은 관점에 따라 각 시기별로 당대의 사람들이 가장 많이 이용하던 지배적 미디어를 기준으로 인류의 역사를 원시부족시대, 문자시대 또는 필사시대, 구텐베르크의 시대, 전자미디어 시대 등 4개 시기로 구분하고, 각 시기별로 미디어가 인간의 감각과 문명에 끼친 영향을 분석하였다.

시기 구분	지배적 미디어	감각 사용 형태
원시부족시대	구두 커뮤니케이션	복수감각형
문자시대 또는 필사시대 (약 2천 년 전 한자나 알파벳 발생 이후)	구두 커뮤니케이션	복수감각형
구텐베르크의 시대 (구텐베르크 인쇄술 등장 이후의 4세기 동안)	인쇄물	시각 중심의 부분감각형
전자매체시대 (20세기 전자매체 등장 이후)	전자매체	복수감각형 회복

그는 먼저, 원시부족시대에는 사람들이 공동생활을 하며 구두(口頭) 커뮤니케이션을 하였기 때문에 오감을 모두 사용하는 복수감각형 인간의 시대로 설명하였다. 다음으로 문자시대 또는 필사시대에는 한자나 알파벳이 있었지만 문자를 사용하는 사람이 극히 적었기 때문에 여전히 복수 감각형 인간이 지배적인 시대로 분류하였다. 그러나 맥루한은 금속활자 인쇄술이 등장한 이후의 약 4세기 동안인 구텐베르크의 시대에는 인쇄물에 의한 커뮤니케이션에 크게 의존하게 되었고 이로 인해 시각에만 의존하게 되면서 인류가 부분감각형 인간 또는 '인쇄적 인간'의 시대로 접어들게 되었다고 보았다. 특히 이 시기에는 활판인쇄술의 산물인 책이 대중화되면서 인간이 처음으로 혼자서 읽고 생각하게 함으로써 개인주의[8]가 싹트게 되었고, 선형적 사고가 대두되었으며 산업사회와 전문화, 민족주의, 사회주의까지도 인쇄술

[8) 구술시대에서 문자시대로 이행하는 과정에서 일어난 변화들 중 주목할 만한 것이 그 가운데 가장 현저한 특징은 구술성이 주는 '현재적' 느낌이 문자시대에는 감소되었다는 점이다. 구술언어는 메시지가 전달되는 분위기와 함께 현재적 경험으로 전달되고, 인간이 그 현장의 중심에 있다는 느낌을 준다. 따라서 구술언어는 나와 공동체의 분리, 사고와 행동의 분리, 행위와 텍스트의 분리, 주체와 객체의 분리 등이 완결되지 않은 문화의 특징을 반영하고 있다. 이에 반하여 문자시대는 구술성을 중심으로 공동체를 이루던 시대가 해체되고 개인주의가 태동함을 의미한다. 볼츠(Norbert Bolz)는 "문자는 서로 마주보고 현존하는 사람들 사이의 상호 행동이라는 한계를 넘어서는 것을 가능케 한다. 인간은 이제 정보를 또한 현장에 부재하는 사람들을 위해서도 남길 수 있게 된다. 그 이래로 사회적으로 커뮤니케이션하면서도 동시에 고독하게 혼자 있을 수 있는 것이 가능케 되었다"고 설명하고 있다(정보통신정책연구원, 2010).

의 영향으로 성장하게 되었다고 설명하였다. 그리고 20세기에 텔레비전, 라디오, 전화 등 전자매체가 지배적인 미디어로 부상하면서 인류는 구텐베르크 시대 이전의 복수감각형 시대로 복귀하여 재부족화되었다고 맥루한은 평가하였다(마샬 맥루한, 김진홍 옮김, 2001).

미국의 미디어 비평가 닐 포스트먼은 『어린이다움의 상실(The Disappearance of Childhood)』에서 금속활자 인쇄술의 등장으로 문자해독능력이 사회적으로 중요해지면서 과거와는 다른 형식으로 어른과 어린이의 구분이 이루어졌다는 독특한 관점을 제시하였다. 즉, 구텐베르크의 인쇄술이 어른과 어린이를 구분하는 새로운 환경 창출에 결정적인 영향을 미쳤다는 것이다.

포스트먼은 인쇄술의 등장 이전에는 생물학적인 어린이와 어른 모두 글을 읽고 쓰는 능력이 없었다고 보았다. 따라서 어른과 어린이가 소유하는 정보에 별 다른 차이가 없었다는 것이다. 하지만 인쇄술의 등장으로 문자해독능력을 통해 확보한 정보의 질과 양이 어른과 어린이를 구분하는 사회적 기준으로 등장하였다고 닐 포스트먼은 주장하였다. 세상에 대한 정보가 인쇄물로 유통되면서 어른이 되기 해서는 문자해독능력이 필요하게 되었으며, 어른이란 생물학적 성장에 의해 자연스럽게 이루어지는 것이 아닌 사회적으로 획득해야 하는 것이 된 것이다.

닐 포스트먼은 문자해독력이 중요해지면서 학교 시스템이 확산되었고, 학교가 존재하는 곳에는 생물학적 어린이의 개념을 대체하는 사회적 어린이 개념이 생겨나게 되었다고 설명하였다. 그리고 이 같은 변화가 가장 두드러진 대표적 국가 중 하나는 영국으로, 학교의 수가 15~17세기에 급격하게 증가하였고, 여성도 학교에 보내졌으며,

가난한 사람들 가운데서도 일부 여성은 읽을 수 있었다고 주장하였다. 또한 인쇄술의 영향으로 사회적 차원의 어린이 개념이 확산되면서, 어린이만의 복장이 생겨나고, 어른과는 다른 어린이의 언어들이 나타났으며, 아동문학과 어린이를 노동으로부터 유예시키는 등의 새로운 문화들이 생겨나게 되었다는 분석도 제시하였다(닐 포스트먼, 홍윤선 옮김, 2009).

이와 같이 금속활자인쇄술의 발명은 하나의 근대사회를 있게 한 정보혁명으로 평가되고 있다. 앞서 살펴본 바와 같이 인쇄술은 사회의 종교, 정치, 경제, 교육 등을 포함한 개인의 일상생활에 커다란 변화를 초래하였으며, 이 같은 변화는 종교개혁, 봉건사회의 종말, 민족국가의 출현 등으로 연결되었다. 따라서 인쇄술은 근대사회 형성과 발전을 추동한 대표적 커뮤니케이션 테크놀로지로 평가할 수 있을 것이다.

제 3 장
출판문화산업의
개념과 속성

1. 출판문화산업의 개념

출판이란 무엇을 의미하는가? 출판의 개념을 나타내는 많은 언어
들은 라틴어의 edere(ex dare)나 publicare라는 두 단어의 어느 한쪽을
어원으로 하고 있다. 출판을 이야기할 때 많이 쓰이는 영어의 editor,
editing, publishing, publication 등이 모두 이들 단어에서 파생된 말로,
그 뜻은 '무엇인가 새로운 것을 낳는 것'으로 이해할 수 있다. 우리가
일반적으로 '출판한다'라는 용어를 사용할 때는 글자와 그림, 사진 등
을 종이에 인쇄를 하는 것을 지칭하고 있다(임동욱 외 1997).

출판(出版, Publishing)은 인류의 역사만큼이나 오래된 행위라 할 수
있다. 선사시대의 인류는 문자적 형식의 기록을 남기기 시작하면서

역사시대로 이행하였는데, 인류의 가장 오래된 기록물로 인정받고 있는 기원전 3300년경 쐐기문자로 기록된 메소포타미아 수메르의 점토판도 일종의 출판물에 속한다고 볼 수 있다.

출판은 오랜 역사만큼이나 점토판에서 전자책에 이르는 다양한 재료와 형식에 기초하여 이루어져왔다. 오랜 역사를 지니며 다양한 형식으로 구현되어 온 출판의 개념은 단순히 저작물 그 자체로만 한정되지 않으며, 해당 저작물을 기획해서 편집하고 제작(생산, 복제)하고 유통시켜 독자에게 전달하는 활동을 의미한다. 출판에 대한 주요 학자들의 정의를 소개하면 아래 표와 같다.

출판에 대한 주요 학자들의 정의

구분	내 용
민병덕	출판은 출판기획에 의해 저작물을 선정해서 창의적인 편집활동을 통하여 배열·정리하여 가독성이 높은 형태로 전환하여 인쇄술 또는 기계적·화학적·전자적, 기타 여러 가지 기술적 방법으로 각종 출판물로 다수 복제하여 제작하고 널리 독자에게 분배하여 문화를 전달·향유하게 하며, 때로는 그 대가를 받아 이윤 추구를 하기도 하는 문화적·사회적 활동이며 또 거기에서 발생하는 문화현상, 사회현상
차배근	커뮤니케이션 과정에 따라 출판을 정의하면, 서적 발행인 또는 출판사가 저작자의 원고를 입수·정리·제작한 서적(메시지)을 판매기구 또는 기타의 방법(채널)으로 독자(수용자)에게 제공하여 그들의 정신적 욕구와 흥미를 만족시켜주고 그 대가로 이윤을 추구하는 경제적·문화적 커뮤니케이션 행위
박유봉·채백	출판은 특정 개인이나 집단이 문화적 및 상업적 목적으로 특정의 문화적 내용을 인쇄기술로 제작하고 이를 특정 집단 혹은 불특정 다수의 대중에게 배포하여 독자들의 문화적 및 실제적 욕구와 필요를 충족시켜주는 행위
이종국	출판행위란 저자의 사상과 감정을 문자 또는 그 밖의 표현수단을 매개로 삼아 그 내용을 보고 인지할 수 있도록 드러내 보이는 것. 그러므로 공개성이 강조되며 불특정 다수(공중)에게 공표하는 전달 또는 전파 행위이며, 문화 내용을 주로 문서 또는 책으로 마무리하여 내보이는 표현행위
김성재	출판은 인간의 정신적 활동의 소산인 저작물을 인쇄술이나 전자적으로 복제하여 출판물이란 형태로 구현시켜 필요로 하는 다수의 독자에게 배포하는 행위

앞의 개념을 살펴보면, 대체로 출판이란 책 또는 도서, 서적과 동일한 개념으로 사용되고 있다. 그래서 우리나라에서는 책을 만드는 회사를 출판사라고 부르며(또는 도서출판사), 책을 만드는 사람들을 출판인이라 부르고 있다.

또한 기존의 출판 개념은 종이 인쇄물을 중심으로 정의되었으나, 전자출판이 활성화되고 전자책이 도입되면서 전자적 방법과 전자매체를 포괄하는 개념으로 확대되고 있다. 한국출판연구소에서 발행한 출판사전에서 출판은 "문서·도화·악보 따위 저작물을 인쇄물, 그 밖의 기계적·전자적 방법에 의해 복제하여 각종 출판물의 형태로 꾸민 다음 이것을 다수독자에게 반포하는 일련의 행위"로 정의하고 있다. 「출판문화산업진흥법(제2조 제1항)」에서도 "저작물 등을 종이나 전자적 매체에 실어 편집·복제하여 간행물(전자적 매체를 이용하여 발행하는 경우에는 전자출판물만 해당한다)을 발행하는 행위"로 규정하고 있다. 또한 이 법에서 전자출판물이란 "이 법에 따라 신고한 출판사가 저작물 등의 내용을 전자적 매체에 실어 이용자가 컴퓨터 등 정보처리장치를 이용하여 그 내용을 읽거나 보거나 들을 수 있게 발행한 전자책 등의 간행물을 말한다"고 정의하고 있다.

한편 국내에서는 「출판문화산업진흥법」을 통해 출판문화산업의 개념도 규정하고 있다. 「출판문화산업진흥법」에서는 출판문화산업을 "간행물의 출판·유통산업 및 그에 밀접히 연관된 산업을 말한다"고 정의하고 있다. 그리고 이 법에서는 간행물이란 "종이나 전자적 매체에 실어 읽거나 보거나 들을 수 있게 만든 것으로 저자, 발행인, 발행일, 그 밖에 대통령령으로 정하는 기록 사항을 표시한 것"으로 규정하고 있다.

그러나 간행물이란 개념을 엄밀히 살펴보면, 책의 범위를 뛰어넘는 것을 발견할 수 있다. 신문과 잡지 등 종이에 인쇄되는 모든 매체는 간행물로 보는 것이다. 그래서 정기간행물(신문, 잡지 등)과 비정기간행물(책 등)이라는 말도 생겨났다. 따라서 이러한 관점에서 보면 출판은 책뿐 아니라, 신문과 잡지도 모두 포괄하는 개념으로 해석하기도 한다.

결국, 출판이란 일반적으로 우리가 사회적 통념에 의해 또는 「출판문화산업진흥법」에 의해 책(또는 도서, 서적)을 말하며, 경우에 따라서는 신문과 잡지를 포함한 종이에 인쇄되어 배포되는 모든 매체를 지칭하는 것으로 해석할 수 있다.

2. 출판문화산업의 간행물 유형 분류

우리나라 문화체육관광부의 문화산업통계나 통계청의 표준산업분류체계는 출판산업 또는 출판문화산업을 도서(책), 신문, 잡지를 포괄하는 개념으로 보고 있다. 이렇게 신문과 잡지를 포괄하는 개념으로 출판문화산업의 유형을 분류하면, 발행의 정기성과 주기, 출판매체, 산업분류체계 등에 따라 다양하게 분류될 수 있다.

2.1. 발행의 정기성과 주기를 기준으로 한 분류

먼저 발행의 정기성을 기준으로 할 경우 출판문화산업 간행물은 비정기간행물과 정기간행물로 구분된다. 비정기간행물로는 일반적으로 책이라 불리는 도서가 있고 정기간행물로는 신문과 잡지 등이 있다. 비정기간행물이 도서로 인정받기 위해서는 간행물의 페이지 수가 일정 기준을 충족해야 한다. 아이슬란드는 17쪽 이상으로 구성된 간행물을 도서로 인정하고 있고, 덴마크는 60쪽 이상, 그리고 아일랜드와 이탈리아 및 모나코는 100쪽 이상의 간행물을 도서로 인정하고 있다. 따라서 이 같은 기준의 다양성에서 오는 혼란을 막기 위해 1964년 11월 19일 파리에서 개최된 제13회 유네스코 총회에서는 '도서 생산 및 정기간행물에 관한 통계의 국제적 표준화에 대한 권고안'이 채택되기도 하였다. 이에 따르면 도서란 "국내에서 출판되어 공중이 이용하는 최소한 49쪽 이상의 인쇄된 비정기간행물"로 정의되고 있다.9)

도서는 내용이나 주제에 따라 구분되고 있기도 하다. 국내에서 내용이나 주제에 따라 도서를 구분하는 방법은 한국십진분류법(韓國十進分類法, KDC; Korean Decimal Classification)에 따르는 것이다. 이 방법은 듀이십진분류법(DDC; Dewey Universal Decimal Classification)과 일본십진분류법(NDC)을 응용한 것으로 도서를 총류(總類)(0), 철학(1), 종교(2), 사회과학(3), 순수과학(4), 기술과학(5), 예술(6), 언어(7), 문학(8), 역사(9) 등 열 가지 주류(主類: section)로 분류하고 있으며, 또한 각 주류마다 다시 10가지로 나누어 강목(綱目: division)으로 나누고 있다(한국콘텐츠진흥원, 2010a).

한편, 정기간행물에 속하는 신문과 잡지는 발행주기에 따라 서로 구분된다. 「신문 등의 진흥에 관한 법률」에서는 "신문이란 정치·경

---

9) 이 정의에 따르면 49페이지가 되지 않는 팸플릿 등은 책에서 제외되며, 공중의 이용을 목적으로 하지 않는 개인적인 용도에서 만들어진 인쇄물과, 일정한 주기를 가지고 발행되는 정기간행물은 책의 범주에서 제외되고 있다.

제·사회·문화·산업·과학·종교·교육·체육 등 전체 분야 또는 특정 분야에 관한 보도·논평·여론 및 정보 등을 전파하기 위하여 같은 명칭으로 월 2회 이상 발행하는 간행물로"로 규정하고 있다. 따라서 신문은 일간부터 월 2회 발행까지 해당된다. 또한 이 법에서는 일반일간신문, 특수일간신문, 일반주간신문, 특수주간신문 등으로 신문의 종류를 구분하고 있다.

「신문 등의 진흥에 관한 법률」에서는 인터넷 신문의 개념도 규정하고 있다. 이 법에서는 "컴퓨터 등 정보처리능력을 가진 장치와 통신망을 이용하여 정치·경제·사회·문화 등에 관한 보도·논평 및 여론·정보 등을 전파하기 위하여 간행하는 전자간행물로서 독자적 기사 생산과 지속적인 발행 등 대통령령으로 정하는 기준을 충족하는 것"으로 정의하고 있다.

한편, 잡지의 개념은 「잡지 등 정기간행물의 진흥에 관한 법률」에 의해 정의되고 있다. 이 법에서 "잡지는 정치·경제·사회·문화·시사·산업·과학·종교·교육·체육 등 전체분야 또는 특정분야에 관한 보도·논평·여론 및 정보 등을 전파하기 위하여 동일한 제호로 월 1회 이하 정기적으로 발행하는 책자 형태의 간행물"로 정의된다. 잡지의 종류는 발행주기별로 월간, 격월간, 계간, 반연간 등으로 구분되며, 판형별로는 보통 국판(A5), 4·6배판(B5), 국배판(A4) 등으로 분류된다. 또한 내용별로는 일반적으로 종합지, 여성지, 문예지, 대중오락지, 종교지, 생활지, 스포츠지 등으로 구분되고 있다.

2.2. 출판 매체를 기준으로 한 분류

간행물을 출판 매체별로 구분하면 인쇄출판물과 전자출판물로 구분할 수 있다. 인쇄출판물은 콘텐츠를 종이에 인쇄하여 간행된 출판물을 의미한다. 종이에 인쇄된 책과 잡지, 신문 등이 인쇄출판물에 해당한다. 한편 전자출판물은 「출판문화산업진흥법」에서 그 개념을 정의하고 있다. 이 법에서는 "전자출판물이란 이 법에 따라 신고한 출판사가 저작물 등의 내용을 전자적 매체에 실어 이용자가 컴퓨터 등 정보처리장치를 이용하여 그 내용을 읽거나 보거나 들을 수 있게 발행한 전자책 등의 간행물을 말한다"고 규정하고 있다. 대표적인 전자출판물로는 전자책이 있다. 전자책 전용 단말기 이외에 태블릿PC와 스마트폰 등 전자책을 이용할 수 있는 다양한 단말기들이 등장하면서 출판문화산업에서 전자책이 갖는 비중은 지속적으로 증가할 전망이다.

2.3. 산업분류체계에 따른 분류

출판문화산업을 분류하는 산업분류체계는 전 세계적으로 다양하다. 국내 통계청에서는 '한국표준산업분류(KSIC; Korea Standard Industry Code)'에 근거하여 출판문화산업을 분류하고 있다.

한국표준산업분류체계의 소분류 〈서적·잡지 및 기타 인쇄물 출판업〉의 하위분류

소분류	세분류	유형
서적·잡지 및 기타 인쇄물 출판업	서적 출판업	서적 출판업
		교과서 및 학습서적 출판업
		만화 출판업
		기타 서적 출판업
	서적·잡지 및 기타 인쇄물 출판업	신문발행업
		잡지 및 정기간행물 발행업
		정기 광고간행물 발행업
	기타 인쇄물 출판업	기타 인쇄물 출판업

출처: 통계청 홈페이지(http://www.kostat.go.kr/).

　‘한국표준산업분류’는 유엔의 ‘국제표준산업분류(ISIC; International Standard Industrial Classification)’에 기초하여 만들어진 것으로 산업관련 통계의 정확성 및 비교성을 확보하기 위해 제정되었다. ‘한국표준산업분류’에서 출판문화산업은 대분류명인 ‘J. 출판, 영상, 방송통신 및 정보서비스업’의 중분류 중 하나인 ‘출판업(분류코드 58)’의 소분류인 ‘서적·잡지 및 기타 인쇄물 출판업’에 속한다. ‘한국표준산업분류’에서 소분류 ‘서적, 잡지 및 기타 인쇄물 출판업’은 "서적, 사전류, 지도, 인명 및 주소록, 신문, 잡지, 연하장 등의 각종 인쇄물을 출판하는 산업 활동을 말한다"고 정의되고 있다. ‘서적, 잡지 및 기타 인쇄물 출판업’은 또다시 ‘서적 출판업’, ‘신문, 잡지 및 정기간행물 출판업’, 그리고 ‘기타 인쇄물 출판업’ 등 세 가지로 세분류된다.

　한편, 통계청 승인통계인 문화체육관광부의 문화산업통계조사에 활용되는 문화산업분류체계에서는 출판산업을 만화산업과 구분되는 산업으로 설정하고 다섯 개의 중분류와 열 네 개의 소분류로 구분하고 있는데 그 구체적 분류 형태는 아래 표와 같다.

대분류	중분류	소분류
출판업	11. 출판업	111. 서적 출판업(종이매체 출판업)
		112. 교과서 및 학습서적 출판업
		113. 신문발행업
		114. 잡지 및 정기 간행물 발행업
		115. 정기광고 간행물 발행업
		116. 기타인쇄물 출판업
	12. 인쇄업	121. 인쇄업
	13. 출판도소매업	131. 서적 및 잡지류 도매업
		132. 서적 및 잡지류 소매업
		133. 계약배달 판매업(신문배달판매)
	14. 온라인출판유통업	141. 인터넷/모바일 전자출판 제작업
		142. 인터넷/모바일 전자출판 서비스업
		143. 인터넷서점(만화 제외)
	15. 출판임대업	151. 서적임대(만화 제외)

출처: 문화체육관광부(2010a). 「2009 문화산업통계(2008년 기준)」.

3. 도서출판물의 미디어콘텐츠로서의 속성

도서출판물은 문화적 표현 활동이며, 인간의 이성과 감성을 문자
나 그림 등 다양한 기호(symbol)와 표현방법들을 활용하여 콘텐츠화
하고, 이를 여러 가지 형태의 미디어를 통해 공포하고 전달하는 커뮤
니케이션 영역이라 할 수 있다. 도서의 미디어콘텐츠로서의 속성은
다음과 같이 열두 가지로 정리될 수 있다(한국콘텐츠진흥원, 2010a).
첫째, 도서는 상대적으로 소규모의 사람들을 대상으로 한다. 베스
트셀러라 하더라도 그 독자수가 지상파TV 드라마의 일일시청자 수
를 앞서기 힘들다. 둘째, 도서는 다른 매체에 비해 상대적으로 급진적

인 사상 등 다양한 내용들을 담을 수 있다. 교과서에서부터 만화잡지에 이르기까지 도서출판물이 담을 수 있는 내용의 범위는 다른 미디어콘텐츠에 비해 상대적으로 폭넓다. 이 때문에 도서출판물들은 정치적인 이유나 종교적인 이유, 또는 사회문화적인 이유로 인해 금서가 되기도 한다. 셋째, 휴대와 이용이 매우 간편하다. 도서는 이동하면서 이용하기가 편리하다. 또한 이용에 복잡한 장비나 과정이 요구되지도 않는다(오택섭·강현두·최정호, 2005).

넷째, 제작에 상대적으로 많은 시간적 여유가 허용되기 때문에 한 가지 주제를 심층적이고 밀도 있게 다루는 데 유용하다. 따라서 다른 미디어 콘텐츠에 비해 전문성이 강하다. 도서는 심층적인 내용을 전달하기에 적합한 매체이며, 독자는 필요한 내용만을 골라서 볼 수 있고 경우에 따라서는 같은 내용을 여러 번 이용할 수 있다. 또한 시간이나 지면에 제약을 받는 신문이나 방송에 비해서 책이 전해주는 내용은 매우 자세하다는 특성을 지니고 있다.

다섯째, 사회적·문화적 유산의 전승에 가장 유리한 매체이다. 또한 책은 더 나아가 문화를 창조하는 적극적 기능도 담당하고 있다. 공자, 석가, 소크라테스, 예수 등 위대한 사상가나 성인들의 가르침이 전승 보존되지 못했다면, 오늘날 우리 인간의 정신적 삶은 얼마나 빈약한 것이 되었을까. 수천 년이 지난 지금도 그들의 가르침은 책이라는 형식을 통해 대대로 내려오고 있다. 어릴 때 읽은 위인전은 전 생애에 걸쳐 깊은 영향을 미친다. 그것은 책을 통한 간접체험의 영향이 전 생애에 걸쳐 계속됨을 말하는 것이다(부길만 외, 1997).

여섯째, 책은 무한한 종류가 존재할 수 있고 수용자에게 거의 무한한 매체 선택의 기회를 부여하고 있다. 출판매체는 방송처럼 정부의 허가를 받을 필요가 없으며, 신문처럼 엄청난 시설기준을 필요로 하지 않는다. 따라서 수많은 출판사가 설립되어 다양한 출판물을 발행할 수 있으며, 독자의 입장에서는 수많은 출판물 중에서 자신이 원하는 책을 얼마든지 고를 수 있다. 독자들이 원하는 내용을 얼마든지 다양하게 이용할 수 있다는 점이 도서가 가지고 있는 또 하나의 매력이다.

일곱째, OSMU의 원천콘텐츠로서 가치를 지닌다. 책을 원천콘텐츠로 하여 영화나 드라마가 제작되는 것은 이제 일반적이고 전형적인 콘텐츠산업의 전략으로 자리 잡았다. 영화 <쥬라기 공원>은 마이클 크라이튼의 동명소설이 원작이며, <해리포터>와 <반지의 제왕> 역시 소설을 원작으로 하였다.

도서출판물을 원천콘텐츠로 하여 OSMU에 성공한 영화의 사례

여덟째, 도서는 비경합성과 비배재성을 지닌 대표적 공공재이다. 비경합성이란 한 사람이 그 재화를 소비하더라도 다른 사람이 소비할 몫이 줄어들지 않는다는 것으로, 출판물의 경우에도 한 사람이 소비한 후에 다른 사람이 소비하더라도 그 만족감이 줄어들지 않는다. 물론 인쇄 출판물의 경우 이전에 읽은 사람이 종이를 더럽히거나 구겨놓는 등 일부 훼손을 가할 수 있으나, 그로 인해 콘텐츠의 본질적인 가치가 닳지는 않는다. 출판물의 본질은 편집, 디자인, 종이 재질, 인쇄, 제본 등의 표면적인 것에 있는 것이 아니라 내용 그 자체에 있기 때문이다. 따라서 포장 상태에 따라 소비자의 만족도에 일부 차이가 있을 수는 있겠지만, 본질적인 내용이 영향을 받는 것은 아니다. 비배제성이란 상품이 어떤 사람에게 제공되고 나면 다른 사람이 아무런 대가도 치르지 않고 소비하는 것을 막을 수가 없다는 것이다. 일례로 책을 한 사람에게 팔면 다른 사람에게 빌려주는 것을 막을 수 없다. 개인이 소비한 후 주위 사람들에게 빌려주어도 온전한 가치를 누릴 수 있기 때문이다. 이로 인해 책 내용을 무단으로 복제하여 상업적으로 이용하는 행위는 저작권법으로 규제하고 있다. 저작권법은 비배제적인 출판물을 배제적인 상품으로 만들기 위한 제도적 장치로 볼 수 있다(임동욱 외, 1997).

아홉째, 도서는 다른 어떤 매체, 예를 들어 방송이나 신문과 비교하여 그 내용이 오래 지속될 수 있다. 물론 오늘날 전파매체들도 여러 가지 기록 및 보관과 재생의 수단을 가지고 있지만 출판매체와 비교할 수 없다. 출판매체는 단행본으로 제본되어 보관이 용이하고 접근이 아주 쉽다. 이러한 영속성으로 인해 신규 출판 콘텐츠 창조에 대한 압력이 매우 높다.

열째, 도서는 동일 출판물에 대한 반복 구매가 이루어지지 않기 때문에 소비가 어느 정도에 이르면 더 이상 판매되지 않는다. 세대교체에 의해 새로운 소비자가 등장함으로써 조금씩 팔릴 수는 있겠지만, 많은 시간이 소요되는 만큼 충분한 수익으로 연결되기 어렵다. 이로 인해 출판사는 끊임없이 새로운 상품을 개발하여 시장에 내놓고 독자를 끌어들여야 한다.

열한째, 최초의 책 한 권을 만드는 데는 많은 비용이 들어가지만 동일한 책을 두 권째 만들 때부터는 비용이 훨씬 낮아진다. 원고 작성, 편집, 교정, 입력, 제판, 디자인 등의 비용은 부수에 관계없이 일정하게 투입되기 때문이다. 따라서 같은 책을 여러 권 만들수록 평균 제작비가 낮아지는 규모의 경제 효과가 적용된다. 이는 도서뿐만 아니라 신문과 잡지를 비롯한 인쇄매체에 동일하게 적용된다. 물론 규모의 경제 효과가 실현되기 위해서는 잠재적 시장이 커야 한다. 그러므로 동일 언어 사용자 수, 교육 수준, 소득 수준 등이 출판산업의 성장에 많은 영향을 미치는 요인으로 작용한다. 특히, 도서 시장의 경우에는 규모의 경제 효과를 누릴 수 있는 베스트셀러를 탄생시키기 위해 온 힘을 쏟고 있다. 그러나 최근에는 소규모 출판사가 베스트셀러를 내는 경우는 점차 줄어들고 있다. 우연히 베스트셀러가 만들어지는 경우는 줄고 막강한 자본력과 조직, 유통망을 갖춘 출판사가 치밀한 시장조사를 통해 기획하고, 저자를 발굴하여 뛰어난 편집기술과 디자인 감각을 이용하여 책을 만든 뒤 대대적인 판촉 활동을 함으로써 베스트셀러가 만들어지는 사례가 늘고 있다.

열두째, 출판업은 적은 자본금으로 시작할 수 있어 진입 장벽이 낮다. 사무실과 사무집기만 있으면 적은 인력으로도 창업이 가능하다.

처음부터 많은 비용을 들이지 않기 때문에 퇴출 비용 역시 낮다. 고정자본의 비중이 낮으므로 출판사가 폐업할 경우 입게 되는 경제적 손실 역시 적다는 것이다. 출판업은 제품 생산에 기술적 장벽이 그리 높지 않다는 것 역시 창업을 쉽게 하는 요인이다. 출판업은 다른 산업에 비해 고도의 전문적 지식이나 기술, 또는 자격증이 필요하지 않다는 것이다. 이로 인해 출판업은 창업과 폐업이 잦아 상대적으로 기업의 평균 수명이 짧다(채백, 2001).

일반적으로 책은 신문이나 방송처럼 습관적으로 보거나 듣는 것이 아니라, 철저히 독자 스스로의 주관적 욕구를 충족시키기 위하여 이용되는 목적적인 선택매체이다. 따라서 일단 책을 통해 습득된 정보와 지식은 신문과 방송에 비할 수 없이 선명하게 각인되며, 오랫동안 독자의 뇌리에 남게 된다. 또한 책은 조용한 공간과 여유 있는 시간을 필요로 하는 개인매체의 성격을 지니고 있다. 이러한 측면을 고려해볼 때 출판은 일반 대중매체처럼 오락매체로 인식되기보다는 오히려 사색을 통한 지식과 의견, 사상이 전달되는 정보매체로 인식되고 있다.

4. 도서출판물의 기능 및 가치

역사적으로 도서출판물은 사회의 다양한 영역에서 고유한 기능을 수행해왔고, 이를 통해 그 가치를 인정받아 왔다. 도서출판물의 기능과 가치는 출판의 역사에 대한 고찰을 통해 확인할 수 있다. 책은 정치, 문화, 경제 등 사회의 모든 영역에서 인류의 진보에 기여해 왔다.

구텐베르크의 인쇄술은 유럽사회의 변동과 근대사회의 형성에 영향을 미친 결정요인 중 하나로 기능하였다. 구텐베르크의 인쇄술을 통해 출판된 간행물들은 부패한 종교에 저항하는 종교개혁가들의 주장들이 유럽 전역에서 공감을 얻을 수 있도록 하는 매개체로 기능하였고, 새롭게 등장한 시민계급은 출판 간행물을 이용하여 시민혁명의 가치를 전 세계에 전파할 수 있었다.

산업사회의 도래와 함께 책은 지식과 정보를 전달하고 교육하는 중요한 수단으로 기능해 왔으며, 오락을 제공하여 새로운 문화를 창조하고 궁극적으로 인간의 삶의 질을 개선하는 데에도 지속적으로 기여해왔다(이기성·고경대, 2004). 최근에는 정보와 지식의 가치가 더욱 중요하게 인식되면서 책이 갖는 의미와 중요성 또한 더욱 부각

출판양식의 변화: 전통출판과 정보시대출판

구분	전통 출판	정보시대 출판
작업의 특성	판형(format) 중심	콘텐츠 중심
정보제공 형태	책, 잡지 등	아이디어와 정보
테크놀로지 적용	제한된 기술	인쇄와 전자 미디어
정보처리 기술	기계적	영상 중심의 기술
메시지의 상징	문자언어, 숫자, 스틸 이미지	문자언어, 숫자, 스틸 이미지, 동영상, 목소리, 사운드
수용자관	독자	독자-시청자-이용자
시장지향성	생산 중심	시장 중심
소통의 흐름	일방향성, 일대다수, 비접속	일방향성과 쌍방향성, 네트워크, 접속
정보유통 방법	사실적	사실적+전자적
정보유통 주기	목록별, 기간별	목록별, 기간별, 개설한 채널별
매니지먼트	포맷 특성화	통합적 접근

출처: Eisenhart, D. M.(1994). p.38.

되고 있다. 지식과 정보의 창출과 활용 능력이 국가경쟁력을 좌우한다는 점이 확인되면서, 책은 그 자체가 창의적 문화 콘텐츠로서 기능하는 동시에 인류의 꿈과 감성을 자극하고 창조성과 상상력에 배양하는 출판지식산업으로 진화하고 있다(문화체육관광부, 2007).

책은 한마디로 인류문화의 결정체이자 지혜의 보고(寶庫)이다.

출판은 인류의 지적 소산인 저작물의 생산·보급 역할을 수행한다. 책을 통해 인간의 정신문화가 공유·창조·전승되기 때문이다. 오늘날 인터넷 시대의 폭발적인 '정보 스모그' 속에서 책은 정선된 지식·정보의 최대 공급원이다. 일찍이 앨빈 토플러는 『부의 미래(*Revolutionary Wealth*)』(2006)에서 무용(無用) 지식(Obsoledge)을 가려내는 것이 '미래의 부'를 결정짓는 중요한 요소라고 강조했다.

책은 창의력과 상상력을 길러주는 핵심 매체이다. 독서는 영상 등 타 매체보다 상상력, 창의력을 촉발한다. 영화감독 스티븐 스필버그는, "나의 창조성과 상상력은 책에서 나온 것"이라고 말했다.

결국 책에 기반한 문화의 수렴(출판)과 확산(독서) 촉진이 문화 선진국으로 가는 지름길이라 하겠다.

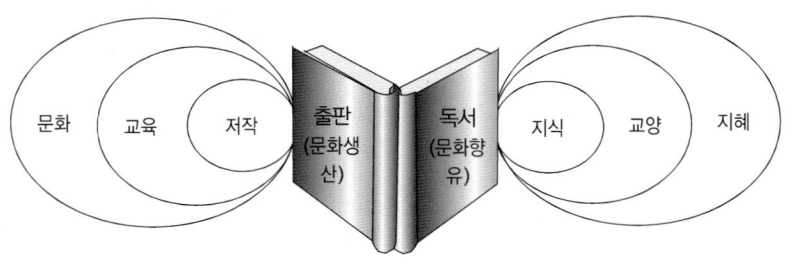

출판문화의 가치
출처: 문화체육관광부(2006).

향후 책의 가치는 지금까지보다 더 심화할 것으로 기대된다. 태블 릿PC와 스마트 TV 등 새로운 뉴미디어 플랫폼의 도입이 계속적으로 이루어지면서 인류는 과거 어느 시기보다도 편리하고 풍요로운 커뮤 니케이션 미디어 환경 속에서 살게 되었다. 이 같은 환경에서는 다양 한 미디어 공간을 채워줄 건강한 콘텐츠가 필요하며, 책은 이 같은 필요를 충족시켜줄 수 있는 가장 유력한 원천 콘텐츠로서 그 가치가 상승하고 있다(이용준·김원제·최학현·최재표, 2010).

제 4 장
출판문화의
발전과 혁신

1. 책의 역사적 발전과정과 중요성

책은 현존하는 대중매체 중에서 가장 오랜 역사를 가진 매체이다. 비록 오늘날에 와서는 신문이나 방송이 사람들에게 훨씬 각광을 받고 있지만, 책만이 지닌 독특한 매력은 결코 가볍게 여겨질 수 없다.

책은 인류의 문화 흔적을 가장 오랫동안 보존하고 있는 매체이다. 책은 인류가 문명사회를 이룬 이후, 지나온 역사와 지식을 후세에 전달하기 위한 방편으로 개발되어 형식과 내용 면에서 많은 변화를 거치면서 오늘날까지 애용되고 있다. "말은 사라지나 기록은 남는다"는 금언은 책이 인류문명에 얼마나 많은 역할과 공헌을 했는지를 잘 설명해주는 표현이다. 이러한 측면에서 볼 때 출판의 역사는 인류 문명의 역사와 같다고 볼 수 있다.

인쇄된 도서를 의미하는 책은 일정한 내용이 있어야 하고, 지니기 쉽고 운반하기 쉬워야 하며, 보기 쉽도록 만들어져야 한다. 책은 인류의 사상과 학문 및 문예, 역사의 정수를 당대에서 공유하게 하며 후

세에 전승되게 함으로써 '집단의 기억'을 향유하고 발전시키는 역할을 한다. 따라서 책은 인류문화의 보고이자 결정체이다.

'책'이라는 말은 라틴어의 경우 'liber'에서 유래했는데, "목재와 표피 사이의 얇은 껍질"을 의미한다. 인간은 이것을 문자를 새기기 위해 사용했다. 그리고 그리스어로는 'biblion'이라고 하는데, '파피루스'를 뜻하는 그리스어 'biblos'에서 유래했고, biblos는 페니키아의 파피루스 수출항인 비블로스(Byblos)에서 유래한 단어라고 한다. 또한 영어의 book이나 독일어의 Buch 혹은 러시아어나 루마니아어의 bukva까지 모두 같은 어원으로 'beech(너도밤나무·Buche)'라는 말에서 유래했다고 하니, 결국 책은 나무에 문자를 새겨넣은 것을 의미한다. 라틴어 어원, 그리스어 어원, 유럽 대륙의 어원이 모두 다르면서도, 결국은 유럽의 남쪽이든 북유럽이든 자신들의 환경에서 쉽게 발견할수 있는 재료, 즉 식물을 사용한 문자 저장 장치를 '책'이라 명명했던 것이다. 어쨌든 '책'이라는 물건은 물질적 재질을 중심으로 이해되었음을 알 수 있다(정보통신정책연구원, 2010).

책의 역사적 발전은 크게 네 번의 기술혁신을 통해 진행되어 왔다. 첫 번째는 점토판, 파피루스, 양피지, 죽간(竹簡), 목독(木牘) 등의 같은 기록매체를 만들어낸 일이다. 인류는 기억에 의존하던 지식과 정보의 보존과 전달을 효과적으로 다른 사람들과 공유하기 위한 방법을 찾기 위해 지속적으로 노력해왔다. 종이와 인쇄술이 발명되기 이전 인류는 이러한 원시적인 형태의 기록매체로 책을 만들어 사용하였다.

책의 역사적 발전 단계 중 두 번째 혁신은 활자 인쇄술의 발명이다. 활자인쇄술의 발명으로 책의 생산은 기계화되어 대량보급, 대량소비가 가능하게 되었으며, 오늘날과 같은 찬란한 출판문화가 꽃피울 수 있었다. 사실 따지고 보면, 현재와 같은 문명사회가 싹틀 수 있었던 것도 활자인쇄술에 의한 책의 대량 보급, 지식과 정보의 광범위한 확산이 큰 역할을 담당하였다. 그리고 20세기 들어오면서, 출판산업은 한 나라의 경계를 넘어 글로벌 비즈니스로 발전하여 왔다.

책의 발전 중 세 번째 혁신은 컴퓨터에 의한 편집과 제작이다. 1946년 등장한 컴퓨터는 1960년대부터 많은 산업영역에 도입되어 자동화 혁명을 불러일으켰으며, 1970년대부터 출판영역에서도 컴퓨터에 의해 자동화, 전산화가 시작되었다. 이러한 컴퓨터에 의한 편집과 제작이 출판 영역에 자리 잡게 되면서 제작공정의 단축 및 출판구현 능력의 증가, 궁극적으론 전자책의 도래가 가능한 환경의 조성이 이루어지게 되었다.

네 번째 책의 역사적 발전 단계는 종이책에서 전자책으로 변신이다. 전자책은 컴퓨터와 정보통신기술을 이용하여 책을 아예 전자적 방식으로 만드는 것을 말한다. 초창기에는 휴대폰이나 PC를 이용하여 책의 내용을 볼 수 있게 만들었으나, 점차 전자책단말기, 스마트폰, 태블릿PC 등 스마트기기를 이용하는 방식으로 발전하였다. 이러한 전자책의 발전으로 점차 종이 없는 출판시대가 오는 것이 아니냐는 전망도 나오게 되었다.

이러한 출판문화의 역사적 발전과정을 시기별로 상세히 살펴보면 다음과 같다.

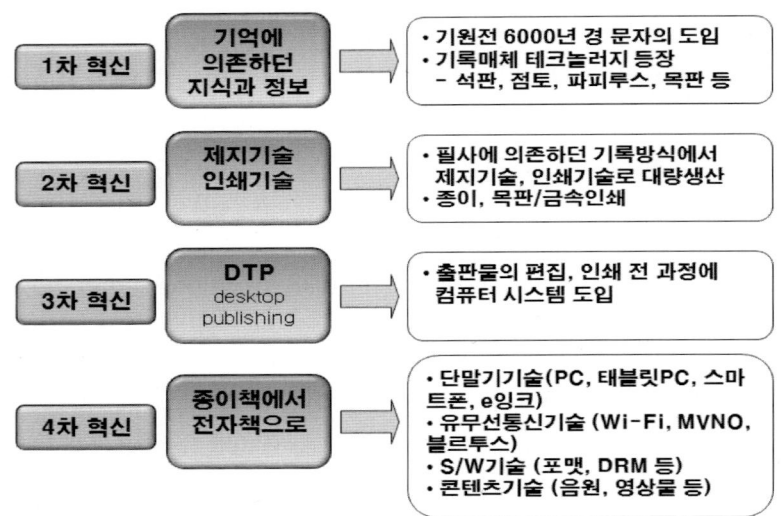

기술혁신에 따른 출판문화의 발전 과정
출처: 이병훈(2010), 「전자책의 어제 오늘 그리고 내일」, KDPF포럼 자료집.

1.1. 기록매체의 등장

비록 원시적인 형태이지만, 기록 매체가 등장한 것이 책의 역사에 중요한 시발점이다. 점토판, 파피루스, 양피지 등과 같은 기록매체의 등장으로 책이 보다 많은 사람들에게 널리 읽히게 되었다.

이러한 책의 1차 기술혁신은 역사적으로 당대의 문명형태와도 깊은 연관성을 지니고 있었다. 예컨대, 수메르인들이 경제 활동을 위해 점토판을 이용한 것이나, 귀족계층의 자녀 교육을 위해 점토판 도서관을 만든 것이 그렇다. 이런 기반은 훗날 책 제작이나 필사본, 삽화 관련 직종이 발전하게 된 계기가 되었다. 하지만 이들 기록매체들은 종이의 등장과 함께 더 이상 책을 만들기 위한 재료로 이용되지 못했다.

점토판, 파피루스 그리고 양피지에 성서를 베끼고 있는 중세의 필사자

　그 이유는 점토판, 파피루스, 양피지 등의 매체가 종이에 비해 여러 가지 측면에서 커뮤니케이션 매체로서의 약점을 지녔기 때문이다. 점토판은 종이에 비해 무거웠다. 따라서 멀리 떨어진 사람과의 커뮤니케이션과 정보 전달에 사용하기에는 불편한 매체였다. 파피루스는 습기에 약한 것이 약점이었다. 이로 인해 파피루스에 기록된 정보들은 장기간 보존되기 어려웠다. 반면 양피지는 점토판에 비해 가볍고 파피루스에 비해 수명도 길었다. 하지만 양피지는 비싼 것이 약점이었다. 양피지 책 한 권을 제작하기 위해서는 약 양 300두가 필요했다. 점토판, 파피루스, 양피지의 이 같은 약점들은 종이가 등장하자 이들 매체들의 커뮤니케이션 매체로서의 경쟁력을 급격히 상실하게 만들었다(오택섭·강현두·최정호, 2005).

　양피지로 만들어진 중세의 책은 아주 아름다운 것이 특징이다. 주로 수도원에 머물고 있던 수도사들이 만들었던 중세의 책은 성서나 종교 관련된 책이 위주였고, 수도사들은 자신의 신앙심을 아름다운 책을 만드는 데 담아내려고 온 힘을 다했다. 이렇게 아름답게 만들어진 책의 가치는 대단한 것이어서 1047년 어떤 수도사는 책 한 권을 잘 가꾼 포도밭과 바꾸었고, 15세기 독일에서는 설교집 한 권이 양

200마리와 수십 가마의 호밀과 바꿔졌다는 기록이 남아 있다(브뤼노 블라셀, 권명희 옮김, 1999).

서기 105년부터 중국에서는 주변에서 흔히 구할 수 있는 나무가 종이의 재료로 이용되기 시작하였다. 종이는 점토판, 파피루스, 양피지를 훨씬 능가하는 커뮤니케이션 매체로서의 우월한 장점들을 지니고 있었다. 하지만 구텐베르크의 인쇄술이 도입되기 이전까지 종이책 한 권이 만들어지는 데 많은 시간이 걸렸고 가격도 비쌌다. 더구나 중세시대까지 서양에서는 종이보다 양피지가 책을 만드는 재료로 더 많이 쓰였다. 인쇄술이 도입되기까지, 대부분의 책은 사람의 손으로 필사되었기 때문이다. 필사된 책은 종이책이든 양피지책이든 가격이 비쌌기 때문에 이를 소유할 수 있는 사람은 제한적이었다. 따라서 당시의 필사본 책은 흔하지 않은 높은 가격의 물건으로서의 사회적 가치와 정보 및 커뮤니케이션 미디어로서의 가치를 동시에 지녔다.

중세 후반, 책의 수요가 늘어나자 수도원 밖에서 필사를 직업으로 하는 사람들이 꾸준히 늘어났고 이들은 공동체인 '길드'를 조직하기도 했다. 그래서 구텐베르크가 인쇄술을 발명하고 인쇄 공장을 세웠을 때, 프랑스의 파리에는 4천여 명의 필사공이 있었다고 한다(박숙정, 2010).

그리고 14세기가 되면서 부르주아, 상인 등 신흥계급들이 성장하면서 재미있는 이야깃거리를 담고 있는 소설이 새로운 유형의 책으로 등장하기 시작하였는데, 이러한 소설은 소설이 출생한 지역인 로맨스 지방의 방언을 따서 '로맨스'라 부르게 되었다(채백, 2001).

11세기 무렵 상업이 발달하면서 도시가 생겨나자 대학을 비롯한 문화시설들이 들어서기 시작했다. 14세기 이후에 대학의 수가 늘어나면서 더 많은 책이 필요하게 되었다.

14세기부터 불기 시작한 르네상스 운동(문예부흥 운동)도 책의 수요를 증가시켰다. 이탈리아에서 등장한 르네상스는 학문 또는 예술의 재생·부활이라는 의미를 가지고 있는데, 고대 그리스·로마 문화를 이상으로 하여 이들을 부흥시킴으로써 새 문화를 창출해내려는 운동이다. 인문주의자를 중심으로 과거의 학문과 문화를 재발견하려는 책의 필요성이 증대되었다. 그리고 상업과 무역의 발달로 교육받은 부유한 신흥부르주아지가 대거 출현한 것도 책의 수요가 늘어나는 계기가 되었다.

1.2. 활자인쇄술의 발명과 책의 대중화

필사공들에 의해 필사된 종이책의 단점은 구텐베르크의 인쇄술이 등장하면서 해결되어 갔다. 구텐베르크의 금속활자 인쇄술이 확산되면서 종이책은 상대적으로 저렴한 가격으로 대량 복제될 수 있었다. 이 시기부터 소수 귀족이나 성직자의 전유물이었던 책, 서점, 도서관을 보다 많은 대중들이 이용할 수 있게 되었고, 이 같은 변화는 시민사회와 산업사회 형성의 동력으로 작용하였다.

독일의 구텐베르크는 금속활자와 인쇄기를 이용해서 책을 만드는 방법을 개발하였다. 1455년에 서양에서 최초로 금속활자인쇄술을 이용해 책을 제작했는데, 그가 금속활자를 이용해 처음 만든 책은 『42행 성서』였다. 한 페이지에 42행이 들어가는 성경이라서 그런 이름이 붙었다. 180권 정도를 인쇄했다고 하는데 지금은 48권만이 남아 있다.

활자인쇄술의 발명은 순식간에 유럽에 보급되었으며, 그 후 종교개혁과 과학혁명에 큰 영향을 끼쳤다. 이렇게 출판인쇄가 활성화되자, 당시 지배권력이던 로마교황청은 종교적 권위를 위협하는 새로운 사상들이 인쇄물을 통해 유통되는 것에 두려움을 느껴 출판면허제도(1470~1480년)와 금서목록(1559년)을 만들어 독서규제를 실시하게 되었다(볼프강 헤를레스·클라우스 뤼디거, 배진아 옮김, 2010).

이에 존 밀턴은 1644년 「아레오파지티카(Areopagitica)」라는 논문을 발표하여 언론의 자유를 강력히 주장하였다. 이는 언론출판의 자유를 공개적으로 주장한 최초의 사례이다. 또한, 18세기 후반 프랑스혁명과 미국독립은 권리장전 및 인권선언으로 '언론·출판의 자유'를 주장하였으며, 이는 출판활동이 발전하는 데 많은 영향을 주었다. 이러한 과정을 거쳐 출판업은 본격적인 자리를 잡고 더욱 성장할 수 있었다. 1776년 발행된 토마스 페인의 『상식론(Common Sense)』은 수십만 권 팔렸고, 1814년 발행된 영국의 시인 바이런의 『해적』은 발행 당일 1만부가 팔리기도 했다(채백, 2001).

1820년대에 들어와서는 출판업과 인쇄업의 분리가 일반화되어 출판업이 발전하기 시작하였다. 맥밀란 출판사(MacMillan Publishers Ltd., 1843년 영국 케임브리지), 베르텔스만 출판사(Bertelsmann Verlag, 1835년 독일), 아셰트 출판사(Librairie Hachette, 1826년 프랑스) 등이 등장하여 오늘날까지 세계적인 출판사로의 명맥을 유지하고 있다.

또한, 일반적인 책보다 작은 문고본이 나와 문학도서의 보급에 현저히 기여하기도 했다. 특히 1867년 독일에서 나온 '레클람 문고'는 전 세계적으로 문고본의 성립과 발전에 큰 기여를 했다. 19세기 말에는 출판사가 사회의 중요한 세력으로 등장하였으며, 책을 출판하는 것은 신사의 전문직업으로 명성을 획득하기도 하였다.

한편, 미국에서는 출판물이 흑인노예해방에도 커다란 영향을 미쳤다. 1800년대 중반 흑인노예들의 비참한 생활을 묘사한 스토우(Harriet B. Stow)의 소설『엉클 톰의 오두막집(*Uncle Tom's Cabin*)』은 출판되자 30만 부가 팔리면서 일반시민들을 노예폐지운동에 적극 참여시켰음은 잘 알려진 사실이다(부길만 외, 1997).

출판업이 발전하자, 어린이를 위한 도서도 출현하게 되었다. 샤를 페로라는 프랑스 시인은 세계에서 처음으로「신데렐라」,「빨간 모자」,「잠자는 숲속의 공주」같은 이야기들을 어린이들이 읽을 수 있도록 책으로 만들었다. 1695년에는「잠자는 숲속의 공주」,「빨간 모자」,「푸른 수염」,「장화 신은 고양이」,「요정이야기」를 묶어『어미 거위 이야기』라는 책으로 출간했다. 따라서 프랑스 사람들은 페로를 프랑스 아동문학의 아버지라고 말하기도 한다.

오늘날까지 전 세계에서 어린이들이 가장 많이 읽는 동화인『그림 동화』와『안데르센 동화집』도 등장하였다.『그림 동화』는 그림형제가 모은 이야기책으로「백설 공주」,「신데렐라」,「헨젤과 그레텔」,「잠자는 숲속의 공주」등이 실려 있다. 옛날 독일에 전해 내려오던 이야기를 모은 것으로, 그림형제는 이 책의 이야기를 모으기 위해 십수 년을 돌아다녔다.

『안데르센 동화집』은 안데르센이 새로 지은 것으로「인어 공주」,「성냥팔이 소녀」,「미운 오리새끼」,「벌거벗은 임금님」같은 유명한 동화들이 실려 있다. 그는 1835년에 동화집을 출간하기 시작해 1870년까지 무려 130여 편에 달하는 동화를 만들었다(박숙정, 2010).

20세기에 들어서면서 출판은 또 하나의 새로운 환경에 적응해야 했다. 시청각 등 복수 감각을 사용하는 라디오와 텔레비전이 등장하면서 독서 인구가 줄어드는 현상을 목도했기 때문이다. 따라서 1935년에는 영국의 펭귄출판사가 염가의 책인 페이퍼백(paperback)을 출간하여 독자들의 시선을 사로잡게 되었고, 출판업도 대기업화되거나 복합미디어 기업에 흡수되는 양상을 보이게 되었다. 또한, 서구의 대규모 출판사들은 해외 시장에 눈을 돌려 출판업이 국제화되는 경향이 나타나기 시작하였다.

1960년대 이후 출판산업에 밀리언셀러(million seller), 베스트셀러(bestseller) 용어가 보편화되면서, 책의 기획 단계부터 대량판매를 목적으로 하는 책이 속속 등장했고, 출판업은 본격적인 기업으로서의 속성을 띠게 되었다.

1.3. 컴퓨터에 의한 책의 편집과 제작

책의 3차 기술혁신은 출판물의 편집과 인쇄 전 과정에 컴퓨터가 접목된 DTP(Desk Top Publishing)의 도입과 확산이다. 1970년대부터 출판 분야에서 활용되기 시작했던 컴퓨터는 1985년 매킨토시 컴퓨터와 전문편집프로그램(QuarkXpress, Pagemaker)이 등장하면서 본격적인 DTP시대를 열게 되었다.

DTP는 문자 그대로 책상 위에 있는 퍼스널컴퓨터를 이용하여 원고의 작성에서부터 교정, 편집, 출력까지 종이출판물의 제작에 필요한 전 과정을 완성시키는 페이지네이션 기술로, 이때부터 활자 대신 컴퓨터가 책을 만드는 데 사용되는 것이 보편화되었다.

컴퓨터 화면에 책의 내용을 띄우고, 마우스 조작에 의해 글자를 키우고 줄이고, 색깔을 변화시키고, 사진을 이리저리 이동하여 편집된 내용을 그대로 프린터로 출력하여 책을 만드는 것이 가능해졌다. 따라서 오늘날 종이책을 제작하는데, 컴퓨터 편집·제작장치를 갖춘 DTP시스템은 출판사의 필수적인 장비가 되어 있다.

DTP의 도입과 확산으로 책 생산과정의 전산화와 단순화가 진행되었고, 책의 다품종 소량생산이 가능해지게 되었으며, 독자들은 자신의 원하는 구성 및 디자인을 지닌 책을 보다 저렴한 가격에 구입할 수 있게 되었다(이용준, 1999).

1.4. 종이책에서 전자책으로

책의 4차 기술혁신은 종이책에서 전자책으로의 이행을 가능하게 한 단말기기술, 유무선통신기술, 소프트웨어기술 및 관련 콘텐츠기술의 융합을 의미한다.

전자책은 1999년 실리콘벨리의 혁신기업 누보미디어가 '로켓 e북'이란 단말기를 출시하고, 2000년 베스트셀러 작가인 스티븐 킹이 『총알차 타기(*Riding the Bullet*)』란 작품을 전자책으로 발표하면서 관심을 끌기 시작했다. 그러나 초창기의 전자책은 단말기의 비싼 가격과 낮은 성능, 충분한 베스트셀러 콘텐츠의 확보 미비 등의 여건으로 인하여 대부분 사업이 실패로 돌아갔다.

그러나 2007년 말 인터넷 서점으로 유명한 아마존이 고성능 저가격의 '킨들(Kindle)' 단말기를 출시하고, 아마존 사이트에서 뉴욕타임스 베스트셀러를 비롯한 인기 있는 콘텐츠 6만 8천여 종을 전자책으로 판매함으로써 다시 큰 인기를 얻기 시작했다.

그리고 오늘날 전자책 산업은 전자책 전용 단말기, 태블릿PC와 스마트폰 등의 보급이 확대되면서 더욱 활성화되고 있다. 전자책 전용 단말기와 더불어 전자책 콘텐츠를 이용할 수 있는 이들 스마트 단말기의 보급이 확대되면서 출판사들도 전자책 콘텐츠 출간을 늘리고 있고, 전자책 이용 인구 또한 급속하게 증가하고 있다. 특히 성인에 비해 초·중·고등학생의 전자책 이용률이 높게 나타나고 있으며, 젊은 세대를 중심으로 스마트폰 등 휴대전화를 통한 전자책 이용률이 증가하는 등 종이책 위주의 독서 방식에도 변화가 일어나고 있다.

이처럼 전자책 시대가 조금씩 고도화되면서 국내에서는 PMP용 디지털 참고서가 등장하기도 하였다. 2011년 초, 국내의 한 전자책 개발업체는 수능참고서를 PMP용으로 출시하였다.

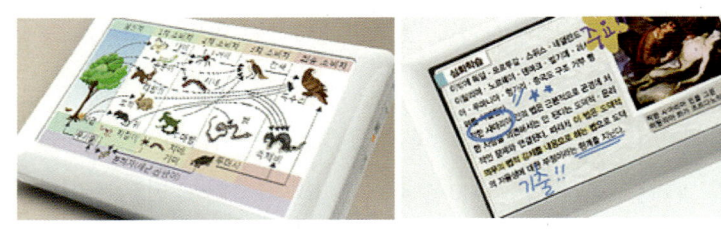

PMP용 수능 참고서 『참깨(참고서 깨우기)』
출처: 넥스트 스토리 홈페이지(http://www.nextstory.co.kr/).

또한 인터넷상의 블로그 콘텐츠를 모아 종이책이나 전자책으로 만드는 것도 일반화되고 있다. 국내에서는 대형 포털사들도 이 같은 흐름에 적극 동참하고 있다. 다음커뮤니케이션은 다음 블로그의 게시글들을 모아 PDF형 전자책으로 만들 수 있도록 지원하는 '블로그북' 서비스를 제공하고 있다. 이 서비스를 통해 만들어진 전자책을 출력하면 종이책으로 제작하는 것도 가능하다. 이에 따라 생활밀착형 주제를 다룬 책이 증가하고 있으며, 일반인들이 책의 저자가 되는 사례도 급증하고 있다.

전자책의 등장은 또 하나의 책의 역사적 발전 과정으로 이해되어야 한다. 즉, 전자책 시대는 점토판, 파피루스, 양피지, 종이 등의 재료를 거치며 발전되어 온 책의 역사가 새로운 전환기를 맞고 있는 것으로 파악되어야 하며, 책의 역사적 종말로 설명되어서는 안 될 것이다. 종이책에서 전자책으로의 발전은 지금까지의 책의 외형이나 독서방식의 발전 과정과 유사성을 띠고 있음을 발견할 수 있다.

'책'의 초기형태인 두루마리는 낱장을 나란히 이어붙이고 양끝을 나무나 상아로 된 막대기에 말아서 만든 것이다. 두루마리에는 긴 내용을 넣을 수 없었기 때문에 아직은 단락의 구분이나 페이지 구분 또는 장의 구분 등이 존재하지 않았다. 1세기경에 두루마리의 불편함을 극복한 책의 형태인 코덱스가 등장함으로써 종이의 양면을 사용할 수 있게 되었고, 취급이 간편해졌으며, 보존이 쉬워졌고, 독서 장소의 제약이 극복되었을 뿐 아니라, 책을 한 손으로 들고 읽을 수 있게 되었다. 또한 두루마리에 비하여 책에 담을 수 있는 분량이 많아지면서 책을 구조화하는 기술, 즉 쪽 매기기, 장(章)의 분리 및 구분, 제목, 목차 등이 개발되어 책이 체계화되었다. 더불어 사람들은 책을 독서대에 올려놓고 읽을 수 있게 되었고, 손이 자유로워짐에 따라 여백에 메모나 주석들을 적어 넣을 수도 있게 되었다.

그런데 PC가 등장하면서 '접히지 않는' 그 하드웨어적 특성 때문에 두루마리식, 즉 스크롤링(scrolling) 방식의 독서형태를 부활시켰는데, 이것은 코덱스에 의해 극복되어 습관화된 일부 독서방식에 낯선 것이었다. 예컨대, 페이지 구분이 없어 독서메모나 글에 인용할 때 페이지를 제시하는 데에 문제를 야기하고, 독서의 휴지부설정에 어려움을 주기도 한다. 즉, 독자가 어디까지 스크롤링을 해놓고 읽어야 하는지 결정하지 못해, 일관성 없이 적당히 행을 이동시키는 임의성을 보인다. 결국 수백 년에 걸쳐 형성된 인간의 독서방식에 변화를 야기한 것이다. 몇몇 최신 단말기가 이 스크롤 방식 외에 종이책 책장을 넘기는 방식을 도입한 것은 단순한 기술적 과시가 아니라, 그동안의 독서습관, 독서취향을 제자리로 되돌려주려는 시도라 할 수 있다.

책은 단순히 '읽는다'는 행위의 대상이 아니다. 책을 쓰는 작업이 단순히 스토리를 만들어 전해주는 행위 그 이상이듯, 독서/책읽기도 스토리/지식을 전수하는 것 그 이상의 의미를 가지고 있다. 예를 들어 '책' 자체에서 느끼는 친근감은 독서 행위에 직접적 영향을 주는데 "종이의 거칠음이나 부드러움, 책이 풍기는 냄새, 72페이지의 가볍게 찢긴 자국, 그리고 뒤표지 오른쪽 귀퉁이에 선명하게 찍힌 커피 잔 자국 등으로도" 그 책은 그 독자에게 특별한 책이며, 그의 독서 경험은 그것만으로도 그만이 갖는 것이라 하겠다.

종이책과는 달리, 전자책은 독서에 의한 개인적 독서의 역사를 만들어주지 않는다. 즉, 희귀판본을 소유하는 의미도 없고, 중고서적을 소유함으로써 그 이전의 소유주가 남긴 흔적, 예를 들어 소유주의 사인이나 독서메모를 조우할 때 갖는 감회를 맛볼 수도 없고, 독서메모를 통한 독자끼리의 소통도 있을 수 없다. 그 대신 전자책은 디지털 기술을 동원하여 독서메모가 가능하도록 기능을 확장하였으며, 종이책의 책장을 넘기는 퍼포먼스를 보여주고, 햅틱 기술(haptictechnology)에 의한 감각적 기쁨을 재현하는 등 종이책의 소구적 특성을 수용함으로써, 독자들의 독서취향에 있어 전자책과 종이책 사이에 놓인 그

간극을 좁히려고 노력한다(정보통신정책연구원, 2010).

이 같은 기술적 혁신과정을 거치며 발전하고 있는 책은 다음과 같은 측면에서 중요성을 지니고 있다. 먼저, 책은 인류문화의 결정체이자 지혜의 보고(寶庫)로서 중요성을 지니고 있다. 역사적으로 책은 인류의 지적 소산을 생산하고 보급하는 역할을 수행해왔다. 역사적으로 인간은 책을 통해 인류의 정신문화를 공유할 수 있었고, 이에 기반을 둔 새로운 문화를 창조하고 전승할 수 있었다. 인터넷 등 다양한 디지털 정보통신 서비스의 이용이 보편화되고 있는 상황에서도 책은 다른 미디어 및 정보통신 서비스에 비해 상대적으로 정선된 지식과 정보를 공급하는 최대의 공급원으로서 그 가치를 인정받고 있다.

또한 책은 창조성과 상상력을 배양하는 핵심 매체 중 하나로서 중요성을 지닌다. 혁신과 함께 창의력과 상상력이 집단과 개인의 경쟁력 확보와 유지에 중요한 영향을 미치는 요인 중 하나로 설명되고 있다. 책은 기술적·비용적 차원의 제약으로 인해 영화, TV, 게임, 인터넷 등이 구현하지 못하는 창조적이고 상상력 있는 아이디어를 묘사하고 구현할 수 있다. 따라서 독서는 독자가 저자의 창조성과 상상력을 공감하고 경험하는 과정이기도 하다.

책의 출판은 지식기반 서비스산업의 견인차로서도 중요한 의미를 지닌다. 지식기반 서비스산업 전체의 성장 및 균형발전을 위해서는 질 높은 도서의 원활한 생산과 활용이 중요한 관건으로 대두되고 있다.

또한 책은 고부가가치산업 중 하나인 다양한 콘텐츠산업의 원천 콘텐츠로서도 중요하다. 문학이나 역사관련 도서가 드라마, 영화, 다큐멘터리, 공연, 게임, 애니메이션 등으로 OSMU(One Source Multi Use)되는 상황이 일반화되고 있다.

책은 다양한 디지털 매체들의 등장으로 그 생존이 위협받고 있지만 책이 갖는 중요성은 사라지지 않고 있다. 따라서 우리나라를 비롯한 세계 각국은 독서문화의 지속적인 유지와 확산을 위해 정책적 차원에서의 지원을 추진하고 있다. 국내의 경우 「독서문화진흥법」과 「출판문화산업진흥법」 등을 제정하여 독서문화 활성화를 도모하고 있다.

1.5. 한국 출판문화의 역사

우리나라는 7~8세기에 중국으로부터 목판인쇄술을 받아들였다. 그러나 현존하는 가장 오래된 목판인쇄로 찍힌 책이 우리나라에 남아 있는데, 『무구정광대다라니경』이다. 이 책은 경주 불국사의 석가탑에서 발견되었는데, 751년에 인쇄된 것으로 추정된다.

고려시대에는 목판인쇄술이 더욱 발전하여 각종 불경을 비롯한 책이 간행되었다. 그중 가장 대표적인 것은 『팔만대장경』으로, 부처의 힘으로 외적의 침입을 물리치고자 간행된 책이다.

마침내, 고려시대 말에 와서는 금속활자에 의한 책의 간행이 시작되었다. 금속활자로 제일 먼저 찍어낸 책은 『고금상정예문(古今詳定禮文)』이다. 예절에 관한 책으로 10년에 걸쳐 50권 28본(本)을 동활자로 인쇄하였으나, 지금은 전해지지 않고 1234년에 찍었다는 기록만 남아 있다. 현존하는 책으로 가장 오래된 금속활자본은 『직지심체요절』 또는 『직지』라 부르는 부처님과 큰스님들의 가르침을 적은 책이다. 청주의 흥덕사에서 1377년 간행된 책으로, 구텐베르크의 활자인쇄술로 만든 책보다 80년 가까이 앞섰다. 이 책은 현재 프랑스 파리 국립도서관에 있다.[10]

조선시대에 들어오면서 우리나라의 인쇄문화는 지속적으로 발전하였으나,[11] 세계적인 출판문화를 선도할 만큼 큰 업적을 남기지 못했다. 그것은 당시의 사회제도가 엄격한 신분제도에 얽매인 봉건사회였고, 출판물은 국가에서 필요할 때만 찍어내는 대상으로 여겨졌기 때문이다.

따라서 17세기에 오면서 판매를 목적으로 하는 방각본 책자들이 나타나 큰 인기를 얻기도 했지만,[12] 전반적인 조선시대의 출판문화는 크게 활성화되지 못했다.

우리나라의 근대 출판문화는 오히려 서구의 인쇄술을 도입하면서 새로이 활발해지기 시작하였다. 일본의 영향을 받아 1883년 고종은 신문이나 책을 출판하기 위하여 인쇄소인 박문국(博文局)을 설치하여 우리나라 최초의 근대신문인 『한성순보』를 발행하였고, 1888년에는 민간에 의해 서울 천주교회에 성서 활판소가 설치되어 종교서적을 비롯한 많은 책의 발행이 시작되었다.

이러한 개화기의 출판문화 현상은 국민계몽과 자주 독립 사상을 고취시키려는 특징을 가지고 있었으나, 1910년 일제의 한반도 강점에 의해 모두 자취를 감추게 되었다. 그리고 36년 동안의 일제 강점기 시기에는 일본의 눈치를 보고 통제와 검열을 받는 제한적인 출판문화가 형성되게 되었다.

우리나라의 출판문화가 다시 자유롭게 발전하기 시작한 것은 1945년 8·15 해방을 맞이하면서 부터이다. 일제의 식민지를 벗어나면서

---

10) 대한인쇄문화협회 홈페이지(http://www.print.or.kr/) 내용 참고

11) 태종은 남산 밑에 주자소(鑄字所)를 설치하고 동활자 10만여 자를 주조하여 많은 활자본을 간행하였고, 세종대왕은 인쇄사업을 중시하여 인쇄 종사자들을 우대하였다. 그 외에도 조선시대 5백 년 동안 역대 왕들은 중요한 국가사업의 하나로 동활자·철활자 등을 20여 차례에 걸쳐 주조하였다.

12) 『구운몽』, 『홍길동전』, 『삼국지』, 『심청전』과 같은 소설류와 서당에서 필요한 『천자문』, 『명심보감』, 『논어』 등이 주로 나왔다.

우리말과 우리글로 된 출판물을 마음껏 찍어낼 수 있었으며, 자유스러운 환경 속에 많은 출판사들이 경쟁을 하면서 자연스럽게 출판문화와 출판산업이 성장해나갈 수 있었다.

출판사들이 우후죽순처럼 창립되어서 출판문화발전에 기여하였으며, 그중 정음사·을유문화사·민중서관·동아출판사·신구문화사·현암사·계몽사·시사영어사 등이 1980년대까지 주목할 만한 업적을 내놓았다. 그러나 1970년대 말부터 학습교재출판사들이 두각을 나타내기 시작하여 대교·웅진·두산동아·천재교육·금성출판사·교학사 등이 매출액 면에서 앞서기 시작하였고, 2000년대를 전후하여 문학과 실용, 경제경영, 어학분야가 인기를 얻자, 김영사·민음사·시공사·웅진출판사·문학동네·위즈덤하우스·21세기북스 등 단행본 출판사의 약진이 두드러졌다.

따라서 출판 분야에서 1천만 권 이상 판매된 책들이 속속 등장하였는데,『먼나라 이웃나라』시리즈,『Why?』시리즈,『만화로 보는 그리스 로마 신화』,『해리포터(*Harry Potter*)』시리즈,『마법천자문』등이 여기에 해당된다.

출판 테크놀로지를 둘러싼 갈등의 역사

5천 년 이상의 역사를 가진 인류 최고(最古)의 매체인 책은 그동안 많은 변화를 거쳐오면서 신구(新舊) 세력 간의 갈등과 타협을 경험해왔다. 수(手)작업에 의존하던 책의 생산을 기계화시키며 등장한 15세기의 활자인쇄술은 필경사와 중세교회에 위협을 가하는 존재로 여겨졌다. 숙련된 솜씨로 책을 베껴 쓰며 만들던 필경사는 활자인쇄술이 자신들의 일자리를 뺏을까봐 걱정했고, 중세의 교황과 교회는 종교개혁 운동들에게 활자인쇄술이 알려질까봐 전전긍긍했다. 구텐베르크와 교회의 밀약에 의해 은밀한 보호 아래 감춰져 있던 활자인쇄술은 시간이 지나면서 어쩔 수 없이 유럽대륙으로 널리 퍼져갔다.

그러나 5백 년을 유지하던 활자인쇄술은 20세기 후반 불어 닥친 전자화의 영향으로 심각한 도전을 받게 된다. 전산사식, 전자조판의 개발로 활자인쇄술의 장인(匠人)은 더 이상 설 곳이 없어지고, 디자이너의 작업도 오려붙이고 펜으로 그리던 시대에서 컴퓨터로 작업하는 방식으로 바뀌게 된다. 활자인쇄 시대에 젖어 있던 숙련공들은 새로운 컴퓨터 제작방식을 애써 폄하하기도 했으며, 영국의 신문출판 밀집지역인 플리트 스트리트(fleet street)에서는 전산화에 맞선 인쇄노조의 대규모 파업이 일어나기도 했다. 결국 신기술의 점진적인 확산으로 과거의 생산방식에 안주해 있던 문선공, 식자공, 정판공 등은 대규모로 퇴출되고, 남은 사람들은 시간을 투자하여 DTP(컴퓨터 편집)시스템을 익혀야 했다.

한편, 20세기 말에 불어온 디지털의 혁명은 아날로그 방식에 익숙해 있던 사람들에게 새로운 변화를 압박하기 시작했다. 전산화의 결과로 이미 컴퓨터와 정보기술이 제작과정에 깊숙이 자리 잡고 있었지만, 지금까지는 한결같이 종이책만을 만들어왔었다. 그러나 21세기에 들어서면서 디지털 방식의 전자책이 나오고, MP3로 듣는 오디오북이 나오고, 휴대폰이나 전자책 단말기로 이용할 수 있는 전자책이 나오게 되었다. 그리고 1995년 아마존에 의해 처음 선보인 인터넷서점은 매출액이 해마다 늘어났고, 2003년 아마존에 의해 시작된 도서본문검색(Search Inside the Book)은 구글과 야후, 마이크로소프트 등이 관심을 갖는 새로운 출판프로젝트가 되었다.

그리고 2007년에는 아마존에 의해 '킨들(kindle)'이라는 단말기와 출판콘텐츠를 결합한 제품이 나와 전자책의 혁명을 일으키고 있다.

2. 최근 세계 도서출판시장 경향

인류의 역사만큼이나 오래되었고 경제, 정치, 문화적인 측면에서도 중요한 가치를 지니고 있는 도서시장은 다양한 디지털온라인미디어와 치열한 경쟁상황에 직면하고 있다. 또한 올드미디어로서의 도서시장은 시장포화에 따라 시장 성장률의 한계를 노정하고 있다.

세계 도서시장 규모는 2014년 137,853백만 달러 규모로 성장할 것으로 예상되고 있다. 하지만 세계 도서출판시장은 성장률의 정체 및 감소가 반복적으로 지속되는 상황에 직면해 있다. 그러나 이 같은 상황에서도 일부 초대형 베스트셀러는 세계적 흥행을 기록하며 침체된 출판 시장의 성장을 견인하고 있다. 출판 사상 최대 히트작으로 기록되고 있는『해리포터』시리즈의 경우, 시리즈의 마지막 권이 2007년에 출간되었음에도 불구하고 아직까지 지속적인 판매 수입을 올리고 있다. 스테프니 메이어(Stephenie Meyer)가 집필한『트와일라잇(Twilight)』시리즈 또한『해리포터』시리즈에 필적할 만한 판매 기록을 세우며 주목받고 있다. 이 시리즈의 마지막권인『브레이킹 던(Breaking Dawn)』은 2008년 8월 출간된 첫날, 미국에서만 130만 부의 판매를 기록한 것은 물론, 52주 연속 USA Today가 선정하는 베스트셀러로 선정되기도 하였다.『트와일라잇』시리즈의 4권은 베트남어, 중국어, 크로아티아어를 비롯한 전 세계 37개국 언어로 번역되어 총 8,500만 부가 판매되었다.

『다빈치 코드(The Da Vinci Code)』로 유명한 댄 브라운(Dan Brown)의 신간『로스트 심벌(The Lost Symbol)』은 출간된 지 24시간 만에 영국, 미국, 캐나다에서 100만 부 이상의 판매 기록을 올리며 세계적인 베스트셀러가 되기도 하였다. 이들 베스트셀러는 도서 시장에서의 흥행을 기반으로 영화와 각종 캐릭터 상품을 비롯한 2차 상품으로 재생산되어 저작권료 수입도 창출하고 있다. 뿐만 아니라 영화를 비롯한 2차 시장에서의 흥행은 해당 도서의 출판시장에서의 판매량 증가에도 다시 긍정적인 영향을 미치고 있다(한국콘텐츠진흥원a, 2010).

한편 침체된 출판 시장에서 20~30대 싱글 직장여성이 핵심 고객으로 주목받고 있다. 그리고 이에 따라 '칙릿(chick-lit) 소설' 출판에 대한 관심도 증가하고 있다. 젊은 여성을 뜻하는 'chick'과 문학을 의미하는 'literature'의 합성어인 '칙릿'은 일반적으로 도시에 거주하는

최근 전 세계 베스트셀러 목록과 판매량

	작품명	작가	판매량
시리즈물	해리포터 시리즈	조앤 K. 롤링	4억 권 이상
	트와일라잇 시리즈	스테프니 메이어	1억 권 이상
	레프트 비하인드	팀 라헤이 · 제리 B. 젠킨스	8,000만 권
	밀레니엄 3부작	스티그 라르손	5,300만 권
단편물	다빈치 코드	댄 브라운	8,000만 권
	연금술사	파울로 코엘료	6,500만 권
	장미의 이름	움베르토 에코	5,000만 권
	천사와 악마	댄 브라운	3,900만 권
	여자를 증오한 남자들	스티그 라르손	3,000만 권

20~30대 싱글 직장여성의 삶과 사랑을 담은 밝고 가벼운 소설을 뜻한다. 1990년대 중반 이후 영미 문학계를 중심으로 등장하기 시작한 칙릿 소설의 대표적 성공 사례로는 『브리짓 존스의 일기(*Bridget Jones's Diary*)』, 『섹스 앤드 더 시티(*Sex and the City*)』, 『악마는 프라다를 입는다(*The Devil Wears Prada*)』 등이 있다.

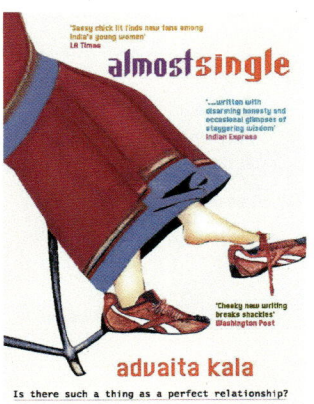

아시아 시장의 대표적 칙릿 소설 『두라라승진기』와 *Almost Single*

2000년대 이후에도 다양한 칙릿 소설이 여성 독자들에의 수요를 유인하고 있다. 칙릿 소설이 하나의 장르로 자리 잡아가면서 각국 출판사들은 모국어로 쓰인 다양한 칙릿 소설을 선보이고 있기도 하다. 남미와 유럽 출판사는 물론 아시아 출판사들도 칙릿 소설을 출간하고 있다. 중국에서는 외국인 회사에서 근무하는 여성의 성공기를 다룬『두라라승진기(杜拉拉升職記)』가 베스트셀러에 오르기도 하였다. 또한 인도에서는 'Almost Single'이 여성 독자들의 인기를 얻기도 하였다.

한편 POD 출판이 지속적으로 확산되면서 매스마켓을 겨냥한 POD 출판도 증가하고 있다. 미국의 한 사진편집기자는 2009년 오바마 대

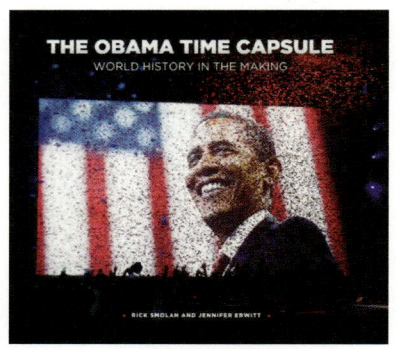

매스마켓에서도 성공적 성과를 창출한 POD 출판사례 〈오바마 타임캡슐〉

통령의 대선 과정과 취임 100일 동안의 기록을 담은『오바마 타임캡슐(The Obama Time Capsule)』이란 책을 POD 방식으로 출간하였는데, 이 책은 매스마켓을 겨냥한 미국 최초의 POD 출판물이라는 점에서 관심을 모으기도 하였다(이용준·김원제 외, 2010).

POD는 출판에 소요되는 초기 비용을 획기적으로 낮출 수 있게 해준다. 즉, 대형인쇄기를 활용해야 했던 과거에는 몇 천 부 이상을 찍어야 수익을 낼 수 있었지만, POD 기술이 발달하면서 대형 인쇄기 없이도 컴퓨터를 활용한 소량 인쇄가 가능해진 것이다. 또한 굳이 인쇄판을 만들 필요가 없으므로 출판에 소요되는 시간도 단축되었다. 이 같은 편리성으로 인해 POD는 맞춤형 콘텐츠를 유연하게 생산하는데 적극 활용되고 있다.

3. 현 단계 국내 도서출판시장의 문제점

국내 도서출판시장은 완만하지만 지속적인 성장세를 보이고 있다. 특히 아동, 문학, 실용, 경제경영 등의 도서가 국내 출판시장의 성장을 견인하고 있다.

하지만 국내 도서출판시장의 보다 안정적이고 장기적인 성장을 위해서는 반드시 해결되어야 할 몇 가지 문제점들이 있는데, 이를 구체적으로 논하면 다음과 같다. 먼저 가장 큰 문제점은 출판 생산력의 질적 부실이다. 지금까지 국내 도서출판시장은 출판시장 규모의 측면에서 OECD 기준 10위권에 해당하는 성장을 이루어왔다. 하지만 인문학 등 기초학문 분야의 자국 내 출판비율과 출판시장 규모가 OECD

하위권에 머물고 있는 등 질적인 측면에서의 생산력 부실이 계속되고 있다(문화체육관광부, 2006).

도서출판업계의 영세성과 유통구조의 전근대성도 해결해야 할 문제점이다. 국내의 경우 신고된 출판사 중 실제 출판활동을 하고 있는 출판사는 10%에도 못 미치는 실정이며, 5인 미만 출판사도 전체 출

헌책방 수도 급속히 줄어들고 있으며, 헌책방의 풍경도 과거(위)와 달리 신세대들의 취향에 맞게 내부 인테리어 등이 변화(아래)하고 있다.

판사의 과반수에 이르고 있다. 즉, 출판사로 설립신고를 해놓고도 한 권의 책도 발행하지 않은 무실적 출판사의 비중이 90% 이상인 상황이며, 출판사 규모의 영세성도 지속되고 있는 것이다.

또한 오프라인 서점 수가 지속적으로 감소하고 있고, 온라인 서점의 대대적인 할인공세로 유통질서 혼란을 경험하고 있다. 도서정가제가 법적으로 제도화되어 있긴 하지만, 신간의 10% 할인 허용과 출간된 지 18개월이 넘은 서적의 도서정가 적용 제외 등으로 인하여 할인시장의 점유율이 급성장하고 있기도 하다.

저조한 국민 독서량도 문제점으로 대두되고 있다. 한국인의 주당 독서시간은 인도인의 주당 독서시간보다 적고 국가별 평균 독서시간에도 못 미치는 것으로 조사되었다. 특히 젊은 세대의 심각한 '독서이탈' 현상이 문제가 되고 있다. 문화체육관광부가 매년 시행하는 '국민 독서 실태 조사'에 따르면, 한국인의 독서시간과 독서량은 초등학생이 가장 많고, 중·고생으로 올라갈수록 급격하게 감소하는 것으로 나타났다. 또한 1994년 이후 성인의 독서율도 지속적으로 감소하고 있다. 여가활동으로서 독서의 비중 역시 TV 시청, 인터넷, 수면·휴식, 운동, 모임·만남, 집안일 등에 비해서 상대적으로 낮은 상황이다. 초등학생의 독서량이 다른 연령대에 비해 높은 이유는 대학 입시에 논술이 채택되면서 독서도 일반 과목처럼 선행학습이 필요하다는 인식이 확산되었기 때문인 것으로 분석되고 있다. 일선 초등학교들은 학년이 바뀔 때마다 학생들에게 권장도서 목록을 정해주는 등 독서교육을 강화하고 있는 것도 또 다른 원인이다.

공공도서관과 장서 수의 부족도 국내 출판도서시장의 문제점 중 하나이다. 국내 공공도서관 수는 OECD 회원국에 비해 열악한 상황인 것으로 평가되고 있으며, 공공도서관의 국민 1인당 장서 수 또한 매우 부족하여 핀란드, 미국, 일본 등 독서 선진국에 훨씬 미치지 못하는 실정이다.

우리나라 연도별 공공도서관 수

(단위: 개소)

2001	2002	2003	2004	2005	2006	2007	2008	2009	2010	2011
437	462	471	487	514	564	600	644	700	754	800

출처: 도서관정보정책위원회.

콘텐츠의 양적 취약함도 문제이다. 국내의 경우 아직까지 번역도서의 시장규모가 OECD 최고 비율을 차지하고 있다. 즉, 국내 출판 콘텐츠의 자급자족률이 매우 취약한 상황으로, 국내 출판의 번역서 구성비가 지속적으로 증가하여 최근에는 30% 내외를 차지하고 있다. 국내 발행 외국 번역서의 원산국별 비중은 일본, 미국, 유럽 3개국(영국·프랑스·독일)에 편중되고 있어, 문화적 다양성도 약한 것으로 분석되고 있다. 또한 국내 도서의 해외 수출 부진으로 수출 가능한 경쟁력 있는 콘텐츠를 개발하고 이에 대한 번역과 해외마케팅을 지원하는 것이 절실히 요구되고 있다.[13] 국내 출판저작권의 해외 수출 활성화 지원 정책은 직접적인 출판 지원 대신 초록(抄錄) 및 샘플번역 지원과 해외 출판시장 정보제공 등의 간접지원을 중심으로 추진되고 있다.

국내 도서출판시장은 전문인력 양성시스템이 미약하고 지역과 계

---

13) 출판의 선진국들은 해외수출을 늘리기 위한 많은 노력을 기울이고 있다. 그 결과 프랑스의 경우 출판시장에서 수출이 차지하는 비중이 12~14%가 되며, 미국은 도서의 저작권 수출만 한 해 19억 5천만 달러가 넘는다.

층 간 출판문화의 균형발전도 미흡한 상황이다(문화체육관광부, 2006). 국내 도서출판시장에서는 기획력과 전문지식을 갖춘 출판 전문인력에 대한 수요가 증가하고 있지만, 이에 대응한 우수한 전문인력의 공급 시스템이 미약하다. 4년제 대학의 출판학과가 부재하고, 공교육 차원의 출판 전문인력 양성기반도 취약하다.14) 또한 출판사의 과반수, 그리고 출판 발행종수의 약 80% 이상이 수도권에 집중되어 있다. 출판 선진국의 경우 오랜 지방자치 역사로 지역출판이 지역문화발전을 견인하고 있다. 향토문화의 기초인 국내 지역출판 부진은 지역문화 콘텐츠 빈곤으로 이어져 지역문화 발전을 저해하고 있다.

4. 출판시장의 혁신과 미래 발전 방향

DTP 도입 이후 출판산업의 가장 중요한 혁신은 전자책의 등장이다. 미국에서는 1998년부터, 그리고 한국에서는 2000년부터 전자책의 도입이 시작되었다. 하지만 한동안 전자책시장은 다양한 단말 기술의 혁신과 새로운 비즈니스 모델의 시도에도 불구하고 성장이 이루어지지 못한 채 정체를 지속하였다. 전자책 시장의 활성화는 아마존(Amazon)의 킨들(Kindle) 시스템의 등장으로 시작되었다. 킨들의 판매가 증가하자 소니와 삼성 등 전자제품업계에서도 전자책 전용단말기 출시를 시도하였다.

---

14) SBI(Seoul Book Institute)나 한겨레문화센터와 같은 사설기관에서 단기간에 걸친 교육과정이 있기는 하지만, 체계적인 출판인력을 양성하기에는 부족한 상황이다.

전자책 시장의 가능성을 현실로 구현한 대표적 단말기 킨들 2(Kindle 2)
출처: digitalbookreaders.com(http://www.digital-book-readers.com/).

2010년에는 전자책시장의 가능성이 본격적으로 현실화되기 시작하였다. 애플 아이패드와 아이폰 등 다양한 태블릿PC와 스마트폰이 지속적으로 출시되고 아이북스 등 오픈마켓 기반의 전자책 서비스가 이루어지면서, 전자책시장이 급속하게 성장하고 있다. 전자책시장의 성장은 애플과 구글 등 IT기업들의 전자책과 관련한 적극적인 비즈니스 활동을 유도하였다. 애플과 구글은 2010년 7월에 ePUB의 표준화 기구인 국제디지털출판포럼(IDPF)에 회원으로 가입하였다. 또한 애플은 '아이튠즈 커넥트' 사이트에서 개인이 직접 자신이 만든 전자책을 출판할 수 있는 서비스를 제공하기 시작하였다.

전자책 시장이 활성화되면서 전자책 역사에서 최초로 1백만 권이 판매된 전자책 소설이 등장하기도 하였다. 스릴러 작가 제임스 패터

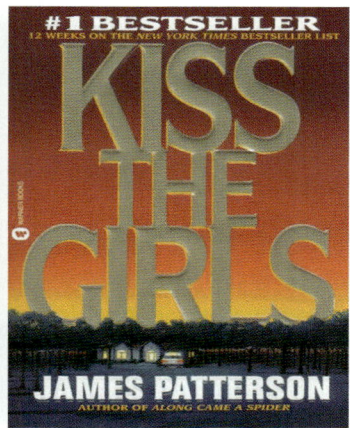

전자책 중 최초의 밀리언셀러 『키스 더 걸스』
출처: open library(http://www.openlibrary.org/).

슨(James Patterson)의 『키스 더 걸스(*Kiss the Girls*)』 시리즈는 2010년
6월까지 114만 권의 판매를 기록, 전자책 중 첫 번째 밀리언셀러에
올랐다.

전자책 시장이 성장하면서 전자책 도입에 소극적 입장을 견지해왔
던 도서판매업체들도 적극적인 대응전략을 취하고 있다. 미국 52개
대학 내 서점 연합체인 CRA(Collegiate Retail Alliance)은 2009년 4월
전자책 교과서 판매업체인 코스스마트(CourseSmart)와 전자책 판매에
관한 협약을 체결했다. 미국서점협회(American Booksellers Association)
역시 개별 서점들의 전자책 판매를 활성화하기 위한 방안 마련에 고
심하면서 전자책 판매의 재개를 추진하고 있다. 미국 최대 서점업체
인 반스 앤 노블(Barnes & Noble)도 2009년 7월 20일 온라인 전자책
스토어인 'Barnes & Noble eBookstore'를 오픈하였다.

국내에서도 아이패드와 갤럭시탭이 출시됨에 따라 전자책시장의

성장이 탄력을 받고 있다. 국내의 전자책 콘텐츠 업체와 전문서점들은 아이패드와 갤럭시탭용 솔루션을 모두 출시하였고, 이에 따라 아이폰 - 아이패드 - 갤럭시탭 - 안드로이드폰 - 전용단말기 - PC에서 동시에 전자책 이용이 가능하게 되었다. 한국전자출판물인증센터에 의해 전자출판물 인증을 받은 콘텐츠가 2010년 250만 건을 돌파하며 급증하고 있는 상황이며 향후 전자출판물 증가 속도는 더욱 가파르게 상승할 전망된다. 국내에서는 전자책 시장의 성장을 위한 정책적 지원도 본격화되고 있다. 2010년 문화체육관광부는 IT와 콘텐츠 기반 '전자출판산업 육성방안' 발표하였다. 이에 따라 향후 전자출판의 창작·유통 활성화 지원이 정책적 측면에서 활발하게 전개될 전망이다.

세계 전자책 시장은 향후 2014년까지 연평균 27.2% 성장할 것으로 전망된다. 권역별로는 북미 시장과 중국시장이 당분간 전 세계 전자책 시장의 성장을 주도할 것으로 예상되고 있다. 온라인서점에서는 전자책이 인쇄도서의 판매를 능가하는 실적이 창출되기도 하였다. 아마존에서는 전자책 판매가 종이책 판매를 앞서나가는 상황이 벌어졌다. 2009년 성탄절 당일 아마존 서적판매 전체매출에서 전자책 매출이 종이책 매출을 넘어선 것으로 집계되었다.

전자책 시장은 아직까지 도서출판산업의 니치시장 기능을 하고 있지만 가까운 미래에는 메인스트림(Mainstream) 시장으로 도약할 것으로 기대된다. 참여·공유·개방 기반 전자책의 생태적 진화가 가속화되고 있고, 특히 인터넷에서 모바일로 패러다임 이동이 이루어지면서 전자책시장이 동반진화할 것으로 예상된다. 그리고 전자책 단말기의 가격 부담도 극복될 것이며, 편리성은 더욱 확대되면서 전자책 콘텐츠의 확대도 급격하게 진행될 것으로 전망된다.

전자책시장의 성장이 이루어지고 있고, 향후 이 같은 추세는 더욱 강화될 전망이지만, 종이책은 사라지지 않고 전자책과 공존할 가능성이 높다. 또한 전자책 시대에는 출판사의 기능도 변화할 것이며, 오프라인 서점도 변화를 요구받게 될 것이다(이용준, 2010).

물론 필름카메라가 디지털카메라에 의해 대체되고 있고 MP3가 CD를 대체하는 것처럼 종이책도 전자책에 의해 대체될 가능성이 없는 것은 아니다. 하지만 종이책은 전통적 미디어로서 편안함을 제공하고, 물리적으로 콘텐츠를 소유하고 있다는 소유감과 함께 실제를 직접 만져야만 느끼는 사용감 등 전자책이 제공하지 못하는 특징들을 지니고 있다. 따라서 종이책은 향후에도 지속적으로 이용될 가능성이 높다. 하지만 전자책의 성장세와 비례하여 종이책의 매출 감소가 이루어질 것이다. 그리고 가까운 미래에 전자책이 종이책의 매출을 뛰어넘을 가능성도 크다. 그러나 전자책은 영상세대들에게 독서습관을 갖도록 하는 수단으로 기능할 수도 있을 것으로 기대된다. 일본에서는 휴대폰 소설과 휴대폰 만화를 중심으로 새로운 디지털 독서문화가 형성되고 있다.

전자책 시대에는 출판사의 기능도 변화할 것으로 예상된다. 전자책 시대에는 저자들이 출판사를 거치지 않고 자신의 원고를 전자책으로 출판하는 사례가 일반화될 것이다. 따라서 전자책 시대의 출판사의 역할은 출판콘텐츠를 활용하여 다양한 OSMU를 창출하는 콘텐츠기획사로 전환되어야 할 것으로 보인다.

전자책 시장이 확대되면 오프라인 서점도 변화를 요구받게 될 것이다. 전자책시장이 성장하게 되면 인쇄도서 판매에 치중하고 있는 오프라인 서점의 매출은 감소할 수밖에 없다. 전자책 시장이 성장하

반스 앤 노블 매장의 장난감 및 게임 코너와 문구 코너
출처: librovely.tistory.com(http://librovely.tistory.com/entry/150023330507).

면서 오프라인 서점들은 이에 대한 불안감을 지니고 있으며, 효과적인 대응방법을 모색하고 있다. 대형서점 중 하나인 반스 앤 노블은 서점매장에 장남감과 완구류, 문구류의 진열을 더 늘리는 경영전략을 펴고 있고, 자신들의 전자책 단말기 '누크(Nook)'의 체험관을 만들기로 하였다.

대부분의 대형서점들은 전자책 유통 비즈니스 시장에 적극적으로 참여하고 있다. 전자책 시장이 확대된다고 해서 오프라인 서점이 종이책 비즈니스를 배제하는 것은 올바른 생존전략이 될 수 없다. 전자책 비즈니스와 함께 종이책의 POD 서비스를 강화하는 것이 오프라인 서점의 새로운 비즈니스 모델로 대두될 가능성이 크다(이용준, 2010).

제 5 장
도서출판 시장의
가치사슬

"책을 사는 건 둘 중 하나예요.
마케팅이 잘돼서 베스트셀러로 소문나거나 아니면 언론에 주목받거나.
때문에 정말 좋은 책이 그냥 묻힐 땐 너무 안타까워요."

_출판인 한성봉, 동아일보(2007. 12. 29),
'[베스트셀러 따라잡기]잘 팔리는 책과 좋은 책 사이' 기사 중에서

1. 도서출판 시장의 가치사슬 구조

출판 산업은 기획, 편집, 제작, 유통(전자책의 경우 단말기), 소비의
가치사슬로 구성된다. 기획(및 저술) 단계는 저자와 출판사에 의해 주
도된다. 반면에 편집은 출판사 내부에서 이루어진다. 제작은 인쇄업
으로 구분되는 별개 업체에서 이루어지는 것이 통상적이며, 이후 서
점을 통해 소비자에게 이르게 되며, 서점은 전자책 시장에서도 가장
큰 비중을 차지한다.

일반적으로 인쇄도서는 '도서콘텐츠 창출→콘텐츠 패키징→인쇄
및 배급→도매업자→소매업자→구매/전달'의 가치사슬을 형성하고
있다.

먼저 도서콘텐츠 창출은 출판사가 도서의 출판을 기획한 후, 출판
기획을 기초로 저자에게 원고를 청탁하거나 해외 저자의 원고를 번

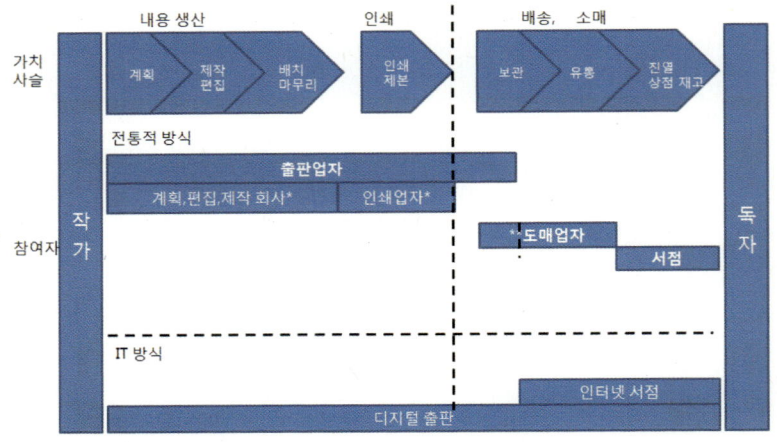

Note:
*출판업자들의 아웃소싱
**전국의 도매업자들은 각자의 유통 센터에 많은 출판물 재고를 보관함
*와** 는 원본 도형인 METI에 추가됨
Source: Adapted from METI (2002) *Shuppan sangyo no genjo to kadai (Current Situation in the Publishing Industry)*, Tokyo.

출판산업의 가치사슬
출처: 한국콘텐츠진흥원(2010).

역하기 위한 계약을 체결하고 번역자에게 번역을 의뢰하는 과정을 통해 이루어진다. 또한 이 과정에는 일러스트레이션 작업도 포함된다. 전자출판시대를 맞아 또 여러 명의 저자들이 특정한 주제에 대해 도서콘텐츠를 함께 창출하고 내용도 언제든지 업데이트할 수 있는 다양한 형태의 출판이 가능해지고 있다.

도서콘텐츠 창출과정에서 출판사는 저자, 해외 저자 및 번역자, 일러스트레이터 등과 인세계약이나 매절(買切) 계약 등의 형태로 계약을 체결한다. 인세계약은 판매 부수에 따라 작가에게 돈을 지급하지만, 매절계약은 원고지 한 매당 가격을 책정하고 책정된 가격을 기준으로 원고료가 일시불로 지급되는 계약을 말한다.

매절계약은 국내 출판산업계의 오랜 관행 중 하나로 번역물일 경우, 또는 여러 사람에 의한 공동저작물일 경우나 무명작가로부터 원고가 들어왔을 경우에 일반적으로 매절계약이 이루어진다. 매절계약을 체결할 경우 도서가 얼마나 판매되었는가와는 상관없이 저자에게 돌아가는 추가인세는 없다. 과거 매절계약의 문제는 이 계약을 저작권 양도계약으로 해석하려 하였다는 데 있었다. 하지만 매절계약은 법률적 용어가 아니며 인세의 일부로 해석된다. 따라서 매절 계약은 저작재산권의 양도가 아니라, 당해 출판 계약에서의 저작물의 복제, 배포 등 사용을 허락한 것에 불과하다(임동욱 외, 1997).

매절계약이 일반적인 인세를 훨씬 초과하는 고액이라는 등의 증거가 없다면 이는 출판권설정계약 또는 독점적 출판허락계약으로 해석되는 것이 타당하고, 출판권은 저작권법에 의해 당사자 사이에 특별한 약정이 없는 한 3년간 존속하기 때문에 매절계약일로부터 3년이 경과하면 출판권은 소멸된다는 법원의 판례가 있다. 또한 매절계약이 저작권양도계약이라 하더라고 저작자 일신에 속하는 저작인격권은 이에 해당하지 않으며 오직 저작재산권만 양도될 수 있으므로 저작자로서의 성명표시권은 훼손될 수 없다. 지적재산권의 양도에 있어서도 저작재산권의 전부를 양도하는 경우 특약이 없는 한 2차적 저작물 또는 편집저작물을 작성할 권리는 포함되지 않는다. 한편, 인세의 경우에는 일반적으로 도서 정가의 10% 내외에서 책정되고 있다.

콘텐츠 패키징은 출판사가 주도적으로 추진하는 작업으로 원고를 편집하고 조판하고 교정하는 작업과 교정된 원고를 제판하는 작업을 의미한다. 그리고 인쇄 및 배급은 제판본을 인쇄하고 접지 재단과 실꿰기, 품질 검사 및 표지 씌우기, 마른재단 포장 등의 과정 등을 포함하는 제책 과정을 거친 후, 입고되거나 출판물류회사 등에 도서가 전달되는 과정을 말한다. 이후 도서는 도매업자와 소매유통을 거치면서 (인터넷 서점 판매는 이 부분이 생략됨), 소비자와 기관 및 단체 등에 판매된다. 도매유통과 소매유통을 거치는 과정에서 도서는 인터넷 서점에 도서정가의 55% 수준의 가격으로 공급되고 있으며, 도매상과 소매상에는 각각 도서정가의 60%와 70% 수준의 가격으로 공급이 이루어진다(한국서점조합연합회, 2007).

「출판문화산업진흥법」 제22조(간행물 정가 표시 및 판매) 제1항에서는 "출판사가 판매를 목적으로 간행물을 발행할 때에는 소비자에게 판매하는 가격(이하 "정가"라 한다)을 정하여 해당 간행물에 표시하여야 한다. 정가(定價)를 변경할 때에도 또한 같다"고 규정하고 있다. 또한 제2항에서는 "간행물을 판매하는 자는 간행물이 '독점규제 및 공정거래에 관한 법률' 제29조 제2항에 따른 재판매가격유지 대상 저작물에 해당할 때에는 정가대로 판매하여야 한다. 간행물을 판매하는 자는 독서 진흥과 소비자 보호를 위하여 스스로 제공하는 할인방법을 통하여 간행물을 정가의 10퍼센트 이내에서 할인하여 판매할 수 있다"고 규정하고 있다. 하지만 국내 온라인서점이나 홈쇼핑 등의 과다경쟁으로 인해 발행된 지 오래된 책은 정가의 50% 이상 할인 판매되고 있으며, 각종 마일리지 제공 등을 통해 법적 할인보다 훨씬 많은 할인 혜택을 부여하고 있다. 또한, 제22조 제3항에서는 다음 각호의 어느 하나에 해당하는 간행물에 대하여는 제2항을 적용하지 않는다고 명시하여, 도서정가제의 예외 규정도 두고 있다.

「출판문화산업진흥법」 제22조 제2항의 적용을 받지 않는 간행물

1. 발행일부터 18개월이 지난 간행물
2. 도서관이나 사회복지시설에 판매하는 간행물
3. 저작권자에게 판매하는 간행물
4. 그 밖에 대통령령으로 정하는 간행물

　　현행 도서정가제는 「출판문화산업진흥법」 제22조 제1항~3항을 기반으로 운용되고 있다. 따라서 출판업계에서는 이 법의 도서정가제 관련 법률조항 자체의 개정을 바라고 있다. 현행 조항에 근거할 경우 발행일부터 18개월이 지난 간행물은 할인율에 제한이 없기 때문에 예를 들어 30% 상한선을 두는 등 최소한의 규제를 할 필요가 있다는 입장을 표명하고 있다.

　　한편 도서출판업계에 소셜커머스의 도입이 추진되고 있기도 하다. 국내에서는 2010년 말, 하루 1권의 책을 50% 할인된 가격에 판매하는 도서 전문 소셜커머스 서비스인 '잇북'이 오픈했다. '잇북'은 매일 자정 새로운 책을 24시간 동안 한정 판매하고, 10권 이상 1천 권 이하 등 제한을 둬 선착순으로 신청받는 방식으로 서비스를 진행한다. 이 같은 도서 전문 소셜커머스 서비스는 마케팅 비용이 없다는 이유로 수없이 많은 좋은 책이 사장되는 현실의 대안이 될 수도 있을 것이란 기대도 있다. 하지만 소셜커머스가 지나친 가격 할인을 추진할 경우 도서유통 질서에 부정적인 영향을 미칠 것이라는 우려도 제기되고 있다.

국내의 도서전문 소셜커머스 '잇북'

또한 블로그의 콘텐츠를 책으로 출간하는 사례도 대두되고 있다. 2011년 초, 다음커뮤니케이션은 '공식 맛집 블로그'를 선정하고 이를 활용한 맛집 책 출간을 추진하였다. 이를 위해 다음커뮤니케이션은 공식 맛집 블로그 100개를 선정하였고, 이 블로그에 평가된 맛집에 대한 정보를 책으로 출간하였다.

다음의 맛집 블로그 활용 책 출간 사업 공지

한편 출판물을 디지털 파일 형태로 저장해두었다가, 소비자의 주문이 발생하면 짧은 시간 내에 원하는 부수만큼 원하는 내용과 형태로 책을 제작할 수 있는 서비스인 POD의 도입으로 소비자들은 '에스프레소 북 머신(Espresso Book Machine)'을 통해 책을 찍어낼 수 있게 되었다. '에스프레소 북 머신'은 전 세계 주요 국가들의 대형 서점들에서 이미 도입되어 서비스되고 있으며, 디지털 파일화된 출판콘텐츠를 원하는 형태의 책으로 빠르게 만들어낼 수 있는 장비를 의미한다. 이 장비는 소비자가 직접 조작할 수도 있으며, 책이 절판되었거나, 블로그의 콘텐츠를 종이책으로 제작하고 싶을 때, 또는 일반책의 서체 크기를 키우거나 줄이고 싶을 때 등 소비자가 원하는 다양한 형태로 책이 만들어질 수 있다.

에스프레소 북 머신(Espresso Book Machine)

2. 전자책 시장의 가치사슬구조

전자책의 시장 가능성이 현실적으로 구체화되고 있다. 이미 2010년 중반기에 아마존의 베스트셀러들은 전자책 판매량이 종이책 판매량을 앞서기 시작하였고, 1935년 이후 미국에서 가장 오랫동안 베스트셀러 집계를 해오고 있는 <뉴욕타임스> 또한 2009년 말부터 종이책 베스트셀러와 함께 전자책 베스트셀러를 집계하여 발표해오고 있다.

급격하게 성장하고 있는 전자책 산업은 시장포화라는 종이책시장 문제점을 해결해줄 수 있는 가장 유력한 수단 중 하나로 관심을 모으고 있기도 하다. 하지만 전자책시장은 가치사슬 사업모델의 정립이 미흡한 상황으로 문화체육관광부는 「전자출판산업 육성방안」 등의 정책을 통해 전자책시장의 비즈니스 모델개발을 지원하고 이를 집중 발굴하여 시장 선도가 가능한 비즈니스 롤 모델을 확산하기 위한 지원사업들을 추진하고 있다. 전자책시장은 세계적으로 높은 성장가능성이 기대되고 있다. 따라서 내수시장은 물론 글로벌 시장을 리드할 선도 기업이 국내에서 집중 육성되기 위해서는 글로벌 경쟁력이 있는 출판콘텐츠 창출은 물론 건전하고 효과적인 가치사슬 사업모델의 집중 발굴이 필요하다.

일반적인 전자책산업의 가치사슬은 '콘텐츠 창출 – 전자책 제작 – 전자책 유통 – 소비'의 형태로 구성되고 있다.

전자책 산업의 가치사슬(Value Chain)은 전통적인 인쇄매체인 종이책 산업의 가치사슬과는 모습을 달리한다. 전자책 산업 가치사슬은 인터넷 등 전자적 정보의 흐름을 활용하며 전자책 콘텐츠 생산에 누구나 쉽게 접근할 수 있는 전자책의 매체적 특성을 많이 반영하고 있다. 먼저 기존 종이책 산업에서는 각 산업 주체들이 특정 역할에 국한되어 있던 반면, 전자책 산업의 가치사슬에서는 한 사업자가 복수의 역할을 동시에 수행하는 일이 빈번해졌다. 온라인 도서 판매업으로 시작해 대형 온라인 마켓을 형성한 아마존의 경우, 자사의 전용전자책 단말인 킨들을 바탕으로 전자책 출판[15]에서 유통까지 모두직접 맡아 전자책 사업을 운영하고 있다는 점에서 전자책 가치사슬의 특성을 살펴볼 수 있다.

먼저 콘텐츠 창출 단계는 전자책으로 출판하기 위한 콘텐츠를 확보하는 단계를 의미한다. 전자책 시장이 도입기에서 빠르게 성장기로이행하지 못했던 가장 큰 원인 중 하나는 콘텐츠의 부족이었다. 따라서 세계 전자책산업의 발전을 주도하고 있는 아마존이나 애플은 보다 풍부한 전자책 콘텐츠 확보를 위해 저자에게 약 65~70%의 인세를 약속하고 있다. 이 같은 인세수준은 인쇄출판사가 인쇄도서의 저자에게 지급하는 인세에 비해 월등히 높은 수준이다. 전자책 시장이새로운 블루오션으로 대두되면서 국내의 경우에는 출판사와 저자가출판권 계약을 할 때 전자책 판권에 대한 계약까지 동시에 추진하고있다.

국내외 대형 서점도 각각의 전자책 단말기를 출시하며 전자책 콘텐츠 확보에 경쟁적으로 나서고 있다. 콘텐츠 창출 단계에서 확보되는 콘텐츠의 제공자는 기존 도서의 저자나 인쇄도서를 출판해온 출판사가 될 수도 있고, 새롭게 전자책 콘텐츠를 생산하는 저자나 전자책 콘텐츠를 이미 확보하고 있는 전자책 전문 출판업자가 될 수도 있

---

15) 콘텐츠 제작이 아닌 출판사 등에서 제작된 콘텐츠를 전자책 형태로 변환하고 DRM 등 전자책 관리 기술을 적용하는 일.

아이북스(iBooks)의 유료 전자책 소프트웨어 구현 메뉴
출처: (blog.hankyung.com/kim215/1856484).

다. 전자책은 종이책에 비해 상대적으로 적은 비용으로 만들 수 있고 오픈마켓을 유통의 수단으로 활용할 수 있기 때문에 시장 진입장벽이 낮다. 저자가 애플 앱스토어 등 오픈마켓에 전자책 콘텐츠를 직접 올리는 사례도 증가하고 있는데, 애플 '아이북스(iBooks)'의 경우, 저자가 직접 전자책을 만들어 올리면 판매 수익의 70%를 저자에게 배분하고 있다(사사키 도시나오, 한석주 옮김, 2010).

애플의 '아이북스' 스토어에서는 개인 저자들도 미국 세금등록번호(EIN)를 발급받고 애플 계정을 갖고 있으면, ISBN을 획득한 후 전자책 포맷인 '이펍(ePUB)' 형식의 콘텐츠를 직접 판매할 수 있다. 2010년 6월에는 미국의 한 유학생이 한국인으로는 최초로 아이북스를 통한 전자책 개인 저자가 되었다. 이 유학생이 아이패드를 통해 공개한 전자책은 『개인출판자로 아이북스에 책 내는 법(*How to publish your own books on iBooks store as an Individual Publisher*)』라는 책이

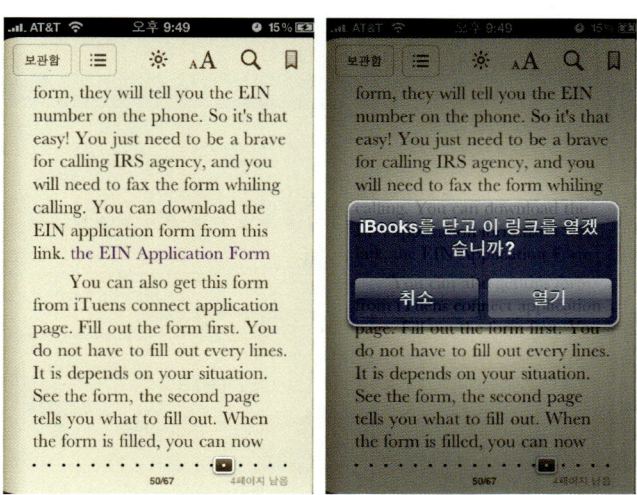

아이북스(iBooks)를 통한 최초의 한국인 개인 저자의 전자책

다. 이 유학생은 혼자서 전자책 파일을 만들고 국제표준도서번호(ISBN)
도 배정받아 애플과 정식 출판계약을 맺었다.

전자책 업계의 유튜브로 불리는 캐나다 기업 왓패드(www.wattpad.
com)는 누구나 책을 써서 올릴 수 있는 세계 최대의 전자책 커뮤니티
사이트이다. 이 사이트는 책을 올리고 보는 것이 모두 무료이다. 2006
년 설립 이래 60만 종 이상의 책이 올라오고 있다. 이 사이트는 저자
가 출판사를 거치지 않고 바로 독자에게 콘텐츠를 제공할 수 있도록
지원한다는 점에서 전자책의 자가출판(self-publishing) 플랫폼이자 저
자 오픈마켓이며, 저자가 독자와 트위터와 페이스북으로 소통할 수
있는 소셜네트워크이기도 하다.

전자책 업계의 유튜브로 불리는 '왓패드(wattpad)' 사이트

왓패드는 전 세계 주요 언어로 서비스를 제공하고 있고, 이용자들은 모바일 네트워크를 통해서도 접속할 수 있다. 주 이용자는 10대와 20대이고 80%가 여성인 것으로 분석되고 있으며, 무명의 아마추어 작가들이 올리는 전자책의 장르도 로맨스와 판타지를 비롯해 다양하다. 왓패드 이외에 '룰루(www.lulu.com)'와 '스매쉬워드(www.smashwords.com)' 등도 이와 유사한 형태의 서비스를 제공하고 있다. 국내의 경우에도 이 같은 형태의 서비스가 증가하고 있다. KT는 전자책 콘텐츠를 누구나 제작 및 출판할 수 있는 오픈마켓 '쿡북카페(bookcafe.qook.co.kr)'를 개설하였다(한국콘텐츠진흥원, 2010a).

전자책 시장이 확장되면서 유명 작가의 신간이나 베스트셀러 등이 전자책과 종이책으로 동시에 출간되는 사례도 증가하고 있다. 2010년 말, 국내 출판사인 문학동네는 파울로 코엘료의 소설 『브리다』를 전자책과 동시에 종이책으로 출간하기도 하였다.

전자책과 종이책으로 동시에 출간된 파울로 코엘료의 소설 『브리다』
출처: zdnet홈페이지(www.zdnet.co.kr/news/news_view.a...03161241).

　다음 단계인 전자책 제작은 콘텐츠를 전자책 형식의 파일로 제작
및 편집하고 저작권 보호를 위한 DRM(Digital Rights Management) 및
보안기술을 적용하는 과정을 의미한다. 이 과정은 인쇄도서의 제작
및 편집 단계에 비해 상대적으로 적은 비용이 소요된다. 따라서 전자
책 시장이 확대될수록 전자책 제작 및 출판 비즈니스는 인쇄도서에
버금가는 매출도 기대할 수 있을 것으로 기대되고 있다. 전자책 제작
단계의 주체는 기존 출판사 중 새롭게 전자책 콘텐츠 출판 비즈니스
에 참여한 기업과 전자책 전문 출판기업이 될 수도 있다. 특히 출판
업체 중심의 콘텐츠 제작 시스템에서 누구나 콘텐츠를 생산해 판매
할 수 있는 시스템으로 변화되어, 일반 개인을 비롯한 특정 주제를
다루는 소규모 전자책 전문 출판업체들의 등장도 빈번해지고 있는
상황이다(우예무라 아시오, 김정명·김기태 옮김, 2011).

　정보통신정책연구원의 『아이패드가 전자책 시장에 미치는 영향과
시사점』(2010)에서는 전자책 시장의 성장에 따라 1인 출판 시스템 도
입과 개인 창작물의 전자책 보급은 활성화되는 반면, 기존에 콘텐츠

공급자였던 출판사의 영향력은 약화될 것으로 전망하고 있다. 또한 문화체육관광부는 「전자출판산업 육성방안」(2010)에 따라 전자출판 제작 역량 강화 및 유통 활성화 추진을 목적으로 상품성 있는 신간이 전자책으로 동시 제작·출간되도록 지원하기 위해 1인 전자출판사 대상 제작 지원센터 운영이 추진되고 있다.

문화체육관광부는 전자출판 1인 창조기업에 지원금을 지원하고, 매년 1만 건의 우수전자책 콘텐츠를 발굴하는 등의 정책도 동시에 추진하고 있다. 1인 출판 시스템은 특화된 아이템에 기초한다. 따라서 1인 출판 시스템의 활성화는 전자책 콘텐츠의 다양성 증가를 견인할 것으로 기대된다. 글로벌 전자책 콘텐츠 사업자들 또한 1인 출판을 지원하기 위한 전략을 적극적으로 추진하고 있다.

아마존은 1인 출판을 겨냥한 미니 전자책 섹션 '킨들 싱글즈(kindle

1인 출판 지원을 겨냥한 아마존 킨들스토어의 '킨들 싱글즈' 섹션

singles)'를 킨들스토어 내에 오픈하였다. 이 섹션은 잡지의 콘텐츠 양보다는 많고 일반적인 책의 분량보다는 적은 3만 자(字) 분량 90페이지 내외의 전자책 콘텐츠를 겨냥한 것이다. 따라서 킨들 싱글즈의 타깃은 일반 작가들뿐만 아니라 자신의 전자책을 출간하고 싶어 하는 모든 사람들로 확대된다.

한편 전자책 콘텐츠가 먼저 출판되거나, 전자책만으로 출판될 경우 제작비에 편집비용이 추가될 수 있다. 따라서 전자책 콘텐츠만을 출판하는 경우 기존 인쇄도서를 전자책 콘텐츠화하는 경우보다 판매가격이 다소 상승하거나, 편집비용을 줄일 수밖에 없는 구조가 된다. 또한, 전자책 콘텐츠가 종이책과는 달리 다양한 멀티미디어형 내용을 가진 새로운 포맷으로 만들어질 경우에도 판매가격이 상승하거나 판매이윤율이 낮아질 수 있다.

전자책 유통(e-book Distribution) 단계는 출판된 전자책 콘텐츠가 구글과 같은 대형 포털사이트나 아마존 등 전문 온라인 서점 등의 플랫폼에서 아이패드나 킨들 등과 같은 전자책 단말기로 제공하는 과정이다. 이 단계에서는 전자책 콘텐츠 플랫폼 사업자, 전자책 단말기 사업자, 그리고 플랫폼에서 단말기로 콘텐츠가 제공될 수 있는 통신 네트워크를 제공하는 통신사업자 등이 참여하게 된다. 유통단계에서는 플랫폼 사업자와 단말기 사업자 사이의 경쟁도 치열하게 전개되고 있다. 아마존과 반스 앤 노블스 등 플랫폼 사업자들은 킨들과 누크 등과 같은 자체 단말기를 제작하여 단말기 비즈니스 영역에 진출해 있는 상황이며, 소니 등 단말기 중심의 업체들 역시 전자책 플랫폼 시장에 진입한 상황이다.

또한 유통단계에서는 요금 지불 및 관리를 위한 빌링 시스템(Billing

System)을 거치게 되며 PDA, 스마트폰, 태블릿PC 또는 전자책 전용 단말기 등이 소비자와의 접점으로 이용된다. 국내 전자책 콘텐츠는 종이도서 가격의 50~80%가 책정되고 있다. 하지만 해외의 전자책 시장은 아마존을 비롯한 사업자들이 시장지배력과 콘텐츠 확보를 위해 적자를 감수하는 치열한 경쟁을 벌이면서 국내에 비해 낮은 전자책 가격이 형성되기도 하였다. 아마존은 대부분의 새 책과 베스트셀러를 인쇄도서 정가의 60% 이상 저렴한 가격에 제공해왔다. 이 같은 전자책 가격이 가능했던 이유는 아마존이 해당 출판사에 본래 인쇄도서 가격의 50%를 지불하였기 때문이다(이용준, 2010).

그러나 애플, 아마존, 그리고 미국 5대 대형 출판사들이 전자책 수익구조에 대한 '대행사 가격(Agency Price)' 모델에 합의하면서 전자책 판매가격을 둘러싼 구조가 변화하고 있다. 이 모델은 출판사들이 전자책의 소매가격을 설정할 수 있고, 전자책 소비자가격의 70%를 배분받으며, 애플이나 아마존 등 전자책 유통업체는 30%의 몫을 갖게 되는 구조이다. 이 모델을 통해 출판사가 전자책 콘텐츠 판매로 확보할 수 있는 이익은 기존에 비해 두 배 이상 증가하며, 권당 이익률도 23.8%까지 상승하게 되었다(이용준, 2010). 더구나 전자책의 경우, 책값이 기존 인쇄도서에 비해 저렴하여 보다 많은 콘텐츠가 판매될 수 있으므로 출판사의 이익은 더욱 증가할 수 있다.

소비단계는 소비자가 전자책 단말기나 스마트폰, 태블릿PC 등에 다운로드한 전자책 콘텐츠를 이용하는 단계를 의미한다. 전자책을 이용할 수 있는 기기가 다양해지면서 단말기의 크기에 따른 적합한 콘텐츠 유형이 제시되고 있기도 하다. 일반적으로 작은 단말기에서는 엔터테인먼트와 인포메이션 출판콘텐츠가 적합하며, 큰 단말기에서는 에듀케이션 출판콘텐츠와 인포메이션 출판콘텐츠가 상대적으로 적합하다는 분석도 제시되고 있다. 또한 책을 읽기 위한 전용 단말기보다는 동영상, 인터넷, 게임 등을 하면서 전자책 콘텐츠도 함께 이용 가능한 다기능 스마트 단말기가 전자책 콘텐츠 이용 증가에 더 큰 기여를 할 것으로 예측되고 있기도 하다.

소비단계에서 소비자는 무료로 단말기에 전자책을 다운받아 이용할 수도 있고, 유료로 다운받기도 한다. 유료 이용의 형태로는 정액제와 이용 건별 결제 형태가 대표적이다. 2010년 12월 미국에서 먼저 오픈한 구글의 'e북스토어'는 소비자들이 대부분의 콘텐츠를 무료로 이용할 수 있도록 하고 있다. 구글은 애플이나 아마존처럼 자체 단말기를 보유하고 있지 않다. 따라서 구글 e북스토어는 아이폰과 안드로이드폰은 물론 태블릿PC 등 전자책 이용이 가능한 대부분의 단말기기를 통해서 이용이 가능한 것이 특징이다. 하지만 아마존 킨들 단말기의 경우 구글 e북스토어에 올라온 콘텐츠를 이용할 수 없도록 하고 있다. 2004년부터 '디지털 도서관 프로젝트'를 통해 전 세계의 서적을 대상으로 디지털화 작업을 추진해온 구글은 향후 세계의 모든 서적을 디지털화하여 e북스토어를 세계 최대의 디지털 도서관으로 만든다는 방침이다.

한편, 오픈이북포럼(Open eBook Forum)은 전자출판 시장의 가치사슬을 창작자 -중개업자-최종소비자의 흐름으로 정리하고 있다 (OEBF, 2000).

자체 단말기가 없는 구글의 e북스토어

▷ 창작자(Originators): 작가, 편집자 등으로 전자출판물을 생산한
　다. 일인 창작 혹은 다수의 협력 작업도 가능하다.

▷ 중개업자(Intermediaries): 출판업자, 대행사 등으로 출판 콘텐츠
　의 흐름을 촉진한다.

▷ 최종이용자(End-users): 소비자, 독자, 도서관 이용자 등으로 전
　자출판물을 구입하고 소비한다.

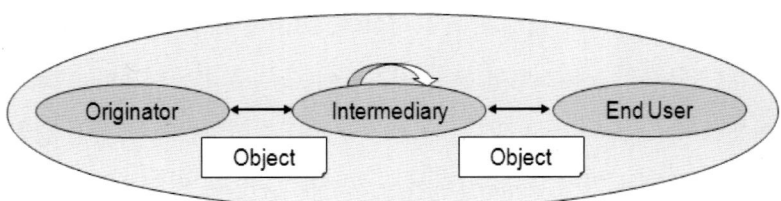

전자출판시장의 가치사슬
출처: Open eBook Forum(2000).

전자책 시장의 비즈니스는 다양한 거래관계에 의해 구성된다.

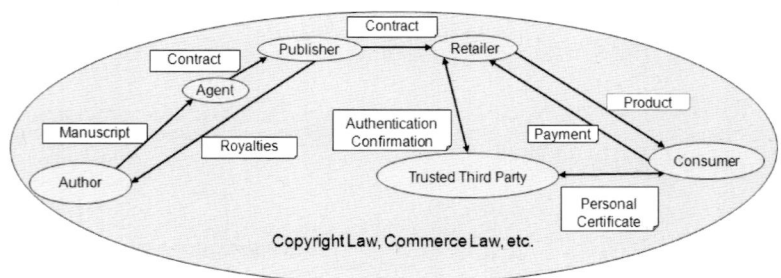

전자책 시장의 비즈니스 및 거래관계
출처: Open eBook Forum(2000).

기존 인쇄출판 산업에서와는 달리 전자책 산업의 가치사슬에서는 한 사업자가 복수의 역할을 동시에 수행하는 일도 빈번해지고 있다. 온라인 서점으로 시작해 대형 온라인 마켓을 형성한 아마존의 경우 자사의 전용 전자책 단말인 킨들을 기반으로 전자책 출판에서 유통까지의 가치사슬 단계를 직접 수행하고 있다. 아마존은 기존에 보유하고 있는 방대한 콘텐츠 자원을 기반으로 '콘텐츠—단말 연계형 비즈니스 모델'을 도입하였다. 아마존은 또한 Sprint Nextel의 EV-DO망을 임대하여 MVNO 방식으로 전자책 콘텐츠를 무선 네트워크를 통해 소비자들에게 제공하였다(문화체육관광부, 2010b). 랜덤하우스(Random House), 펭귄그룹(Penguin Group) 등 기존 출판업체들도 온라인 사이트를 통해 전자책 유통 분야에 진출하고 있으며, 어도비(Adobe) 역시 전자책 마켓 운영을 통해 전자책 유통 시장에 진출하였다.

전자책 가치사슬의 또 따른 특징은 서로 다른 영역의 업체 간 제휴가 빈번하게 이루어지고 있다는 점이다. 이미 많은 출판업체들이 전자책 유통 전문 업체나 전자책 솔루션 업체와 제휴를 맺고 있다. 또한 전자책 산업에서 무선인터넷의 중요성이 부각되기 시작하면서 전자책 서비스를 위한 망사업자와 출판업체 간의 제휴도 활발해지고 있다. 이 같은 제휴는 망사업자들에게도 수익 증대 결과를 가져다준다. 기존의 통신 서비스가 시장 포화상태에 있는 상황에서 전자책 콘텐츠 서비스는 새로운 수익원으로 작용할 수 있기 때문이다.

한편, 이 같은 업체 간 제휴는 해외 사업자와의 제휴로도 확장되고 있는 상황이다. 중국에서 전자책 단말기를 판매하고 있는 국내 업체 아이리버(iriver)의 중국내 법인인 '아이리허(艾利和)전자과기 유한공사(电子科技(中国)有限公司)'는 전자책 콘텐츠 서비스 업체인 '중국 디지털 도서관 유한 책임공사(中国数字图书馆有限责任公司)', '북경 중문 재선 문화방송 유한공사(北京中文在线文化传播有限公司)', '광주화열 디지털 과기 유한공사(广州华阅数码科技有限公司)' 등 중국 현지 업체들에서 제공하는 전자책 콘텐츠를 자신들의 단말기를 통해 제공하는 형태의 협력을 진행하고 있다.

제 6 장
인쇄문화산업의
개념과 특징

"인쇄는 거대한 단일 중국제국을 어지럽히지는 못했다.
15세기 중반 유럽에 인쇄가 도입되었지만,
유럽이 변화를 위한 분위기가 무르익지 않았더라면 어떤 일도 진척되지 못했을
것이다."

_어빙 팽(Fang, I.)의 『매스커뮤니케이션의 역사(*A History of Mass
Communication*)』(1997) 중에서

1. 인쇄문화산업의 개념

국내에서의 인쇄문화산업에 대한 공식적 개념 규정은 「인쇄문화산
업진흥법」에 근거한다. 2009년 3월 개정된 「인쇄문화산업진흥법」에
서는 인쇄를 "인쇄기 또는 컴퓨터 등 전자장치를 이용하여 문자·사
진·그림 등의 정보를 종이·천·합성수지 또는 전자적 매체(유형물
인 매체에 한한다) 등에 실어 복제·생산하는 것을 말한다"라고 정의
하고 있다. 또한 이 법에서는 인쇄문화산업을 "인쇄산업 및 이와 밀
접히 연관된 산업을 말한다"라고 규정하고 있다.

「인쇄문화산업진흥법」에서는 인쇄문화산업의 구체적 범위에 대해
서는 규정하지 않고 있다. 따라서 인쇄문화산업의 구체적인 범위는
통계청이 산업관련 통계자료의 정확한 비교를 위해 사용하고 있는 '한

한국표준산업분류의 '인쇄 및 인쇄 관련 서비스업' 분류와 개념

분류코드	분류명	개념의 정의
1811	인쇄업	수수료 또는 계약에 의하여 각종 출판물 및 인쇄물을 각종 제판술에 의하여 인쇄하는 산업활동을 말한다.
18111	경인쇄업	수수료 또는 계약에 의하여 각종 인쇄물을 프린트, 공판 또는 마스터 제판술에 의한 인쇄하는 산업활동을 말한다.
18112	스크린인쇄업	수수료 또는 계약에 의하여 인쇄물을 스크린 제판술에 의하여 인쇄하는 산업활동을 말한다.
18119	기타인쇄업	경인쇄 및 스크린인쇄 이외의 각종 제판술에 의한 출판물 및 인쇄물을 인쇄하는 산업활동을 말한다.
1812	인쇄 관련 산업	수수료 또는 계약에 의하여 각종 인쇄용 원판제작, 제책 및 인쇄물 가공처리 등을 수행하는 산업활동을 말한다.
18121	제판 및 조판업	수수료 또는 계약에 의하여 사진식자, 전산식자와 각종 인쇄용 사진원판제작, 연판, 고무판, 플라스틱판, 동판, 목판, 석판 등의 각종 제판 및 조판하는 산업활동을 말한다.
18122	제책업	수수료 또는 계약에 의하여 각종 서적 및 인쇄물을 제책하는 산업활동을 말한다.
18129	기타 인쇄관련 산업	수수료 또는 계약에 의하여 금박처리, 엠보싱 가공, 모서리 다듬기, 재단 등의 인쇄물 가공활동 및 기타 인쇄관련서비스업이 포함된다.

출처: 통계청 홈페이지(http://www.kostat.go.kr/).

국표준산업분류(KSIC; Korean Standard Industrial Classification; 2008년 9차 개정)'를 통해 확인할 수 있다.

한국표준산업분류에서는 제조업의 하위 소분류로 '인쇄 및 인쇄 관련 서비스업'을 분류하고 있는데, 대한인쇄문화협회의 「인쇄문화산업육성방안」(2009)에서도 이 같은 분류에 근거하여 인쇄문화산업의 현황을 설명하고 있다. 한국표준산업분류의 '인쇄 및 인쇄 관련 서비스업(분류 코드 181)' 분류에 따르면 인쇄업(분류코드 1811)은 경인쇄업, 스크린인쇄업, 기타인쇄업으로 구분되고 인쇄 관련 산업(분류코드 1812)은 제판 및 조판업, 제책업, 기타 인쇄관련 산업으로 분

류되며, 각 업종의 개념은 앞의 표와 같다.

한국표준산업분류에 따르면, '인쇄 및 인쇄 관련 서비스업'은 "계약 또는 수수료에 의하여 각종 출판물 및 인쇄물을 각종 재료에 인쇄하는 산업활동과 인쇄활동을 보조하는 인쇄관련 서비스를 제공하는 산업활동"을 말하며, "이러한 인쇄활동은 컴퓨터 등 전자매체를 이용한 자료입력 및 인쇄방식에 의하여 수행될 수 있다"고 정의된다. 또한 한국표준산업분류에서는 인쇄 및 인쇄 관련 서비스업의 범위에서 종이라벨 인쇄, 인쇄물 출판활동, 타자, 복사 및 사무관련 서비스, 수수료 또는 계약에 의하여 각종 자료의 전산입력 및 자료 처리 서비스 등은 제외하고 있으며, 출판원고 또는 원판제작은 저자의 기술적, 예술적 활동특성에 따라 분류하도록 하고 있다.

2. 인쇄공정

일반적인 인쇄물의 인쇄공정은 제판(Pre-press)—인쇄(Press)—후가공(Post-press)의 순서로 이루어진다. DTP의 도입 및 디지털 인쇄기술의 도입에 따라 이 같은 인쇄공정은 이전과는 다른 방식으로 변화하고 있다.

먼저 제판공정을 살펴보면 다음과 같다.

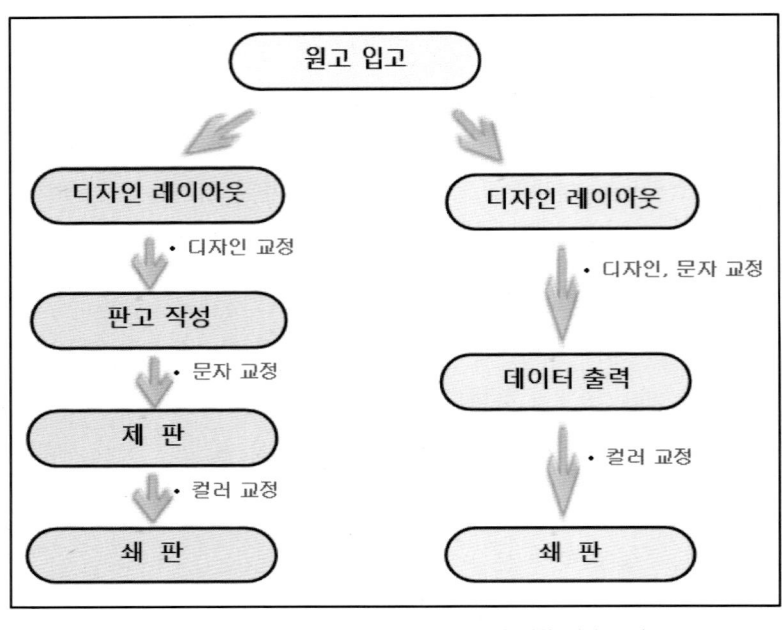

종래의 제판 공정   DTP에 의한 제판 공정

DTP 도입 전 · 후의 제판공정 비교
출처: 대한인쇄문화협회(2009), 「인쇄문화산업육성방안」.

　기존의 제판공정은 인쇄할 원고가 입고되면 디자이너가 디자인 레이아웃을 실시하고 문자 크기, 행간, 컬러 등에 대한 사항들을 지정한 판고지정지를 작성하여 이를 기초로 인쇄물의 원고가 되는 판고를 작성한 후, 판고를 필름으로 제작하며, 필름을 제판기를 이용하여 인쇄판을 제작하는 순서로 진행되었다. 이 같은 과거의 제판공정은 대부분 수작업으로 진행되었으며, 하나의 과정에서 다음 과정으로 넘어갈 때마다 세밀한 교정작업이 이루어졌다. 제판공정은 DTP의 도입으로 제판 공정 담당자 한 사람이 디자인과 제판은 물론 인쇄까지의 모든 공정을 처리할 수 있는 구조로 변화하였다. 제판 공정 담당자는 컴퓨터 모니터를 통해 나타난 빠르고 손쉽게 원고를 교정·처리하고 필름 출력기인 CTF(Computer to Film)를 이용하여 제판용 필름까지 제작하거나 디지털 데이터를 이용하여 직접 인쇄판을 만들어내는 출력기인 CTP(Computer to Plate)를 이용하여 필름을 제작하지 않고도 인쇄판을 만들어낼 수 있게 되었다.

이 같은 제판 공정의 단순화는 비용과 시간의 절감효과를 가져왔고, 인쇄기 가동에도 효율성을 증대시켰다. 또한 인쇄판에 직접 노광이 이루어지므로 필름의 재현 능력이 증가하여 품질 향상과 작업의 표준화, 그리고 품질의 안정화를 가져오게 되었다. 하지만 제판 공정의 축소는 한 사람이 모든 공정에 대한 책임을 지게 되는 구조가 형성하여 담당자의 책임을 증가시켰다.

다음으로 인쇄공정을 살펴보면 다음과 같다. 인쇄공정은 정확한 핀트 조절과 인쇄기의 사고 처리 등 사람이 눈으로 확인하고 대응해야 하는 부분이 많은 공정으로 다른 공정에 비해 디지털화가 상대적으로 늦게 이루어졌다. 하지만 인쇄공정의 디지털화로 인해 컬러 인쇄물이 일반화되었고, 작업 시간 또한 단축될 수 있었다. 인쇄공정은 CIM(Computer Integrated Manufacturing) 시스템의 도입에 따라 자동화될 수 있었다. 또한 인쇄공정의 디지털화에 인쇄판이 없어도 인쇄가 가능한 디지털 인쇄기가 일반화되었다. 그리고 인쇄공정이 디지털화되면서 공정이 자동화되어 많은 시간과 비용이 요구되는 인쇄 전 준비 작업과 필름, 판, 잉크의 조성 과정이 생략되었으며, 이를 통해 인쇄 공정상에 투입되는 인력과 비용을 줄일 수 있고, 기존 오프셋 인쇄판과 달리 인쇄 중이라도 언제든지 교정 및 수정이 가능하게 되었다(대한인쇄문화협회, 2009).

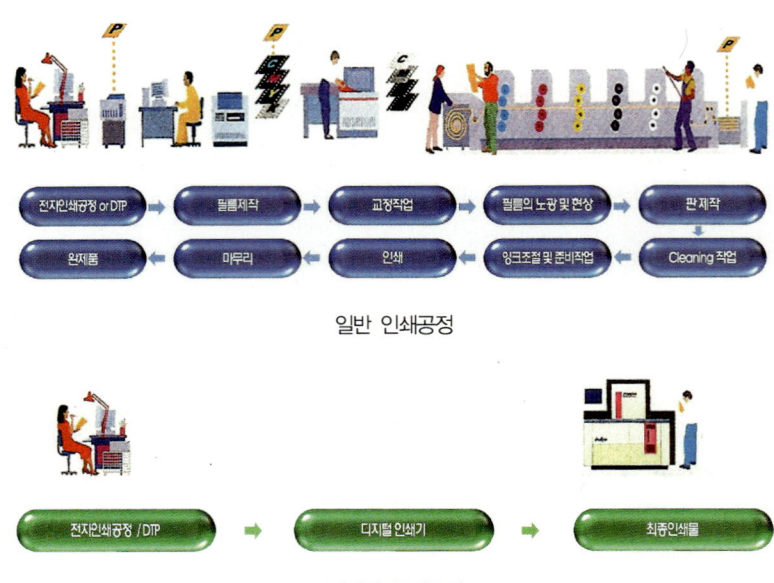

일반 인쇄공정

디지털 인쇄공정

기존 인쇄공정과 디지털 인쇄공정의 비교
출처: 대한인쇄문화협회(2009), 「인쇄문화산업육성방안」.

 디지털 인쇄는 인쇄물의 다양화를 가능하도록 하고 있다. 디지털
인쇄방식은 POD의 장점을 구현하게 하며, 효율적인 고품질 인쇄를
지원하고, 라벨 및 경량의 포장 인쇄 등 다양한 용도에 따른 다품종
소량 인쇄도 이루어질 수 있도록 한다. 디지털 인쇄는 정보통신망과
의 접목이 촉진되면서 미래의 인쇄 솔루션으로 주목받고 있다. 하지
만 현재의 디지털 인쇄공정에서도 인쇄 및 관리 데이터의 통합과 공
정별(관리, Pre-press, Press, Post-press) 활용은 아직도 개선해야 할 부
분으로 남아 있다.
 한편 최근의 인쇄공정에서는 대형 인쇄물과 경비 절감 그리고 생

산성 향상의 목적으로 초대형 매엽 오프셋기가 보급되고 있다. 이러한 장점으로 인해 출판사와 인쇄사의 초대형 매엽 오프셋에 대한 관심이 높아지고 있다(대한인쇄문화협회, 2009).

마지막으로 스테이플러, 인라인 중철, 무선철 등의 제책 가공 등을 포함하는 후가공 공정에 대해 살펴보면 다음과 같다. 후가공 공정에서도 CIM의 도입 등에 따른 디지털화가 이루어지고 있다. 무선철 제책의 경우를 예로 들면 접지→접지 모으기→제책→재단의 공정 가운데 생산 관리, 물류 제어, 설비 관리 시스템 등은 디지털화에 따라 자동화되고 있다. 또한 소량 인쇄물 생산에서도 후가공 공정의 자동화가 이루어져, 디지털 인쇄기와 접속되어 즉석에서 바로 후가공이 완료되는 제판→인쇄→후가공의 단일 시스템이 정착되고 있다.

3. 친환경 인쇄의 중요성

2000년대 이후 세계 인쇄문화산업을 주도하는 메가트렌드는 친환경 인쇄이다. 환경이 글로벌 차원의 이슈로 등장하고, 환경 관련 각종 규제가 다양한 산업 전반으로 확대 및 심화되고 있다. 이에 따라 인쇄 시 사용되는 휘발성유기화합물(VOC: Volatile Organic Compounds) 등의 환경유해물질을 배출한다는 점에서 지적을 받아왔던 인쇄문화산업은 친환경 인쇄시스템으로의 전환을 요구받고 있다. 세계 각국에서 정책적인 차원에서 인쇄문화산업과 관련한 환경 규제를 추진하고 있다. 이 같은 상황에 대응하여 각국의 인쇄관련 협회도 자발적으로 친환경 인쇄 시스템으로의 전환을 지속적으로 시도하고 있다.

온실 가스 방출을 2012년까지 1990년 수준으로 낮추는 교토 의정서를 체결한 일본은 1993년부터 인쇄 산업과 관련된 환경기본법을 제정하였다. 또한 1997년 (사)일본환경협회는 오프셋 인쇄 잉크의 에코마크 인정 기준을 제정하여 잉크 제조 회사가 에코마크 인정 기준을 만족하는 잉크를 개발하도록 하였다. 2000년대에 들어서는 일본인쇄산업연합회가 오프셋 인쇄 서비스에 친환경 기준을 도입하였고, 에코마크 인정 기준을 더욱 강화되었다.

2005년에는 환경보호인쇄추진협의회가 발족되어 VOC가 많은 인쇄 잉크나 처리액 사용을 자제하고, 수질오염 방지를 위해 폐액을 회수해 리사이클하거나 연소시키는 것을 목표로 하는 'Zero Emission'이 추진되고 있다(대한인쇄문화협회, 2009). 일본 잉크업계는 친환경 제품 개발을 위해 각 회사별 연구를 계속하고 있다. 그리고 이 과정에서 아로마 프리 잉크, 대두유(Soy) 잉크, 하이브리드 매엽 잉크, 오프셋 저온 건조형 잉크, 오프셋 탈 석유계 용제 잉크 등 친환경 잉크들이 개발되어 상용화되고 있다.

미국에서는 1995년에 친환경 상품 구매를 위한 행정 명령 13,101호를 통해 정부기관 친환경구매(EPP) 프로그램이 발효되었다. 또한 이 시기부터 미국환경청(EPA)은 매년 분야별 최고 그린 화학상을 5개 부문에서 선정해 발표하는 '그린화학도전프로그램(Presidential Green Chemistry Challenge Program)'을 운영하였다. 이 프로그램은 안정성을 향상시키거나 성능을 개선할 수 있는 친환경 화학물질을 개발하는 그린 화학(Green Chemistry)의 발전을 목표로 한다. 인쇄산업과 관련하여 이 프로그램은 미국 내에서 노란콩(Soy)을 사용한 친환경 토너 개발과 상용화에 기여하였다. 미국에서는 또한 인쇄문화산업과 관련하여 인쇄 공정에서의 Non-Drain(무 대기오염)과 Non-VOC(무 폐수방출) 지향, 오존층 파괴 물질 및 중금속 배출 물질 사용 금지, 포장지 내부에 유해 화학물질 성분 무배출, 재사용 및 재활용 포장재 사용, 신규 포장재에 관한 정보 데이터베이스 구축 등을 위한 정책들이 추진되고 있다.

미국에서는 기존 제지를 대체할 제지 개발도 추진되고 있다. 현재 대마(25%)에 재생 용지(75%)를 혼합하여 만든 제지, 목화로 만든 제지, 양마(Kenaf)로 만든 제지, 대나무로 만든 제지, 미네랄과 같은 광물로 만든 제지 등이 개발된 상황이다(대한인쇄문화협회, 2009). 그리고 종이에 인쇄된 내용이 16~24시간이 지나면 잉크가 저절로 지워져 종이를 반복 사용할 수 있는 기술도 개발되고 있다.

제 7 장

출판업계에서

일하는 사람들

"출판인은 출판 목록으로 말한다."

_출판업계의 격언

1. 출판사의 인력 구조

하나의 출판물이 출판되는 과정은 크게 기획, 편집, 제작, 마케팅의 4단계로 구성된다. 또한 하나의 출판물이 만들어지기 위해서는 이에 필요한 경비와 인적·물적 자원을 조달하고 관리하는 일도 필요하다. 따라서 출판사는 출판과정의 4단계를 담당하는 부서 이외에 출판 경비와 인적·물적 자원을 조달하고 관리하는 부서도 두고 있고, 이에 따라 출판사의 조직구조는 편집부, 제작부, 마케팅부, 총무부 등으로 구성되는 것이 일반적이다(유진룡 외, 2009). 물론 출판사의 규모에 따라, 또는 출판사의 특성에 따라 보다 복잡하거나 단순한 형태의 조직구조를 지닌 출판사들도 많고 각 부서의 이름도 출판사에 따라 다르게 불리기도 한다. 하지만 출판사의 업무는 출판과정의 4단계와 출판에 필요한 경비 및 인적·물적 자원의 조달과 관리에서 크게 벗어나지 않기 때문에 각 부서의 이름이 상이하고 부서의 구조가 약간씩 차이가 있을 수 있지만 그 업무 영역과 기능은 거의 비슷하다.

편집부는 출판할 원고를 준비하는 업무를 담당한다. 원고 준비를 위해 편집부는 유망한 작가의 원고를 확보하고, 작가들이 보내온 원고를 치밀하게 검토하고 확인하여 원고가 인쇄될 수 있도록 준비하는 작업을 주로 수행한다. 규모가 큰 출판사의 경우 편집부와는 별도로 기획부를 두고 있기도 하다. 또한 큰 규모의 출판사들은 편집부를 편집과, 자료실, 조사실, 디자인과 등으로 세분화하기도 한다. 편집부의 원고 준비 업무는 출판사의 장기 목표와 이에 따른 출판 분야 개척 및 신간 간행 계획에 기반을 두어 이루어진다. 신간 발행 계획은 유동성이 크다. 대부분의 출판사들은 매년 신간 발행계획을 미리 정해놓는 것이 일반적이지만 월별 또는 분기별 진행상황을 점검하면서 계획을 수정하기도 한다(이기성·고경대, 2004).

제작부는 준비된 원고를 출판물로 제작하는 업무를 담당한다. 따라서 제작부에서는 조판, 용지 준비, 인쇄, 제책 등과 관련된 활동들을 주로 수행한다. 제작부는 생산부나 출판부로 불리기도 한다. 제작은 출판물의 인쇄에서 제본에 이르는 과정을 담당하는 업무이다. 제작부의 역할은 신간 및 중판의 간행계획에 기반을 두어 해당 출판물을 기획안대로 제작하고 원가 조건을 충족시켜 예정된 기간 내에 제작하는 일이 핵심이다. 제작업무도 매년 연도 계획을 세우며, 그 계획에 근거하여 제작이 이루어진다. 제작업무의 연도계획은 편집부의 신간 발행 계획과 판매부문의 구간 도서 중판 계획에 기초하여 작성된다. 그러나 일부 대형 출판사를 제외하고는 출판사 내부에 인쇄시설을 갖추고 직접 제작하는 곳은 없는 상황이다(유진룡 외, 2009).

마케팅부는 출판물의 광고 및 홍보와 판매 등의 업무를 담당한다. 마케팅부는 출판물이 어떤 독자와 시장을 타깃으로 하는가에 따라

광고 및 홍보 전략과 판매 전략을 달리하게 된다. 출판물이 만들어지기 이전부터 마케팅부는 광고와 홍보계획을 수립하는 것이 일반적이다. 도서목록과 카탈로그 및 포스터 등의 제작, 신문이나 잡지, 방송 등 미디어에 출판물에 대한 서평이나 저자 관련 인터뷰 등이 실릴 수 있도록 하는 작업 등은 모두 마케팅부의 관할 업무이다. 마케팅부는 단일 출판물뿐만 아니라 여러 종의 출판물을 묶어 이벤트를 벌이기도 한다. 마케팅부는 출판사에 따라 판매부, 유통부 등으로도 불리기도 한다(이기성·고경대, 2004).

총무부는 출판사의 경영을 총괄적으로 담당한다. 즉, 총무부에서는 출판 및 제작 관련 업무보다는 출판사의 전체적인 관리 업무를 담당하는 것이다. 회계와 사무관리 및 기자재구매, 그리고 인사관리 등의 활동은 모두 총무부의 관할 업무이다. 총무부는 관리부나 인사부로 불리기도 한다(유진룡 외, 2009).

출판사의 조직구조는 위에서 설명한 네 개의 부서로 구성되지만, 보다 중요한 것은 각 부서 사이의 커뮤니케이션이다. 각 부서들 사이의 커뮤니케이션이 얼마나 활성화되는가는 출판물의 수준과 시장에서의 성공여부에 영향을 미치는 요인으로 작용한다. 각 부서가 담당하는 모든 업무는 하나의 출판물이 시장에 나오게 되는 일종의 프로세스를 구성하기 때문이다.

출판사 각 부서의 주요 업무

부서	주요 담당 업무
편집부	1) 상세 편집진행표 작성 2) 저자 및 원고 확보 3) 원고 독촉 및 접수 4) 원고 검토 및 정서(rewriting)
제작부	1) 제작방법 결정과 가제본 작성 2) 사전 원가계산 3) 용지와 인쇄 및 제본 준비, 진행관리 4) 검사와 견본책 입수 5) 도매회사 및 창고 입고 지시 6) 정산(사후 원가계산)
마케팅부	1) 기획된 출판물에 대한 마케팅 조사-6T 분석: Theme(내용-), Timing(출간시기), Topic(화제성), Talk(입소문 요소), Talent(저자의 자질), Type(책의 판형 및 모양새) 2) 유사도서에 대한 조사와 분석: 시장 및 독자 분석, 경쟁상품 분석, SWOT분석 3) 마케팅 전략 수립: STP(Segmenting, Targeting, Positioning)설정, 출판물의 차별화 전략 설정, 가격 전략, 유통 경로 전략, 프로모션 전략 4) 판매예측과 정가 및 초판 부수 결정 5) 판매경로별 거래조건 설정 6) 유통경로 관리 및 수금
총무부	1) 회계와 사무관리 2) 기자재 구매 3) 인사관리

출처: 이기성 · 고경대(2004).

2. 국내 출판시장의 인력 구성 현황

국내 출판시장 종사자들은 지속적인 정체 경향을 보이고 있다. 한국콘텐츠진흥원의 <콘텐츠산업분야 인력수급 전망 및 해외선진사례 벤치마킹 조사>(2010)에 따르면, 2013년 국내 출판산업의 고용규모는 226,329명이 될 것으로 전망되고 있다. 하지만 이 보고서에서는 2009~2013년 국내 출판산업 고용규모의 연평균증가율이 1.5% 수준에 그

칠 것으로 예측하였다. 이 같은 출판산업 종사자 규모의 정체 경향은 인터넷, DMB, IPTV 등 디지털 뉴미디어의 보급 확산으로 출판물에 대한 수요가 감소하고 있기 때문인 것으로 분석된다. 직종별로는 제 작 및 유통 직종의 인력은 증가하였지만 연구개발, 사업기획, 관리 등 다른 직종들의 인력은 감소하는 경향을 보이고 있다.

한국콘텐츠진흥원의 2009년 기준 문화콘텐츠산업 분야별 종사자 채용 현황 조사에서는 출판산업의 종사자는 경력종사자가 신입종사 자에 비해 두 배 이상 많은 것으로 나타났다. 이 조사에서는 출판산 업과 만화산업을 구분하였는데, 만화산업의 경우에는 신입종사자의 비중이 경력종사자에 비해 약 두 배 정도 높은 것으로 분석되었다. 또한 채용되는 신입인력의 경우 제작분야 채용 비중이 가장 높은 상 황인 것으로 조사되었다. 그리고 경력직 채용의 경우에도 제작분야 채 용 비중이 상대적으로 높은 경향을 보였다(한국콘텐츠진흥원, 2009).

향후 출판 분야 종사자는 증가할 것으로 추정된다. 전자책 시장의 활성화와 전통적 출판산업 부분의 다각적인 노력에 의해 산업성장이 이루어지게 될 것이며, 이에 따라 인력수요도 다소 증대할 것으로 전 망되기 때문이다. 특히 전자출판 콘텐츠 관련 전문인력에 대한 필요 성이 확대될 것으로 전망된다. 또한 전자출판에 관한 기획, 제작, 마 케팅, 유통을 포괄적으로 담당하고 기획할 수 있는 프로듀서의 역할 이 증대될 것이다.

하지만 현재의 국내 출판인력 양성시스템은 기획력과 전문지식을 갖춘 출판 전문인력 수요에 비해 공급이 부족한 실정이며, 이 같은 현실의 원인은 전문인력 양성시스템이 미흡하다는 데 있다. 국내 출 판인력양성 시스템의 가장 큰 문제는 4년제 대학 출판학과의 부재 등

공교육 차원의 출판 전문인력 양성기반이 부족하다는 점이다(문화체육관광부, 2006). 2010년을 기준으로 국내 6개 대학에서는 출판 현업 재직자 등을 위한 석사학위과정의 특수대학원을 운영 중이나, 전공 분야를 세분화시켜 종합적으로 출판 전문인력을 양성하는 전문대학원이나 4년제 대학 출판학과는 전무한 상황이다.

이에 따라 출판 현장에서 요구하는 종합적·창의적인 기획능력과 글로벌 마케팅 능력을 습득할 수 있는 인력이 효과적으로 양성되지 못하고 있다. 따라서 지식기반시대에 걸맞은 출판 관련 전문인력 양성체계가 시급히 마련되어야 하며, 다변화된 출판환경에 따른 특화되고 글로벌 경쟁력을 갖춘 전문인력을 위해서도 정책적인 지원이 필요하다. 새로운 콘텐츠산업 강국으로 부상하고 있는 중국의 경우 51개 4년제 대학에 '편집출판학' 전공 학과가 설치되어 있다. 그리고 영국과 미국 등 출판의 선진국에서도 학부과정이나 대학원과정에 출판학과가 설치되어 있는 경우가 많다.

각국의 출판 관련 학과 현황

영국	대학	Oxford Brookes University, London College of Printing 등
	대학원	City University, Stirling University, Napier University, Plymouth University, Oxford Brookes University, London College of Printing 등
미국	대학	Lochester Institute of Technology, Arkansas State University 등
	대학원	NewYork University, Emerson College, Pace University, University of Denver 등
중국	대학 및 대학원	남개대(南開大), 무한대(武漢大), 북경대(北京大), 복단대(復旦大), 중국과기대(中國科技大), 하남대(河南大) 등
한국	전문대학	서일대학, 신구대학, 동원대학, 계원디자인예술대학
	특수대학원	중앙대학교, 한양대학교, 서강대학교, 건국대학교, 성균관대학교, 경희대학교

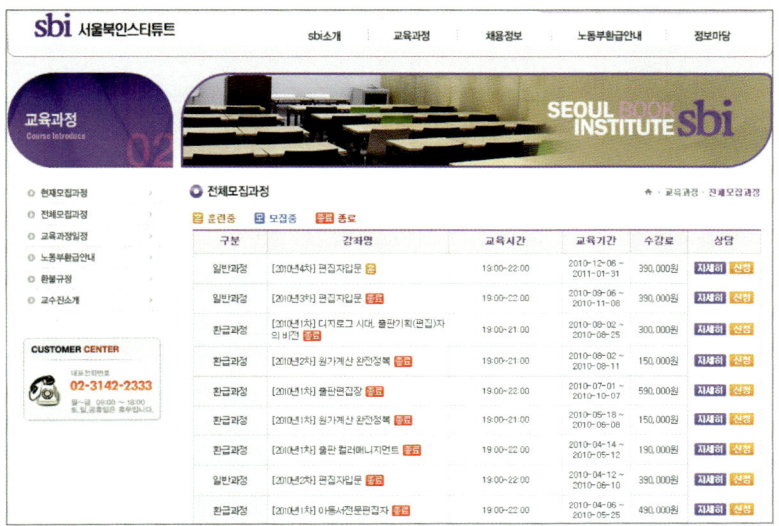

출판인 교육과정을 소개하고 있는 SBI 인터넷 홈페이지
출처: 서울북인스티튜트(http://www.sbin.or.kr/).

　　현재 신규 전문인력 부족으로 경력자의 빈번한 직장 이동과 조직
운영의 안정성 저해 현상이 문제가 되고 있는 국내 출판산업의 인력
양성은 공교육보다는 출판 관련 단체에서 운영(또는 계획) 중인 전문
인력양성 프로그램이 중심이 되고 있는 실정이다. 2010년 현재 SBI
(서울북인스티튜트)에서는 출판인 교육과정을 운영하고 있다. 이 교
육과정을 통해 연간 12개 과정에서 900명이 교육되고 있다.

　　또한 한국전자출판협회에서 비정규 교육프로그램을 운영하고 있
으며, 한국서점조합연합회에서는 2007년부터 '서점학교'를 설립하여
운영하고 있다(문화체육관광부, 2006). 하지만 이 같은 출판 관련 단
체의 인력 양성프로그램은 양적으로 부족한 상황으로 보다 많은 프
로그램 운용이 요구되고 있다.

국내의 경쟁력 있는 출판전문인력 양성을 위해서는 4년제 대학 학부과정에 출판학과가 개설되어, 출판의 기획·생산·유통·소비 과정 전반에 걸친 풍부한 실용적 전문지식을 종합적으로 교육받아야 할 것이다.

한편 4년제 대학 출판학과 설치로 출판기획·편집 전문인력을 집중 육성하고 2년제 대학 출판과의 경우 유통·마케팅, 디자인 전문인력을 집중 육성하는 이원적 양성시스템 구축도 고려할 필요가 있다. 이 밖에 출판지식산업 관련 분야별 전문인력 양성을 위한 기초 교육교재, 각종 실무 매뉴얼의 개발과 보급도 활성화되어야 할 것이다. 현재 출판과 관련된 실무 도서 및 교재가 일부 발행되어 활용되고 있으나 대부분 입문서, 총론서 성격이며, 세부 분야별 기초 교재 및 출판산업 현장 활용 매뉴얼 개발은 거의 이뤄지지 못하고 있다. 출판계 종사자의 선진국 교육연수 지원에 의한 전문인력 양성 및 한국 출판문화의 해외 진출방안도 모색되어야 한다. 현재 국내의 경우 출판 관련 해외 교육연수 제도는 미비하며, 이와 관련된 정책 지원 또한 부재한 상황이다. 국내에서 이루어지고 있는 출판선진국 교육연수 프로그램은 한국출판인회의 '출판인 해외연수 사업'이 유일한 상황이다 (문화체육관광부·한국잡지협회, 2010).

3. 출판업계 미래 인력의 조건

2012년 우리나라 콘텐츠 산업의 세계 5대 강국 실현을 위해 산업계·학계·연구기관 전문가로 구성된 문화체육관광부의 민간 자문기구인 '콘텐츠코리아 추진위원회'는 2008년 9월 '콘텐츠산업 신성장 동력 보고대회'를 통해 「콘텐츠산업 비전과 육성전략」을 발표하면서 국내 콘텐츠산업의 기획창작 역량 강화를 위한 '다빈치형(Super Creator) 창의인재' 양성이 필요하다는 점을 강조하였다.

국내의 모 대학에서도 '다비치형 인재전형'을 통해 신입생 선발을 시도하고 있다. 또한 국내의 최대 공영방송사에서는 문화, 예술, 과학 등 다방면에서 재능을 발휘한 레오나르도 다빈치 같은 창의적 인간이 21세기의 새로운 인간형으로 떠오르고 있으며, 해외의 주요 선진국에서는 공교육을 통해 다빈치형 인간의 핵심인 창의력을 키워가고 있다는 내용의 기획특집 프로그램을 방영하기도 하였다. 겔브(Gelb, M. J.)는 『다빈치처럼 생각하기(How to think like Leonardo Da Vinci: Seven steps to genius every day)』라는 책을 통해 끊임없는 지적 호기심과 경험을 통해 배우는 증명정신, 예리한 관찰과 반응을 나타내는 섬세한 감각, 모호한 것까지 포용하는 묘사법, 과학과 예술의 조화, 건강한 육체와 건강한 정신, 그리고 한 가지 아이디어를 놓고 다양한 분야를 엮어내는 연결 습관 등 7가지 원칙을 다빈치적 인간의 원칙으로 제시하기도 하였다.

다빈치형 인재란 다양한 분야와 영역에 능통하면서 이를 기반으로 현실의 문제를 창의적으로 해결해내고 새로운 가치를 창출할 수 있는 능력을 갖춘 인재를 말한다. 다빈치형 인재를 융합형 인재로 부르기도 하는데, 그 이유는 창의적 문제 해결과 새로운 가치 창출 과정에서 다양한 분야와 영역의 지식들을 융합해내기 때문이다. 가치를 창조하려면 창의력을 발휘해야 한다. 그리고 창의력이란 무에서 유를 만들어내는 것이 아니라, 다양한 기존의 정보를 융합하여 새로운 가치를 만들어내는 능력이다. 따라서 다빈치형 인재란 융합력과 창의력을 바탕으로 생산성과 생산력을 향상시키는 능력을 지닌 인재라고 하겠다(한국콘텐츠진흥원, 2009).

출판산업에 디지털 기술의 도입이 확산되고 심화되면서 다빈치형 인재상이 출판산업에 필요한 새로운 인재상으로 대두되고 있다. 출판산업 내부 시스템은 물론 경제, 문화, 과학기술 등 다양한 분야의 원리와 현실에 대한 정확한 인식에 융합력 및 창의력을 더하여 출판산업의 새로운 가치를 창출할 수 있는 인재에 대한 필요성이 증가하고 있는 것이다. 더구나 OSMU를 통한 가치 파생에 집중하는 방향으로 콘텐츠산업이 재편되고 있으며, 출판콘텐츠는 OSMU의 주요한 원천 콘텐츠로서 중요성이 확대되고 있으며, 콘텐츠산업의 글로벌화가 고도화되면서 세계 각국의 문화콘텐츠산업체들 사이에 경쟁이 심화되고 있다.

이 같은 변화에 대응하기 위해서는 출판산업에도 다빈치형 인재가 필요하다. 특히 전자책과 같은 디지털 뉴미디어 콘텐츠 분야에 다빈치형 인재, 창조적인 통섭(統攝) 마인드를 가진 융합인력이 필요하다. 미국의 경우 국가경쟁력위원회(Council on Competitiveness)에서 융합형 다빈치형 인재에 해당하는 혁신가(innovator)를 키우기 위해 과학·기술과 경영·경제를 동시 습득하고 활용할 수 있는 인력을 배출할 수 있는 새로운 과정(학제적 과정) 신설을 제안하고 있다.

또한 미국국립과학재단(NSF; National Science Foundation)에서는 대표적인 통합인재양성 프로그램이라 할 수 있는 IGERT(Integrative Graduate Education and Research Traineeship)를 1998년부터 진행해오고 있다. IGERT 프로그램은 학생들의 이론적인 학문 수양보다는 문제해결력 향상에 중점을 두고 있는 것이 일반대학원과정과 다르며, 과학적인 학제 통합 프로그램을 통해 관련 영역에 대한 깊은 지식과 기술의 습득은 물론이고 필요한 실증적 경험, 새로운 분야를 이끌어갈 리더로서 필요한 전문성 함양을 중시한다는 점에서 기존의 교육과정과는 차별화된다. 미국의 융합인력양성체계에서 중요하게 생각하는 점은 바로 깊이와 폭을 구분하여 생각한다는 점이다. 연구의 깊이는 특정 분야의 전문화된 인력양성을 의미하며, 연구의 폭은 학문분야의 경계를 가로질러 다양한 연구주제를 다양하게 습득할 수 있는 인력양성을 의미한다. 유럽에서도 미국과 유사하게 환경과학, 시스템 이론, 사회과학, 철학, 경제학, 법학 등을 포함한 다양한 영역을 다루는 융합인력양성프로그램이 운영되고 있으며, 일본은 새로운 원천기술을 창출하는 동시에 산업기술력의 향상과 신규산업 창출을 위해 국립산업기술총합연구소(AIST; National Institute of Advanced Industrial Science and Technology)차원에서 다양한 분야 간의 융합연구와 연구 인력양성을 장려하고 있다(한국콘텐츠진흥원, 2010b).

이와 같은 해외의 사례들을 통해 국내에서도 출판콘텐츠 제작은 물론 기획 및 개발과 마케팅을 연계시킬 수 있는 비즈니스 역량을 강화할 수 있는 커리큘럼을 강화하는 것이 필요함을 알 수 있다.

한편 태블릿PC, 스마트 TV 등 뉴미디어가 지속적으로 도입되고 있는 상황에서 출판산업의 글로벌 뉴미디어 시장 진출을 활성화하기 위해서는 이와 관련된 전문인력의 양성도 필요하다. 이 같은 글로벌 뉴미디어 전문인력은 글로벌 시장에서의 비즈니스 역량을 갖추는 동시에 국산 콘텐츠 진출이 유망한 시장에 대한 지역전문성을 지니고, 글로벌 공동프로젝트를 추진할 수 있는 글로벌 네트워크도 보유하는 것이 필요하다. 또한 글로벌 OSMU 비즈니스를 위해 사전기획력과 활발한 라이선싱 및 지속적으로 신규 비즈니스 모델을 개발해낼 수 있는 역량도 확보되어야 한다. 따라서 출판산업의 미래를 위해 필요한 인력은 글로벌 시장을 대상으로 한 '비즈니스 역량(business capability)'과 출판 및 다양한 문화콘텐츠와 관련한 '예술적 역량(artistic capability)', 그리고 뉴미디어에 대한 '기술 역량(technical capability)'이 조화된 통합적 인재라고 하겠다.

미래 출판인력의 비즈니스 역량강화를 위해서는 인력관리, 마케팅, 시장분석에 관한 이해증진이 필요하며, 기획-제작에 참여하는 집단 사이의 의견 차이를 조율해낼 수 있는 커뮤니케이션 능력도 갖추어야 한다. 다음으로 예술적 역량 강화를 위해서는 예술-인문학적 분야의 기초적인 소양 심화가 필요하며, 미디어콘텐츠의 예술적 심미성을 함양시킬 수 있는 비판적 시각도 요구된다. 마지막으로 기술적 역량 강화를 위해서는 뉴미디어 관련 기술과 전체적인 콘텐츠미디어 기술 동향을 파악할 수 있는 직관력이 있어야 하며, 미디어콘텐츠의 전체 제작공정에 대한 기술적인 이해 역시 필요하다.

한편 이렇게 통합적 역량 못지않게 필요한 역량이 있다. 바로 글로벌한 시각과 지역적 전문성이 결합된 역량, 즉 '글로컬라이제이션 (Glocalization)' 역량이다. 국내 출판산업이 규모의 경제를 달성하기 위해서는 반드시 세계화가 추진되어야 한다. 국내 출판산업의 세계화는 구체적인 해외 국가 및 권역들을 대상으로 이루어지게 된다. 따라서 해당 국가 및 권역의 사회, 정치, 문화, 역사 등에 대한 전문성을 지니고 있으면서 동시에 글로벌 출판산업의 트렌드를 이해하고 있는 인력이 필요하다.

우리의 출판콘텐츠는 이제 기획단계에서부터 글로컬라이제이션을 지향해야 한다. 이미 만들어진 출판 콘텐츠를 세계 시장에 OSMU하는 것은 여러 가지 측면에서 제약이 뒤따르기 때문이다. 물론 이들 글로컬라이제이션 역량을 지닌 인재는 국내 출판에 대한 문화적이고 역사적인 이해도 지니고 있어야 할 것이다. 이 같은 인력양성을 위해 가장 필요한 것은 단기적으로는 해외 교류 및 연수와 해외 인턴십 등이다. 또한 장기적으로는 해외 각국의 대학 출판 관련 학과에 유학하여 학위를 취득하고 해당 국가의 출판산업계에 일정기간 종사할 수 있도록 지원하는 것도 필요할 것이다.

한편, 이 같은 인력 양성과 더불어 국내 출판산업계는 기존 출판전문인력이 각각 개인적으로 보유하고 있는 암묵지(Tacit Knowledge)를 업계 전반에 확산시킬 수 있도록 하는 활발한 상호교류 시스템을 구축하여야 할 것이다. 문서나 매뉴얼처럼 외부로 표출되어 여러 사람이 공유할 수 있는 지식인 형식지(Explicit Knowledge)와 다르게 암묵지는 각 개인 주체 상호 간의 직접적인 만남을 통한 학습과 체험에 의해 이전되고 학습된다. 여기서 암묵지란 특정 개인에게 체득되어 있지만 겉으로 드러나지 않는 상태의 고유한 출판관련 노하우, 즉 콘텐츠 기획 및 개발, 디자인, 마케팅 등과 관련하여 축적된 경험적 지식을 말한다. 글로벌 경쟁력의 원천은 지속적인 혁신이며, 혁신은 바로 이 같은 암묵지의 학습과 이전에서 비롯된다. 개인의 독창적인 아이디어가 집단수준에서의 상호작용을 통하여 집단 내의 지식으로 발전하면 혁신을 촉진하게 되기 때문이다. 새로운 지식과 창의적인 아이디어의 빈번한 교환을 통한 창조적인 비즈니스 전개가 특히 콘텐츠산업에서는 무엇보다도 중요하다.

제 8 장
국내외 출판산업의 동향

> "현재의 후기 산업사회는
> 모든 문화를 대중문화라는 자극적 상품으로 만들어
> 끊임없이 소비하기를 강요한다.
> 이에 비하면 출판과 책은 문화산업에서 마지막 아날로그의 세계다."

_소설가 황석영, 2007년 11월 1일 개최된 '파주북시티 국제출판포럼' 기조강연에서

1. 글로벌 출판산업 동향

아직까지 세계 출판시장의 점유율은 '도서시장 > 전자책 시장'으로 구성되고 있다. 그러나 전자책은 아직 시장 형성기에 있으므로 향후 시장 성숙 조건에 따라 시장 규모 역시 변화할 가능성이 큰 부문으로 예상된다.

권역별 세계 출판 시장 규모는 유럽권이 가장 큰 시장규모를 형성하고 있고, 북미권 시장이 두 번째로 큰 시장을 형성하고 있다. 향후 세계도서시장규모는 2014년까지 1.0%의 연평균 성장률을 기록할 것으로 전망된다. 권역별로는 향후에도 유럽권과 북미가 가장 큰 시장을 형성할 것으로 예상되며, 중국, 아시아태평양권, 남미권의 성장세도 두드러질 것으로 전망된다. 일본은 현재보다 시장 규모가 감소할 전망이다(한국콘텐츠진흥원, 2010a).

한편, 세계 전자책 시장은 2014년까지 연평균 27.2% 성장할 것으로 전망된다. 이에 따라 전자책 시장 진출에 소극적이었던 기존 출판업계도 전자책 시장에서 활로를 모색하고 있다. 권역별로는 2009년 14억 7,000만 달러의 시장 규모를 기록한 북미 시장이 전 세계 전자책 시장의 성장을 주도하고 있다. 하지만 유럽권의 전자책 시장 성장은 상대적으로 더디게 진행될 것으로 예상된다.

세계적으로 종이출판물의 성장은 정체되어 있으나, 디지털 출판시장은 급성장하고 있다. 특히 2010년부터 시판된 아이패드 시장을 비롯하여, 스마트폰 등 모바일 기기 확산 정도에 따라서 국가마다 디지털 출판물 보급률 성장도가 그 속도를 달리할 것으로 전망된다. 『뉴욕타임즈』는 "미국에서 가장 크고 가장 강력한 서점 체인망을 보유한 반스 앤 노블이 전자책이란 새로운 경쟁자를 만났다"며 "전자책 때문에 반스 앤 노블의 수익성과 서점 방문객 수가 모두 감소하고 있다"고 보도했으며, 미국출판협회에 따르면 "2009년 1~5월까지만 해도 전자책이 전체 책 시장에서 차지하는 규모는 2.9%에 불과했지만, 2010년은 8.5%로 급증했다"라고 발표했다.

특히, 아마존닷컴에서 판매되는 킨들 전자책은 이미 하드커버 수요를 넘어섰다. 2010년 2분기 3개월 동안 아마존닷컴에서 판매된 하드커버 도서와 킨들용 전자책의 비중은 1:1.43이며, 2010년 6월 매출만을 보면 1:1.80에 달한다(한국콘텐츠진흥원, 2010c).

연도별 세계 출판시장 규모

(단위: 백만 달러)

구분	2007	2008	2009	2010	2011	2012	2013	2014	2009~2014 연평균 성장률
도서	135,925	135,258	131,272	129,859	130,417	132,089	134,592	137,863	1.0%
전자책	1,631	2,191	2,477	3,006	3,790	5,048	6,532	8,262	27.2%

자료: PWC, 2009, Zenith Optimedia, 2009, 스트라베이스 재구성.

1.1. 북미권

북미권 도서 시장 규모는 2014년까지 연평균 0.8%의 성장률을 기록할 것으로 전망된다(한국콘텐츠진흥원, 2010a). 북미권 시장은 2008년에 시작된 세계 경제침체의 국면에서도 출판사 수가 증가하는 경향을 보이기도 하였다.

2009년 미국의 도서출판시장의 규모는 243억 달러였고, 발행 종수는 17만 종에 달하고 있다. 미국의 출판 시장 분야별 점유율은 성인도서가 가장 높고, 전문서적, 초중고도서, 대학도서, 아동도서, 종교도서, 학술서적 순으로 나타나고 있다. 하지만 성장률을 기준으로 살펴보면 전문서적, 초중고도서, 대학도서 등의 성장률이 다른 도서들에 비해 높은 성장률을 보이고 있다.

미국 도서 구매자의 약 60% 정도가 여성이며, 남성보다 여성들의 도서 구매력이 높은 상황이다. 여성들이 주로 구매하는 도서는 페이퍼북, 하드커버, 오디오북 순으로 나타났다. 장르별로는 소설이 가장 인기가 있었으며, 특히, 로맨스 소설과 미스터리 소설의 인기가 높다. 도서를 구매하게 된 경로로는 연령대가 낮을수록 온라인 서점을 통한 구입 비율이 높다(인포메이션 투데이, 김지현 옮김, 2011).

미국은 출판에 관한 규제가 거의 없으며 누구나 책을 출판할 수 있다. 미국의 출판산업은 출판업자, 저널리스트, 작가의 권리를 보호하는 캠페인 운동을 벌이는 미국 출판협회에 의해 지지되고 있다. Random House와 같은 거대 출판업자들이 미국시장을 지배하고 있으나, 출판사 간 경쟁이 치열하며, 이로 인해 다양한 차별화 전략을 고안하고 있다. 작고 독립적인 기업일수록 적은 비용으로 틈새시장을 겨냥하는 유연한 접근방법으로 성장하고 있다.

2006년 미국은 전 세계에 약 19억 5천만 달러의 도서를 수출했다. 이 중 9억 1,820만 달러가 캐나다로 수출되어, 캐나다는 미국도서의 최대 수출국이 됐다. 다음으로는 영국으로 2억 9,140억 달러를 미국으로부터 수입한 것으로 조사됐다(이구용, 2008).

북미권 전자책 시장 규모는 향후 2014년까지 21.5%의 연평균 성장률을 기록할 것으로 전망된다(한국콘텐츠진흥원, 2010). 미국은 아마존(Amazon)과 소니(Sony)를 비롯한 전자책 선두업체들에게 풍부한 시장 기회를 제공하며 태동기에 있는 세계 전자책 시장의 성장을 주도하고 있다. 2008년 미국의 오디오북 시장은 1억 7천2백만 달러였고, 2009년 미국의 전자책 시장은 3억 1천3백만 달러였다(2010 한국출판연감, 2010).

1.2. 유럽권

유럽인들은 여가 활동 시 독서를 즐기는 비율이 TV 및 라디오에 이어 2위로 나타나 영화나 스포츠보다 독서를 즐기는 비율이 높은 것으로 드러났다. 또한 10명 중 7명은 일 년에 한 권 이상의 책을 읽는다고 응답했으며, 이 중 절반가량인 전체 응답자의 37% 가량은 5권 이상의 책을 읽는다고 응답했다(한국콘텐츠진흥원, 2010c).

이러한 높은 독서율을 바탕으로 유럽의 출판시장은 안정적인 성장세를 보이고 있다. 유럽 출판시장에서 가장 큰 비중을 차지하는 국가는 독일, 프랑스, 영국 순이다. 2009년을 기준으로 독일의 도서출판시장은 132억 달러였으며, 프랑스가 93억 달러, 영국이 69억 달러였다.

이러한 유럽권 도서시장을 국가별로 살펴보면, 먼저 독일은 유럽 최대의 도서 시장을 형성하고 있으며, 전 세계적으로 볼 때 영어권과 중국어권에 이어 세계 3위 규모를 자랑한다. 유통경로별로 보면, 서점판매가 54%로 가장 높지만, 출판사들의 직접 판매하는 비중도 약 20%에 이른다. 그리고 독일에서 발행되는 책은 9만여 종에 달하고 있으며, 이 중 약 80% 정도가 신간인 것으로 조사되고 있다. 독일출판협회에는 2,800여 개의 출판사가 등록되어 있다. 독일인의 독서 경향을 보면, 가볍게 읽을 수 있는 소설을 즐기는 것으로 나타났다.

프랑스에는 약 4,000여 출판사가 등록되어 있는 것으로 추정되나, 대부분 영세한 규모로 실제 전업 출판사라 할 수 있는 곳은 300여 곳에 불과하다. 이 중 프랑스 최대 출판 기업인 Hachette가 전체 도서시장의 절반 이상을 점유하고 있다. 또한 도서의 70% 이상이 소매점을 통해 유통되고 있으며, 특히 프랑스는 슈퍼마켓을 통한 도서 판매가 발달되어 있다. 프랑스인들이 구입하는 책 6권 가운데 1권은 슈퍼마켓에서 구입한 것으로 추정된다. 프랑스의 연간 발행되는 책의 종수는 74,000여 종인 것으로 알려졌다.

영국은 2,500여 개의 출판사가 존재하며, 10여 개의 출판사가 영국

도서 시장의 2/3를 독점하고 있다. 도서발행종수는 13만여 종에 이르며, 도서 판매 유통 경로로는 대형체인서점이 가장 높은 점유율(36%)을 나타내나, 최근에 와서는 온라인 서점의 성장세도 두드러진다(16% 차지)(한국콘텐츠진흥원, 2010a).

한편, 유럽의 전자책 시장은 아직 그렇게 크게 활성화되지 않는 상황이다. 유럽 전자책 시장의 성장을 가로막고 있는 가장 큰 원인은 바로 전자책 콘텐츠의 가격 부분이다. 유럽국가 중 가장 큰 출판 시장을 형성하고 있는 독일을 비롯해 프랑스, 네덜란드 등 많은 유럽 국가들이 종이책과 마찬가지로 전자책도 정가판매제도를 시행하고 있어 전자책과 종이책 간의 가격 차이가 거의 없는 실정이다. 이로 인해 유럽에서 전자책을 이용하기 위해서는 전자책 단말뿐만 아니라 비싼 가격의 전자책 콘텐츠 비용까지 부담해야 한다. 이는 출판 서적에 비해 저렴한 가격을 가진 전자책의 장점을 상쇄해 버려 전자책 시장 성장의 큰 걸림돌이 되고 있다. 그러나 유럽 출판사들의 전자책 시장에 대한 긍정적 전망과 기대가 확산되고 있고 주요 전자책 사업자의 유럽 시장 진출도 적극적으로 추진되고 있기 때문에 향후 시장 전망은 밝다.

그중 영국은 유럽 내에서 가장 전자책 시장의 성장이 빠른 나라로 꼽힌다. 미국과 같은 영어권 국가로 전자책 콘텐츠를 풍부하게 확보한 때문으로 풀이된다(한국콘텐츠 진흥원, 2009). 또한 프랑스에서는 지난 2009년부터 69개 중학교에서 시범적으로 전자 교과서 제도를 시행해왔다.

1.3. 일본

일본 도서출판 시장의 규모는 2008년 8천491억 엔이었으며, 발행 종수는 7만 8천여 종에 달했다. 그러나 일본은 1997년부터 지속적으로 출판시장의 규모가 줄어들었으며, 2014년까지 -0.1%의 연평균 성장률을 기록할 것으로 전망된다. 여기에다 서적 반품률도 매년 꾸준히 증가하여 40%가 넘고 있어 출판 판매 매출에 악영향을 미치고 있다. 따라서 일본에서는 출판업계의 도산이 계속되고 있다. 한편 일본인들은 소설과 시, 취미 및 스포츠 관련서적을 가장 즐겨 읽는 것으로 조사되고 있다(우예무라 아시오, 김정명·김기태 옮김, 2011).

일본 출판 유통 시장의 가장 큰 특징은 일본출판판매(日本出版販賣, NIPPAN)와 토한(TOHAN)이라고 하는 2대 유통업자가 시장을 장악하고 있다는 것이다. 이들은 출판사와 서점을 잇는 가교 역할을 하는 도매 중개업자들이다. 일본의 대부분의 출판사는 전국의 서점이나 편의점에 서적·잡지를 공급하기 위해 이들 양사에 의존하고 있다. 일본 내 대부분의 서점들도 이들 양사와 독점 계약을 맺어 일종의 프랜차이즈 가맹점처럼 운영되고 있는 실정이다. 신규 서점 오픈 시 다양한 독자의 니즈를 만족시키기 위해서는 취급 서적이 많은 거대 중개업체와의 거래가 필수적이기 때문이다.

일본에는 약 4,000여 개의 출판사가 존재한다. 일본 출판에서 특기할 만한 점으로는 만화책 및 만화잡지가 일본 출판 전체의 약 20%를 차지하여, 세계적으로 독보적인 만화 시장 규모를 갖고 있다는 점을 들 수 있다.

한 개의 대형 출판사가 복수의 중소 출판사를 거느리고 있는 구조를 보이고 있는 일본 출판 시장은 최근 들어와 문고와 신서의 증가세가 두드러지고 있다. 기존의 명저를 소형의 염가보급판으로 다시 간행하는 문고에 비해, 신서는 처음 발표되는 책으로 저널리즘과 학술서의 중간 내용의 교양서적을 말한다. 요즘 일본에서는 신서 붐이 일고 있는데, 2003년 신쵸사가 『바보의 벽』을 출간하여 400만 부를 판매한 이후, 『국가의 품격』(220만부), 『여성의 품격』이 연달아 호평을 받으면서 트렌드로 자리 잡고 있다. 이 결과 2007년 일본의 베스트셀러 20위 가운데 6종을 신서가 차지하는 현상도 나타났다(기획회의, 2009.4.5).

일본 전자책 시장은 2014년까지 15.8%의 연평균 성장률을 보일 것으로 전망된다. 아시아에서 가장 큰 전자책 시장을 형성하고 있는 일본은 전용 단말기를 활용한 전자책 시장보다 휴대폰 기반의 전자책 시장을 중심으로 성장하고 있다. 2007년 전자책 시장 규모는 182억 엔으로 이 중 휴대전화용 전자책 시장 규모는 112억 엔이며 전체 전자책 시장의 62%를 차지하고 있다(Impress R&D, 2009).

휴대폰 전자책 시장이 성장하면서, 휴대폰 콘텐츠를 종이도서로 출판하는 사례도 증가하고 있다. 그 결과 2006년과 2007년에 거쳐 '휴대전화소설'이 빅히트했다. 2006년과 2007년 문예부문 베스트셀러 10위권에 든 소설 가운데 4종이 휴대전화소설을 종이도서로 출간한 것이었다. 2007년 일본에서 가장 큰 무료휴대전화소설 사이트인 '마법의 i랜드'에 등록된 휴대전화 소설가는 무려 520만 명이었고, 이 중 여고생 작가가 가장 많다.

1.4. 중국

중국 도서 시장은 2014년까지 3.9%의 연평균 성장률로 72억 3,900만 달러의 시장을 형성할 것으로 전망된다. 세계적인 도서 시장 성장률의 정체 경향에도 불구하고 중국 도서 시장은 지속적인 성장세를 유지하며 세계 도서 시장의 신흥시장으로 주목받고 있다. 따라서 세계적으로 가장 큰 도서시장을 형성하고 있는 영어권 도서 시장이 침체하면서 새로운 활로를 모색하고 있던 글로벌 출판사들이 지속적인 성장세를 보이고 있는 중국 시장에 주목하고 있다.

중국은 전통적으로 출판산업이 국가에 의해 좌지우지되는 경향이 강했다. 2000년대 초반만 하더라도 대부분의 출판사들이 국가에서 운영하는 국영출판사였다. 그러나 최근에 들어와 중국의 출판사는 점차 민영출판사가 늘어나고 있다(2009년 4월 민영출판사가 완전히 합법화되었다). 이러한 경향에 따라 대부분의 출판사가 국가의 통제에서 벗어나 영리기업으로 전환되는 추세에 있다(이재민, 2009).

중국은 영어 원서 도서 시장 규모는 작은 편이지만 영어 능력 향상을 목적으로 한 교육용으로의 활용이 점차 증가하고 있는 추세다. 이에 따라 중국어 도서가 영어 버전으로 출판되는 사례도 등장하고 있다. 중국 신예 소설가 장룽(姜戎)이 집필하여 2004년 베스트셀러에 올랐던 『늑대 토템(Wolf Totem)』은 현재 영어 버전으로 출시되어 교육용으로 활용되고 있다. 또한 번역서 시장도 활성화되고 있다. 예를 들어 『누가 내 치즈를 옮겼을까(Who Moved My Cheese)』는 수백만 부에 달하는 판매고를 기록하며 수년째 베스트셀러 자리를 고수하고 있다.

한편 중국 출판사들의 대형화도 시도되고 있다. 칭다오출판사그룹

(青島出版社集團), 헤이룽장출판그룹(黑龍江出版集團), 광시사범대학출판사그룹(廣西師范大學出版社集團) 등이 새로운 대형 출판사로 부각되고 있다. 칭다오출판사그룹의 설립은 전국 부성급 도시 문화체제 개혁의 첫걸음이며, 광시사범대학출판사그룹은 중국의 첫 지방대학출판사그룹이자 첫 민족지역출판사그룹이면서 광시장족(壯族)자치구의 첫 출판사그룹이다(한국콘텐츠진흥원, 2010c).

중국 전자책 시장 2014년까지 42.9%의 연평균 성장률을 보일 것으로 전망된다. 중국 전자책 시장은 1990년대 후반부터 형성 움직임이 있어 왔으나, 인터넷 보급이 확산된 2002년 이후에 본격적인 도입기에 접어들었다고 볼 수 있다.

중국 전자책 시장은 지속적인 성장세를 유지하고 있다. 시장조사기구 디지타임리서치(Digitimes Research)는 중국이 미국에 이어 세계 2위의 전자책시장으로 성장하고 있다고 했다. 중국의 전자책 단말기 회사는 한왕과기(漢王科技)는 소니를 제치고, 아마존에 이어 세계 2위의 전자책 전용 단말기 회사가 되었다. 이렇게 중국의 전자책 시장이 급성장하면서 독자의 24.5%가 전자매체(온라인, 휴대폰, 전자책단말기 및 휴대용 디지털 장비)를 통해 독서하는 것으로 조사됐다.

하지만 해외 사업자들은 중국 전자책 시장 진출에 어려움을 경험하고 있다. 중국에서는 여타 디지털 콘텐츠와 마찬가지로 전자책 역시 온라인에서 손쉽게 해적판 콘텐츠를 내려 받을 수 있을 뿐만 아니라, DVD와 마찬가지로 길거리에서 1달러 정도에 판매되고 있기 때문이다. 실제로 중국 출판업계와 인터넷업체들이 공동으로 발표한 중국 전자책 시장 보고서에 의하면, 전자책 이용자 중 95%가 불법으로 다운로드 받은 전자책을 읽고 있는 것으로 나타났다. 중국 전자책 시장에서 전용 단말기보다는 모바일 단말기를 활용한 전자책 활용 비율이 월등히 높은 상황이다(한국콘텐츠진흥원, 2010a).

2. 한국 출판산업 동향

2.1. 시장규모 및 현황

우리나라는 세계 10대 출판대국의 면모를 과시하고 있다. 2009년 문화산업통계에 따르면, 우리나라 도서출판의 시장 규모는 3조 5,759억 원으로 전년에 비해 9.9% 감소하였다. 그러나 2000년대 들어와서 우리나라 출판시장은 큰 폭은 아니지만 꾸준히 증가해왔다. 다만, 2008년은 세계적인 금융위기로 국내 경기 침체가 일어나 일시적인 마이너스 성장을 기록하였다(문화체육관광부, 2009b).

우리나라 도서출판 시장 규모

(단위: 백만 원)

연도	2004	2005	2006	2007	2008
출판시장규모	3,646,447	3,756,298	3,631,970	3,996,761	3,575,955

2009년의 신간 발행량을 살펴보면 총 42,191종, 1억 621만 부가 발행되어, 도서 1종당 평균 2,517부가 발행된 것으로 나타났다. 신간 발행종수는 전년에 비해 2.1% 감소하였고, 신간 발행 부수는 0.3% 감소하였다. 그러나 발행종수와 발행부수를 전체적으로 놓고 볼 때, 2000년대에 들어와 큰 폭의 변화가 없는 것으로 나타났다. 반면에 1부당

평균발행부수는 2007년을 제외하고는 꾸준히 감소하여 전반적으로 책이 많이 안 팔리고 있음을 알 수 있다.

도서의 정가는 매년 꾸준히 상승하고 있다. 2003년 10,975원이었던 도서의 평균 정가는 2009년 12,829원이 되었다. 전반적인 물가가 상승하는 상황에서 책의 가격이 상승하는 것은 자연스러운 현상이며, 이러한 정가의 상승으로 인해 한국 출판산업의 시장규모는 해마다 조금씩 커지고 있다.

연도별 도서 발행종수와 발행부수 현황

	2003	2004	2005	2006	2007	2008	2009
발행종수	35,371	35,394	43,598	45,521	41,094	43,099	42,191
발행부수	1억 1,135만	1억 895만	1억 1,972만	1억 1,313만	1억 3,250만	1억 651만	1억 621만
평균발행부수	3,150	3,078	2,746	2,485	3,224	2,471	2,517
평균정가	10,975	10,777	11,257	11,545	11,872	12,116	12,829

출처: 2009년 문화콘텐츠산업백서, 2010 한국출판연감.

2009년 전체 도서 발행종수 가운데 번역서가 차지하고 있는 비중은 27.6%로 나타났다. 최근 10년 내 가장 높은 비중을 보였던 2008년에 비해서는 3.4%가 감소하였다. 이 가운데 문학이 점유율 20.8%로 가장 많았고, 이어서 만화, 아동도서 순으로 집계되었다.

해외 도서의 저작권 수입에 의한 국내 출판의 번역서 구성비는 지속적으로 증가추세를 보여왔다. 전체 도서 발행종수 중 번역서의 비중은 1990년대 중반까지만 해도 15%대에 머물렀으나, 2000년대 이후로는 30%까지 증가하였다. 즉, 신간도서 3권 중 1권이 번역서일 만큼 번역출판의 비중이 높아졌다. 또한, 번역서의 70%를 일본과 미국이 차지해 편중된 번역서 비중도 두드러지고 있다.

번역도서 비중 추이

(단위: 종, %)

	2003	2004	2005	2006	2007	2008	2009
총 발행종수	35,371	35,394	43,598	45,521	41,094	43,099	42,191
번역서	10,294	10,088	8,938	10,482	12,322	13,391	11,681
구성비(%)	29.1	28.5	20.5	23.0	30.0	31.0	27.6

출처: 2010 한국출판연감.

한편 국내 출판산업의 수출도 조금씩 증가하는 경향을 보이고 있다. 이와 같은 국내 출판산업의 수출액 증가는 꾸준한 해외전시회 참가와 활발한 마케팅 및 홍보활동 등을 통한 새로운 시장개척이 주요한 원인으로 사료된다. 최근에는 신경숙의 『엄마를 부탁해』가 미국에서 번역 출판되고 초판이 매진되어 화제가 된 적이 있다. 그러나 이러한 국내 출판산업의 수출은 아직도 수입에 비해 상당히 부족한 상황이다. 이는 국내 출판산업의 콘텐츠 부족으로 번역(외국) 서적의 점유율이 높은 현실과 연결되어 설명할 수 있다.

국내 출판산업의 수출입 현황

(단위: 천 달러)

	2005	2006	2007	2008	연평균증가율
수출	191,346	184,867	213,100	260,010	10.8%
수입	231,741	307,184	354,404	368,536	16.7%

최근에는 아동용 서적과 학습만화 서적의 발행부수가 늘어나고 있는 상황이다. 학습만화 서적 시장의 주목할 만한 성과를 대표하는 사

'예림당'의 『Why?』 시리즈

레로는 출판사 '예림당'이 과학지식과 정보를 만화로 풀어낸 『Why?』 시리즈를 들 수 있다. 이 시리즈는 출판계 사상 최초로 4,000만 부 시판에 성공했고, 전 세계 22개국에 수출되는 등의 실적을 거두었다. 『Why?』는 만화기법을 도입하고 과학적 지식과 정보를 더욱 효과적으로 전달하기 위해 정밀한 일러스트와 사진 자료를 게재하여 감각적으로 학습할 수 있는 만화서적이라는 평가를 받고 있다. 또한 이 시리즈는 토종 서적으로 대규모의 해외수출로 판로 확대에 성공했다는 큰 의미를 지니고 있다.

이 외에도 『마법천자문』(아울북), 『앗!』(김영사), 『만화로 보는 그리스 로마 신화』(가나출판사) 등이 학습만화 분야에서 두드러진 성과를 내고 있다. 그림을 접목해 한자를 익히게 하는 '이미지 학습법'으로 초등생과 학부모들에게 인기를 끌고 있다. 『마법천자문』은 중국 고전 '서유기'의 이야기와 그림을 접목해 한자를 익히게 하는 '이미지 학습법'으로 초등생과 학부모들에게 인기를 끌고 있다. 누적 판매 부수는 1,300만 부. 그리스 로마 신화를 명랑 코믹으로 그려낸 『만화로 보는 그리스 로마 신화』는 1,500만 부가 팔렸고, 『Why?』 시리즈와 비슷한 학습만화 성격을 가지고 있는 김영사의 『앗!』 시리즈도 누적 판매량이 1,000만 부를 넘어섰다(한국콘텐츠진흥원, 2010a).

아동도서와 학습만화 이외에 문학, 철학, 기술과학, 역사 등의 분야도 일정한 시장규모를 지속적으로 유지하고 있다. 하지만 만화분야의 경우 감소세가 뚜렷하게 나타나고 있고 이로 인해 만화 전문출판사의 폐업도 증가하고 있다.

출판사의 대형화도 가속화되고 있다. 매출액 상위 출판사들은 임프린트(imprint)출판을 활성화하여 수십 개의 하우스 출판사(독립되지 않은 형태의 회사 내 자회사)를 거느리는 출판그룹으로 발전하고 있는데, 임프린트 출판은 대형출판사가 유능한 편집자에게 독립된 브랜드와 자본을 주고 경영하게 하는 출판벤처 시스템이다. 임프린트 시스템의 확산에 의해 한 사람의 기획자가 총괄해서 책의 기획을 책임지는 시스템이 출판계에서 자리 잡아 가고 있다. 그리고 출판사의 대형화 경향으로 한 해 매출액이 1천억 원이 넘는 단행본 출판사가 곧 출현할 것으로 기대된다.

우리나라 국민독서량은 연간 10.9권에 달하는 것으로 나왔다. 이러한 수치는 선진국에 비해 다소간 뒤떨어지는 것으로 우리나라 출판산업이 부진할 수밖에 없는 근본적인 이유가 되고 있다. 연령별로 놓고 보면, 젊은 층의 독서율이 높고, 중년 이상의 독서율은 낮은 편이다.

반면에 여성독자의 비율은 해마다 늘어나고 있다. 도서 구매의 60%를 여성독자가 구매하고 있으며, 이들은 자녀를 위한 초등학습, 어린이영어, 아동 서적과 자신을 위한 소설, 시, 에세이 등을 주로 구매하는 것으로 나타났다. 반면에 남성 독자들은 정치사회, 경제경영, 과학 등의 서적을 주로 구입하는 것으로 나타났다(2010 한국출판연감).

출판광고의 경우, 과거보다는 매체광고에 의존하는 경향이 많이 줄어들었다. 2009년 4대 매체에 실린 출판광고는 1,100억 원 규모이며, 이것은 우리나라 전체 광고시장 규모의 3.1%에 해당한다. 4대 매체 중에서 신문광고가 차지하는 비중이 70~80%에 달해 신문광고의 의존도가 높지만, 그마저도 점차 광고비 지출액수가 줄어드는 상황이다. 반면에 출판광고 중 온라인과 모바일을 이용하는 광고는 지속적으로 늘어나고 있으며, 최근에는 트위터를 이용한 마케팅이 새로운 관심을 끌고 있다. 그리고 출판사들은 블로그 마케팅, 서평단 운영을 통한 마케팅을 적극 시도하고 있다. 특히 블로그는 독자들의 자연스러운 평가를 바탕으로 책을 적극 홍보할 수 있는 마당이 되고 있다.

한편, 관심이 집중되고 있는 전자책 시장은 그 성장 가능성이 현실에서 조금씩 구현되고 있는 상황이다. 그동안 대부분의 출판사들은 저작권 침해에 대한 우려 및 종이 도서 시장의 매출 감소를 이유로 전자책시장에 대해 부정적인 입장을 취해왔다. 그러나 출판 시장의 침체와 스마트폰, 태블릿PC 등의 보급률 증가에 따른 전자책 이용자 확산 및 성장세가 맞물리면서 출판업계의 불황을 극복하기 위한 해결책으로 전자책 시장에 관심을 갖는 출판사들이 증가하고 있다. 2009년 우리나라 전자책 시장규모는 1,300억 원 정도로 추정된다.

2.2. 출판사 및 서점 현황

전통적인 출판 생태계에 있어 출판사와 서점은 매우 중요한 요소이다. 국내 출판사 수는 지속적인 증가 경향을 보여왔다.

2009년 기준으로 「출판문화산업진흥법」에 따라 신고된 국내 출판사는 35,191개 사로 전년보다 10.9% 증가했다. 1987년 10월 정부의 출판 활성화 조치에 따라 신규 등록이 자유화되면서 당시 3천 개 정도였던 출판사 수는 매년 지속적인 증가세를 나타냈으며, 2003년 2월부터 시행된「출판 및 인쇄진흥법」에 따라 출판사의 설립이 등록제에서 신고제로 전환된 이후 꾸준한 증가 경향이 이어지고 있다(문화체육관광부, 2009b).

그러나 국내 출판사의 출판사 편중 현상이 문제점으로 지적되고 있다. 전국 출판사의 약 80% 정도가 수도권(서울·인천·경기) 지역에 밀집해 있어 출판산업의 수도권 편중 현상이 매우 심한 상황이다. 수도권 편중의 가장 근본적인 이유는 수도권 인구집중 문제와 맞물려 있다. 책을 집필하는 저자, 번역가들을 비롯한 도서 제작 인력들이 수도권에 집중되어 있기 때문이다. 더불어 인쇄소, 제본소, 지업사, 현상소, 출력소 등 도서제작과 관련된 업체들 또한 수도권에 집중적으로 존재하기 때문에, 사실상 지방에서의 출판 작업은 현실적으로 쉽지 않다. 이러한 출판 관련 지역 소외는 콘텐츠 소외 문제로 이어질 개연성이 있으므로 정책적 해결책이 필요하다.

또한, 출판사로 설립 신고를 해놓고도 2009년 한 권의 책도 발행하지 않은 무실적 출판사 수는 전체의 92%에 해당하고 있다. 이와 같은 무실적 출판사의 증가현상은 해마다 꾸준히 증가하고 있어 출판사 수는 선진국 못지않으나, 실제 도서의 발행량과 시장규모는 크게 못 미치는 외화내빈의 현상이 나타나고 있다(대한출판문화협회, 2010).

출판사의 양적 팽창과 달리 무실적 출판사가 증가하는 이유는 출판사의 소유형태 및 경영구조가 대부분 소규모자본의 영세기업이기 때문이다. 출판업은 신고제이기 때문에 특별한 시설 및 규모에 대한 검증 없이 사업자 등록이 가능하다. 특히 인쇄업자가 출판업을 함께 신고하는 경우가 상당수 존재한다. 따라서 대부분 출판사들은 명확한 출판기획 및 시스템을 제대로 갖추지 못하고 있고, 출판에 투입되는 제작과 물류, 마케팅 등 막대한 비용을 감당하지 못하는 등 영세성을 면치 못하므로 무실적의 출판사가 난립하게 되는 것이다.

우리나라 출판사의 수

연도	2001	2002	2003	2004	2005	2006	2007	2008	2009
출판사	17,239	19,135	20,782	22,496	24,580	27,103	29,977	31,739	35,191
무실적출판사 비율	91.0%	92.2%	92.7%	92.4%	90.8%	92.0%	90.8%	91.3%	91.8%

다음으로 국내 서점의 현황을 살펴보면, 서점 수의 지속적인 감소 경향이 가장 큰 특징으로 나타나고 있다. 한국서점조합연합회가 조사한 2009년 전국의 서점 수는 2,846개이며, 문구점 겸업점을 제외한 순수 서점은 1,825개이다. 특히 2000년 이후 중소형서점의 감소세가 뚜렷하게 나타나고 있다.

연도별 서점 수 변화 추이

연도	서점 수	증감률	연도	서점 수	증감률
1998	4,897	-9.4	2004	2,205	-1.9
1999	4,595	-6.1	2005	3,428	-
2000	3,459	-24.7	2006	3,336	-2.7
2001	2,646	-23.5	2007	3,247	-2.5
2002	2,328	-12.0	2008	3,120	-3.9
2003	2,247	-3.5	2009	2,846	-8.8

* 2005년 이후 통계는 이전 통계와 연속되지 않음(문구점 겸업 서점 포함).
출처: 한국서점조합연합회.

반면 인터넷서점과 대형 할인마트의 도서 취급점은 확대되고 대형

서점의 지점도 증가하는 추세를 보이고 있다(한국서점조합연합회, 2010). 특히 인터넷 서점은 급성장을 거듭하여 도서 매출 규모가 처음으로 1조 원대로 접어들었다. 통계청의 서적 부분 전자상거래액은 2009년 1조 298억 원으로 전년도 8천 752억 원보다 17.7%나 늘었다. 인터넷 서점의 시장규모는 급격히 증가하여 출판유통시장의 30% 이상을 차지하고 있다. 이렇게 인터넷 서점이 급성장하는 가운데서도 서점 간 양극화가 분명해지고 있어 1위, 2위 인터넷 서점 업체는 매출이 크게 늘어났지만, 3위와 4위 업체는 정체 상태를 보이고 있고, 5위 업체는 오히려 매출이 감소되는 현상이 나타나고 있다(기획회의, 2009. 4. 5).

이런 가운데, 출판사들은 '00서점 베스트셀러 1위'라는 띠지를 두르기 위해 온라인 서점에 매달린다. 그러나 온라인 서점의 초기 화면에 책을 띄우는 비용이 날로 높아간다(500만 원~1,500만 원). 언론매체에 의한 소개나 서평, 광고의 효과도 거의 없는 요즘에 온라인 서점 초기 화면에 노출되는 것은 출판사의 최대 과제가 되었다.

인터넷 서점의 경쟁이 치열해지자, 사업의 다각화란 관점에서 알라딘은 2008년 2월 중고숍을 오픈했다. 알라딘이 독자에게 중고서적을 살 경우 최상급은 정가의 30%, 4~5년 넘은 도서들은 일괄적으로 300원에 구매해서 1,000원에 팔고 있다. 그리고 독자와 독자가 거래하는 책은 흥정에 의해 판매가격이 결정된다.

알라딘 이외에도 국내에는 다수의 중고책서점이 있다. 그중 가장 큰 것은 출범 2년여 만에 회원 38만 4천여 명, 판매자 수 2만여 명, 등록도서 220만 권을 가지고 있는 북코아(www.bookoa.com)이다. 또한, 2006년 6월에는 서울역에 일본 최대의 중고책 전문 유통업체인

북오프도 문을 열었다.

인터넷서점 매출 현황

(단위: 억 원)

연도	2001	2002	2003	2004	2005	2006	2007	2008
매출액	2,956	3,444	3,743	4,957	6,277	7,442	8,752	10,298

출처: 통계청 국가통계포털(KOSS), 전자상거래동향조사.

　오늘날 한국에서는 소위 '동네서점'은 점점 자취를 감추고 있다. 게다가 동네서점에는 다양한 서적 대신 학습참고서로 가득 차 있는 추세를 보이고 있다. 학생과 학부모는 동네서점에서 학습참고서를 구매하겠지만 대다수의 독자는 대규모의 매장을 가진 대형서점이나 파격적인 도서 할인에다 배송까지 해주는 온라인서점을 선호한다. 할인 경쟁에 밀리고, 선입견에 시달리던 동네서점은 문을 닫거나 참고서 중심 매장으로 변해야 하는 현실에 놓여 있는 상황이다. 2009년을 기준, 서울시 서점 수는 행정사무를 위한 행정동 1개별로 0.99개의 서점이 존재하고 있는 것으로 나타났다. 즉, 서울시에는 1개 동에 겨우 서점 1개가 있는 셈이다.

　대형서점과 인터넷서점에 위축된 동네서점들은 각종 문화행사 내지 독서운동 등을 통해 활로 모색에 나서고 있는 실정이다. 예컨대, 전문가를 초청한 강연회, 지역 독서모임을 통한 동화책 읽어주기 행사, 다양한 문화행사 등을 실시하고 있다. 동네서점의 활성화를 위해서는 과거부터 동네서점이 출판산업에 기여하는 의미 내지 중요성 등을 고려한 정부의 적극적인 관심이 필요하다는 논의가 펼쳐지고 있다(한국서점조합연합회, 2010).

국내의 번역 출판 지원 제도

외국어 서적을 한국어로 번역하는 것을 지원하는 사업이 있다. 한국학술진흥재단에서는 '명저 번역 지원 사업'을 벌이고 있는데, 2008년에는 30종 안팎의 번역에 총 8억 9천만 원을 지원했다(출판지원비와 번역권 체결비 포함). 이 사업은 동서양의 명저를 체계적으로 번역 보급하여 인문학 부흥의 전기를 마련하고자 한다.

또한, 대산문화재단에서는 외국문학 번역지원(Grants for the Translation of World Classics)이란 사업을 운영하고 있는데, 건당 400~900만 원의 번역지원금을 지급하며, 번역이 완료된 작품은 '대산세계문학총서'로 출간한다. 2007년에는 9권의 번역을 지원했다.

반면에 한국어 문학작품을 외국어로 번역하여 수출 시장을 넓히려는 지원사업도 있다. 대표적인 것이 한국문학번역원의 지원 사업으로, 국내 작품을 외국어로 번역하는 사업을 지원한다. 2007년은 총 13억 2천만 원을 번역지원 사업으로 지원했는데, 신규번역지원 13개 언어권 70종, 계속지원사업 15개 언어권 58건, 한국관련 서양 고서 국역 3개 언어권 10종, 번역 원고 전문 윤문 10개 언어권 20건 등이다. 또 5억 2천만 원은 출판지원 사업으로 사용했는데, 해외출판지원 16개 언어권 50종, 한국문학 입문서 번역출간 지원 3종, 해외 마케팅 지원, 저작권 수출 상담 지원, 출판제안서 번역과 제작 지원 등에 쓰였다.

또한, 한국문학번역원은 출판 저작권 수출을 계약한 국내 출판사 또는 에이전시에게 건 당 30만 원 안팎의 지원금을 지급하며, 문학, 문화예술, 학술, 아동, 실용서, 만화 등 6개 분야의 국내 책을 외국어로 출판할 경우 출판경비의 일부를 보조해주며, 출판기념회 등의 행사를 위해 한국 작가의 항공료와 숙박비 또는 행사비 등을 지원한다(기획회의, 2008. 5. 20).

이러한 지원사업의 결과, 문학번역원은 2008년 총 365건의 해외 수출 계약을 성사시켰는데, 대만과 홍콩을 포함한 중국어권이 43%로 가장 많고, 다음으로는 태국, 일본, 베트남 등이었다. 이렇게 아시아 지역에 수출한 출판 저작권이 총 수출의 87%에 달해 한류의 영향이 아시아권에는 상당히 막강한 것을 알 수 있었다. 책의 분야별 해외 수출 경향을 살펴보면, 아동만화가 53%를 차지해 이 분야가 세계 시장을 대상으로 상대적인 경쟁력이 있음을 알 수 있다.

제 9 장
출판기획

한때 우리나라의 책은 외국의 명작들을 번역해 전집류로 발행한 것이 인기를 얻은 적이 있었다. 이 당시 우리나라 출판계는 제대로 된 체계를 잡지 못했고, 반면에 독자의 읽고자 하는 욕구와 배움의 욕구는 상대적으로 컸기 때문이다. 따라서 이 시기 우리나라 출판사들은 주로 서양의 전집물을 잘 번역해놓은 일본의 책을 재번역해 몇십 권짜리 전집물을 만들어 출판했으며, 이러한 책들은 주로 소위 '월부책장사'들의 가정방문에 의해 판매되었다.

오늘날로 치면, 렌탈 정수기처럼, 전집물 책은 미리 받고 매달 책값을 분할해 판매하는 것이 유행인 시절이 있었다. 이 시기 출판 기획은 얼마나 잘 시리즈로 만들어진 외국의 책을 발견하여 잘 번역하느냐가 관건이었다.

　그러나 1970년대 중반에 접어들면서 이러한 출판계의 관행이 서서히 깨지게 되었다. 몇 십 권을 한 질로 묶어 파는 전집류를 한 번에 구입해 거실에 가장 잘 보이는 곳에 놓아두고, 집주인의 교양을 자랑하는 시대가 지나가고, 실속 있게 필요한 책들을 한 권 한 권 사서 지식과 교양을 쌓으려는 생각이 독자들의 마음에 자리 잡으면서, 독자들의 관심을 끌 책을 기획해내는 일이 더욱 중요하게 되었다. 더욱이 1970년대엔 해직기자들이, 1980년대엔 소위 운동권 출신들이 출판계로 대거 유입되면서, 새로운 책을 기획해 만들고자 하는 열망들이 높아져갔다.

　따라서 1970년대까지 문학과 어린이 책 일색이었던 한국 출판계가 1980년대부터는 사회과학, 인문과학, 실용서들이 두각을 나타내는 시기로 접어들게 되었다. 이렇듯 오늘날 출판기획은 출판의 성패를 좌우하는 핵심영역으로 부각되게 되었다.

　기획이란 오늘날 모든 산업과 업무에서 가장 중요한 요소의 하나로 더 나은 성과를 이루기 위하여 미래를 구상하는 것이며, 실현가능한 더 나은 착상과 독창력 및 아이디어를 표출하는 것이다. 특히 출판에 있어 기획이란 출판 작업의 최초 모색이며, 어떤 책을 낼 것인가를 사전에 결정하고, 원고의 작성, 도서의 편집, 생산, 보급에 관한 세부적인 지침을 정하는 것이라 할 수 있다.

1. 출판기획의 이해

출판사는 많은 독자들에게 읽히는 책을 출판하기 위해 출판기획을 한다. 출판기획은 현재의 환경(저자, 독자, 사회 제도적 여건, 출판사의 규모와 인적 구성 등)을 기반으로 출판하고자 하는 출판물을 어떻게 편집하고 제작하며, 판매 및 관리할 것인지에 대해 세부적인 계획을 만드는 과정이다. 따라서 출판기획은 특정 출판물이 출판되는 전 과정에 대한 기획과정이라고 할 수 있다.

출판기획은 출판의 생명이고 근간이며, 출판경영에 직접적인 영향을 미치기 때문에 출판사의 운명을 좌우한다. 따라서 출판기획이 경영자의 마인드에 따라 출판방침이나 편집방식이 달라지는 것은 당연한 일이다. 출판기획은 저자의 선택, 원고수집 등에서부터 출판물의 제작과 마케팅 단계에 이르기까지 기획의 콘셉트가 일관되게 연결되고 유지되도록 하여야 한다. 또한 출판기획은 출판물이 창출하는 문화성의 충족뿐 아니라 경제적 이윤의 창출까지도 염두에 두어야 한다. 즉, 출판기획은 문화적인 측면에서 기획하는 출판물의 문화적인 가치를 창출하는 작업이다. 그리고 출판기획은 영리적인 면에 관계되는 것으로서, 자금 할당, 원가 계산과 정가의 산정, 판매나 홍보 방법, 판매 시기 등을 토대로 어떻게 하면 팔리고 이윤을 얻을 수 있는가를 판단하는 작업이다(김성재, 2004).

이러한 출판기획은 다음과 같은 세부적인 요인을 고려해야 한다.

첫째, 출판 기획은 무엇을 책으로 낼 것인가에 고민해야 한다. 이를 위해선 요즘 출판의 트렌드를 읽고 독자들이 원하고 궁금해 하는 것이 무엇인가를 파악하는 능력이 필요하다. 또한, 우리나라 출판에 영향을 많이 끼치는 해외 출판의 핫 이슈를 끊임없이 조사하는 것도 필요하다. 출판기획은 무(無)에서 유(有)를 창조하는 작업인 것이다. 무형, 무체의 공상에서 책을 출판하는 데 필요한 설계도와 같은 것이라 할 수 있다.

둘째, 출판 기획은 확고한 독자층을 설정하고, 그에 적합한 저자를 골라 원고를 쓰게 하는 작업이다. 책도 일종의 상품이기 때문에 이것을 소비해주는 소비자가 필요하다. 따라서 정확한 소비자층을 설정하고, 이들에게 구매력을 높일 만한 저자를 확보하여 매력적인 원고를 쓰게 하는 것이 필수적이다. 그러나 책이라는 상품은 오락적인 속성에 의해 판매량이 좌우되는 경향이 상대적으로 적기 때문에, 지나치게 오락적인 내용을 추구하는 저자보다는 독자들이 쉽게 이해하면서도 필요한 정보와 흥미를 줄 수 있는 저자를 섭외하여 맡기는 것이 좋다. 그러나 저자가 스스로 원고를 완성하여 출판사를 찾는 경우도 많고, 출판사의 편집부에서 원고를 작성하는 경우도 종종 있다.

셋째, 출판 기획은 앞으로 만들어져 나올 도서의 편집, 생산, 보급, 광고에 대한 세부적인 계획을 잡는 것이다. 따라서 가장 바람직한 제작과정을 거쳐 책이 나오게 되도록 원가 계산, 정가 책정, 홍보, 판매 방법 등에 관한 종합적인 플랜을 짜는 것도 중요하다(오경호 2001).

일반적인 출판기획은 다음의 여덟 단계를 바탕으로 계획되는 경우가 많다(정종원, 2006).

첫째, 새로운 출판물에 대한 기획 및 목표 설정이다. 즉, 어떤 책을 낼 것이며, 누가 집필할 것이며, 어떤 내용의 출판물을 낼 것이며, 독자대상을 누구로 할 것이며, 원고의 양은 어느 정도로 낼 것인지 등을 감안하여 출판물의 시장성을 검토한 후 기획서의 작성에 들어간다.

둘째, 필자의 섭외 및 집필 의뢰단계이다. 기획물에 맞는 저자를 검토 후 상담을 통해 인세 등에 관한 출판권 계약을 맺는다. 이때 부차권도 함께 계약사항에 명시한다.

셋째, 출판물 제작에 따른 일정 관리계획을 수립한다. 즉, 기획에서부터 제작 및 유통 전 과정에 대한 관리계획서를 작성해놓는다.

넷째, 출판시기를 결정한다. 출판물 중에는 시점적중률이 높은 출판물들이 많이 있다. 그렇기 때문에 시점적중률이 높은 출판물은 출판시기에 잘 맞춰서 출판시점을 선택해야 한다.

다섯째, 출판물에 대한 가격 결정이다. 출판하고자 하는 출판물의 제작단가 계산과 내용의 질에 따라 예상가격을 책정해야 한다.

여섯째, 출판물의 포맷 및 판형, 재질 등을 결정한다. 즉, 책의 내용과 성격에 따라 본문서체 및 크기는 어느 정도로 하고, 몇 쪽의 도서를 만들 것이며, 판형은 어떤 것으로 하고, 인쇄와 제책방식은 어떻게 할 것인가 등을 결정해놓는다(오경호, 2001).

일곱째, 출판에 따른 제작비용을 산출한다. 출판물의 제작에 따른 직접경비는 어느 정도이며, 간접비용은 어느 정도 들 것인지에 대한 원가계산이 이루어져야 한다.

여덟째, 홍보 및 이벤트 행사의 준비와 진행방법 등을 계획한다. 이때 광고전략 기획의 수립과 전개방식도 수립한다.

2. 출판기획의 요건

출판기획의 요건은 다양하다. 강희일(2007)은 출판기획의 요건을 다음과 같이 아홉 가지로 제시하고 있다.

▷ 독자성: 출판기획에서는 독자의 대상과 설정을 명확히 해야 한
다. 연령층, 교양수준, 직업별, 학력수준, 빈부수준 등이 있다.

▷ 지역성: 지역적인 평균 독자상을 파악하지 못하면 책이 잘 팔리
는 우수한 기획이 나올 수 없다.

▷ 창의성: 문화창조의 기능으로는 기획의 창의성이 제일 중요하
다. 책의 내용이 독창적이거나 타 출판물보다 문화성이나 상업
성이 높을 때 광고나 홍보 등은 많은 효과를 보게 된다.

▷ 문화전통성: 출판기획은 국제화 시대를 맞이하여 나라마다 다
른 고유의 문화적 전통이 내포된 것이 좋다. 국제도서전시회에
서도 그 나라의 고유한 문화가 함축된 책이 다양해야 출판물의
수출이 활발히 이루어질 수 있다. 그 나라의 출판수준이 자국의
문화수준과 국가경쟁력을 보여주는 것이며, 출판은 문화와 지
식의 창조산업으로서 국가의 보호를 받는 산업이기도 한다.

▷ 계절성: 책의 성격에 따라 어느 계절에는 어떠한 책이 잘 팔릴
것인지를 연구하여 계절에 맞춰 신간출판을 해야 한다. 봄 신학
기는 교재를 제외하고는 등록금 납입 등으로 경기가 나쁜 계절
이다. 여름 휴가철은 레저 · 웰빙 · 취미를 즐기는 계절이다.

▷ 적시성: 기획이 우수한 책이라 하더라도 내용의 성격에 따라 적
당한 시기를 택하여 출판하는 것이 중요하다. 시대에 대한 독자
들의 의식 변화와 국가정책의 변화, 법률의 개정, 경제정책의
변화, 문예 진흥정책의 변화, 교육정책의 변화, 내외정세의 변화
등이 있다. 좋은 내용의 책을 적절한 시기에 독자에게 익히는

것도 중요하다(오경호, 2001).

▷ 상업성: 출판의 본질은 문화창조성이 강한 기업행위이기 때문에 그 성공여부는 우수한 기획과 좋은 내용으로 보다 저렴하게 적시에 많은 독자에게 읽게 하는 데 달렸다 할 것이다. 이에 상업출판과 공익출판이 있는데, 상업출판은 채산성이 있는 영리를 목적으로 출판하는 것이고, 공익출판은 독자나 사회에 꼭 필요한 책이면서 비영리적인 보람과 문화사업의 일환으로 하는 출판이다. 일반 출판사들의 경우 상업출판에서 얻은 이익금으로 공익출판의 적자를 메워 균형을 맞추려고 노력하기도 한다.

▷ 집필성: 출판기획에서 가장 핵심적인 것은 어떤 책의 저작자로 누가 선택 되느냐이다. 저작자가 아무리 유명하고 능력이 있다 하더라도 집필에 대한 확실성이 없으면 아무 소용이 없다. 기획 후 저작능력과 집필 가능성에 대하여 철저한 본인 의사의 확인이 필요하다.

▷ 수용성: 출판기획은 독자가 원하는 사상, 감정, 희망, 의견의 메시지를 전달하고자 하는 것이다. 수용성에는 독자로서의 순수한 입장이 있고, 등록된 출판사가 올바른 내용의 책을 발행 후 배포하기 전에 국가에 납본의 의무를 다함으로써 국가가 인정하는 납본필증을 받아야만 하는 제도적 입장도 있다. 이에는 임의성과 제약성이 있는데, 이데올로기 문제와 유해도서의 제약성 등도 있다.

출판기획은 위에서 제시한 다양한 요건들이 고려되는 가운데 진행된다. 따라서 보다 좋은 책을 만들기 위해서는 이 같은 출판기획 과

정에서 이와 같은 출판기획의 여러 요건들이 섬세하게 확인되어야
한다.

3. 출판기획의 유형

출판기획은 출판의 성패를 좌우할 만큼 절대적인 비중을 차지한다.
출판기획은 출판사의 자본능력과 인적 구성에 적합한 범위 내에서 결
정해야 하다. 출판기획에는 정형화된 원칙 내지 공식이 있는 것은 아
니고, 세계 공통적인 공식도 없다. 늘 세상의 변화에 따라 출판에 대한
가치평가가 달라진다. 그래서 출판기획은 어렵다. 따라서 출판기획은
변화하는 사회 환경과 시기에 유연하게 대응할 수 있어야 한다.

출판기획의 유형에는 기획의 주체에 따라 저자형과 출판사형 기획
이 있고, 기간에 따라 단기·중기·장기 기획으로 나눌 수 있다. 그리
고 판매속도와 판매량에 따라서는 베스트셀러·스테디셀러·패스트
셀러 기획으로 나뉜다. 또한 기획의 방법에 따라서는 전담식·어장식·
기념비식 기획으로 구분된다(오경호, 2001). 이 같은 출판기획의 유형
을 보다 자세히 살펴보면 다음과 같다.

3.1. 주체별 기획

주체별 기획 유형은 저자형 기획과 출판사형 기획으로 구분할 수
있다. 저자형 기획은 출판사의 의뢰를 받지 않고 저작자 스스로 본인
의 생각·사상·의견 등을 구상·계획·집필하여 독자에게 공표·

표시할 목적으로 출판사에 출판을 의뢰하는 출판기획이다. 의뢰를 받은 출판사가 원고의 채택 여부를 결정하여 저작자와 계약서를 작성하고 진행하는 것이 저자형 기획이다.

출판사형 기획은 출판사가 기획의 주체가 되어 스스로 기획하고 저자를 찾아 의뢰하는 출판기획이다. 출판사는 경제적·사회적·상업성·시장성 등의 모든 책임을 지므로 당연히 기획제일주의의 계획을 세운다. 출판사형 기획에는 장기기획, 대형 출판, 기획 담당부서, 집필능력 인재, 대자본 동원능력, 전문분야, 영업성 보장, 부분적 원고청탁 등이 필요하다(전영표, 1997).

3.2. 기간별 기획

기간별 기획의 유형은 장기기획, 중기기획, 단기기획으로 나눌 수 있다. 먼저 장기기획은 기획에서 편집·생간까지 3~5년 이상의 기간이 필요한 출판기획을 의미한다. 대형사전, 기획물 시리즈, 대형 기획 출판물, 문고, 전집, 총서 등이 있다.

중기기획은 기획에서 편집·생간까지 1~3년 이내의 기간이 필요한 출판기획이다. 이는 중소형 출판사에서 하는 기획이다. 학술·전문도서, 사전류, 전집, 시리즈 등이 있다.

마지막으로 단기기획은 기획에서 편집·생산까지 1년 이내의 기간이 필요한 출판기획이다. 이는 소형 출판사들이 선호하는 단타성 기획으로 원고료·편집비·제작비를 최소화하여 최대의 효과를 얻는 경제원칙에 초점을 맞춘 기획이다. 보통 기획회의에서 각 부서장이 함께 제안·검토하고 결정자의 최종 결정에 의해 결정된다. 단기기획은 영역이 넓고 최대의 영리주의적 출판전략으로 대중적인 독자를 대상으로 하므로 광고·홍보비가 필요하며, 저작자의 지명도와 베스트셀러에 중점을 두는 기획이다.

3.3. 판매형태별 기획

판매형태별 기획 유형은 베스트셀러 기획, 스테디셀러 기획, 패스트셀러 기획으로 구분된다. 베스트셀러 기획의 경우는 특정 출판사가 심혈을 기울였다 하더라도 꼭 성공할 수 있다는 보장이 없는 매우 힘든 유형이고, 패스트셀러 기획의 경우도 광고의 대형·다량의 단행, 판매촉진의 집중화 등의 모험이 따른다고 할 수 있다. 따라서 출판사의 성격을 우선 스테디셀러형으로 고정시켜 나아가는 것이 안전하다고 볼 수 있다. 기능서나 교육도서가 일반적으로 이 범주에 속한다고 볼 수 있다.

이러한 측면에서 전략적으로 '시리즈' 출판을 생각해볼 수 있다. 일반 단행본의 경우도 이것저것 남발하는 출판보다도 일정한 유형(내용의 동질성, 학문적인 유대성 등)을 한 테두리 안에 넣어 묶어내면 장기적으로 꾸준히 나가는 스테디형의 특성을 살릴 수 있을 것이다. 이런 시리즈 출판을 시행해나가 일정한 고정적인 독자를 확보하는 것이 출판사의 기초를 다지는 첩경이라 하겠다(윤형두, 2008). 스테디셀러 유형의 출판은 특히 신생출판사의 경우 더욱더 중요하다고 생각되는데, 바로 기획의 일반적인 요건 중에 자사의 능력과 규모에 맞아야 한다는 이론에 합치되기 때문이다. 처음 시작하는 출판사의 경우, 대부분 한 권의 책으로 승부를 걸려는 모험을 하는 것을 자주

목격하게 되는데, 바로 이러한 경우가 출판사의 존폐를 결정하는 중요한 변수일 때가 많다. 판매형태별 기획 유형을 보다 자세히 살펴보면 다음과 같다.

첫째, 베스트셀러 기획은 일정한 기간 내에 유통시장에서 여러 책 중에 가장 많이 팔리고 있음이 면밀한 시장조사로 입증되는 출판기획이다. 일반적으로 1~3년 또는 계절기간 동안 많이 팔린 도서를 말한다. 그러나 국가나 시대와 환경에 딸라 다르다고 볼 수 있다. 베스트셀러는 주로 성적(sexual), 감상적(sentimental), 화제성(sensational) 등의 특성이 있다(이임자, 1998).

둘째, 스테디셀러 기획은 오랜 기간 동안 꾸준히 장기간에 걸쳐 계속하여 판매되는 책의 출판기획이다. 출판의 목적을 문화사업에 두고 독자가 필요로 하는 내용의 책, 사회와 문화에 알맞은 책으로 전설성(legend), 적법성(legality), 장기판매(long-run) 등의 특성이 있다.

셋째, 패스트셀러 기획은 고속형·선풍형으로 일시에 많이 팔리는 책의 출판기획이다. 이는 일시적인 '반짝판매'를 위한 기획으로 볼 수 있다.

3.4. 목적방법별 기획

목적방법별 기획의 유형은 전답식 기획, 어장식 기획, 기념비식 기획 등으로 구분된다.

전답식 기획은 논이나 밭에 씨앗을 뿌려서 수확을 기대하듯 예측하는 출판기획이다. 이는 경영면에서 투자의 성공 가능성을 전제로 하고 그 실현 가능성을 다양한 측면에서 확신을 한 뒤 출판입안을 하는 기획을 말한다.

어장식 기획은 출판시장을 어장에 비유하여, 어장에 어망을 쳐서 잡힌 고기를 끌어올릴 어획량을 기대하고 예측하는 출판기획이다. 어떤 형태의 도서가 성공하면, 그것을 모방·유사·추종·경합하는 많은 도서들이 출판되는 현상이 있다. 이것을 하나의 어장이 형성된 것으로 보고 여러 어선들이 집결하는 것과 같이 여러 출판사들이 덤벼들어 출판대항전이 벌어진다. 어장식 기획에 참여하는 출판사들은 대부분 기회주의적 출판기획을 한다고 할 수 있다.

기념비식 기획은 영리를 전혀 고려하지 않은 기념이나 필요조건에 의한 출판기획이다. 회갑·고희·정년 기념 논문집, 자서전, 학술·전문도서 등으로서 자신의 비용으로 출판하는 경우와 제자들이나 독지가, 기업 및 특수재단의 지원으로 학자·예술가·교수·명사들의 저술을 정리하여 출판하는 출판기획이다(부길만외 1997).

전담식이나 어장식 출판기획은 전 세계적인 통례로서 각 국가마다 정도의 차이는 있으나 늘 반복되고 있다. 우리나라의 경우 출판사의 영세성 등 현실적인 이유로 전담식 출판기획보다 일확천금을 노리는 한탕주의식 어장식 출판에 매몰되는 경향이 짙게 나타나고 있다. 전술했듯이, 베스트셀러만을 고집하는 출판기획은 그 성공률이 상대적으로 낮을뿐더러 한 번의 실수로 출판사의 존립 자체가 위험할 수 있다. 그러므로 안정되고 건전한 출판문화의 발전을 위해 어장식 출판기획을 지양하고 장기적인 결실을 맺을 수 있는 전담식 출판기획을 기반으로 운영되는 것이 바람직하다고 볼 수 있다(임동욱 외, 1997).

4. 출판기획자의 역할

21세기는 콘텐츠의 시대다. 하루에도 수많은 책이 쏟아지는 치열한 전쟁터와 같은 출판계에서는 콘텐츠가 더욱 중요하다. 그런 만큼 콘텐츠를 생산하는 출판기획자의 역할이 점점 커지고 있다. 출판기획자는 마치 오케스트라의 지휘자처럼, 다양한 사람들의 역량을 끌어내는 사람과 같다. 한 권의 책이 독자에게 전달될 때까지 모든 과정을 조율하고, 관계자들을 독려하는 역할을 하는 사람이라는 의미이다. 즉, 저자, 편집자, 출판 디자이너, 인쇄담당자 등이 각 단계에서 맡은 역할을 잘해낼 수 있도록 이끄는 사람이 출판기획자인 것이다.

출판기획자는 사전 시장조사를 통해 책 주제를 발굴하고, 적합한 저자를 찾아 저자가 기획의도에 맞게 원고를 집필하도록 도와준다. 또 원고가 마무리된 후에는 독자의 주목을 끌 수 있도록 편집과 디자인을 하고 인쇄할 종이와 표지도 제작한다. 최근에는 책이 나온 뒤에도 광고 및 홍보 등 마케팅 영역에까지 참여하는 등 역할이 점차 다양해지고 많아지고 있다. 따라서 다른 사람들과 의견을 조율해 최선의 결론에 도달하도록 만드는 커뮤니케이션 능력이 강조된다. 출판기획자는 모든 과정을 살펴 전체를 읽는 통찰력이 있어야 한다. 때론 관계자들이 제 역할을 해내도록 쓴 소리를 해야 할 경우도 있다.

출판기획자가 중간에서 중심을 잡지 못할 경우 제대로 된 책이 나오기 어렵다. 출판물의 성공 여부에 대한 판단과 책임이 출판기획자에게 달려 있다. 한 세트가 수십 권에 달하는 전집의 경우 하나의 시리즈가 완성될 때까지 적게는 일 년, 많게는 수년 또는 수십 년에 달하는 기간이 걸린다. 단행본에 비해 전집은 상대적으로 시간이 많이 걸리기 때문에 완성될 때까지 끈기와 인내가 더 필요하다.

  세상과 사람에 대한 호기심과 관심이 많은 것도 출판기획자가 지녀야 할 덕목이다. 특히 대중문화현상을 정확하게 이해할 수 있어야 한다. 예컨대 천만 관객을 넘긴 영화가 있다면 왜 영화가 흥행했는지, 어떤 점이 관객을 몰리게 했는지 그 이유를 반드시 연구하거나 대중의 다양한 의견을 여러 각도에서 생각해 보는 것이 필요하다. 출판기획자는 대중의 심리를 꿰뚫어야 한다. 대중이 뭘 원하는지 파악하는 작업 속에서 콘텐츠 아이템을 많이 얻는다. 또한 독자들의 눈높이가 높아지면서 독자의 요구와 트렌드 변화를 재빨리 알아내는 치밀함이 필요하다. 늘 다른 사람들을 만나 그들의 이야기를 듣고, 새로운 경험을 많이 해보려는 노력 또한 잊지 않아야 한다.

  출판기획자는 자신이 좋아하는 책 위주가 아니라 대중이 좋아할 만한 책을 중심으로 출판기획을 진행해야 한다. 글을 쓰고 다듬는 능력 또한 기본이다. 그래야 저자가 쓴 날것의 원고를 대중들이 좋아할 만한 글로 변화시키고, 표지 제목과 헤드카피를 뽑는 과정에서 어려움이 없기 때문이다. 출판기획자의 미래는 더욱 낙관적으로 전망된다. 앞으로 인터넷상에서 책을 보는 e-book 시대가 만연할수록 우수한 콘텐츠의 진가가 더 발휘될 것이다.

  출판기획과정이 원활하게 이루어지기 위해서는 출판기획자는 다음과 같은 점들을 고려해야 한다.

  첫째, 타깃 독자에 대한 이해이다. 타깃 독자는 어떤 사람들이며 그들이 왜 이 책을 읽게 될지를 분명히 파악해야 한다. 막연한 다수의 독자 대상은 오히려 독자층이 없을 수 있다는 점을 명심하자.

  둘째, 출판시장의 최신 흐름과 특성들을 파악해야 한다. 현재의 출판시장이 보이고 있는 트렌드를 잘 이해하고 있어야 한다. 출판하고 자 하는 내용이 독자에게 필요하거나 관심을 일으킬 수 있어야 한다. 또한 주요 출판사들의 특성에 대해서도 알고 있어야 한다.

셋째, 출판기획자는 자사가 기획한 출판물의 예상판매 부수에 대 해서도 고려해야 한다. 예상판매부수는 실제 제작부수와 예산과도 밀 접한 관련성을 지닌다. 그리고 최소한 시장에서 수지 타산(손익분기 점)을 맞출 수 있는 책이어야 한다(임동욱 외, 1997).

넷째, 출판 마케팅에 관한 현황 분석이 고려되어야 한다. 각종 출 판광고의 흐름 등을 정확하게 숙지하고 있는 것이 필요하다.

그동안 출판기획자는 저자나 번역자에 비해 그 역할과 중요성이 상대적으로 덜 부각되었던 것이 현실이었다. 그러나 최근에는 출판산 업에서 기획력의 중요성이 강조되고 전문출판기획자의 개념이 자리 를 잡고 있다. 또한 출판기획자의 전문성에 기반을 둔 출판기획자 중 심의 전문 브랜드가 잇따라 설립되고 있기도 하다. 특히 임프린트 제 도는 출판기획자의 역할이 강조되는 출판브랜드전략이 정착할 수 있 는 계기가 되었다. 이와 더불어 편집기획 자체가 브랜드가치로까지 평가받는 상황에 이르렀다(한상희, 2008).

디지털 시대를 맞이해 출판기획자의 역할이 보다 중요하게 부각되 고 있다. 디지털 시대가 도래하면서 출판사의 업무 구조 역시 큰 변 화가 이루어지고 있는 상황이다. 디지털 시대가 고도화될수록 출판기 획자의 역할이 중요해질 것이다. 실제로 원고를 수락하거나 거부하는 결정, 수정과 홍보에 관한 전략, 만족할 만한 원고가 드디어 완성됐을 때의 미술작업과 체제 선택, 작가에 대한 정서적이며 재정적인 지원 까지도 출판기획자의 역할이 되어 가고 있다.

현재 한국 출판산업 역시 저작 중심의 출판기획에서 출판기획자 중심의 출판기획으로 변화하고 있다. 따라서 이제 출판기획자에게는 기획(Planning) 편집(Editing), 디자인(Design), 마케팅(Marketing)을 모두 아우르는 능력이 요구되고 있다. 또한 출판기획자는 퓨전적 사고가 일상화되어야 한다. 기획력이 있는 사람은 한 번 본 서로 다른 요소들을 연결시켜 새로운 시각에서 제시하는 능력이 뛰어난 사람이다. 생각지 못한 것들을 서로 링크시키는 훈련을 하는 것, 혹은 정보나 체험을 자신이 소화하고 새로운 것을 생각하는 습관을 갖는 것이 바로 기획력으로 빛나게 될 것이다.

따라서 출판기획자는 다음과 같은 자세를 지녀야 할 것이다.

첫째, 자신이 문화상품을 생산함으로써 사회변화를 이끌어내는 문화적 리더라는 사실을 자각하는 것이다(오경호 2001).

둘째, 디지털 시대 출판콘텐츠의 역할과 필요성을 정확하게 인식해야 한다. 전자출판콘텐츠는 파트워크(partwork, 分冊)형 정보, 종이 출판콘텐츠는 스토리텔링(storytelling)형 정보가 더욱 위력을 발휘할 것이다. 파트워크형 정보는 극히 작은 형태로 쪼개진 정보로 미세한 형태로 나눠 적재적소에 배치하고 이를 통해 독자들의 욕구를 만족시킬 수 있다.

셋째, 끊임없이 새로운 영역을 찾아내는 발견자로서의 자세가 필요하다. 이를 위해서는 인터넷의 검색엔진 활용에 적극적이어야 하며, 다른 사람의 이야기에도 귀를 기울일 줄 아는 자세가 필요하다. 또한 기존에 출판된 출판물을 검색하는 작업도 자주 이루어져야 하며, 출판사 안에서만 머물지 말고 기획을 위해 출판사 밖으로 나가 보는 자세도 필요하다.

넷째, 새로운 시대에 맞는 편집의 새로운 의미를 깨우쳐야 한다. 편집이란 자기표현을 위한 기술이 아니라 자기 밖에 있는 무엇과 무언가를 연결시켜주는 기술이다. 또한 무언가 아름다운 것들과 감동적인 것들, 생각하게 하는 그 무언가와 만나고 싶게 해주는 것이 편집이다(강희일, 2007).

다섯째, 메가트렌드 전략을 세울 수 있어야 한다. 다양한 형태의 다양한 책을 만들 수 있어야 하며, 한 권의 책으로 OSMU를 진행할 수 있는 능력도 갖추어야 한다.

여섯째, 글로벌화 전략을 세울 수 있어야 한다. 내수시장만으로는 한계를 갖기 때문에 자사의 출판콘텐츠를 전 세계로 시장을 확대해 나갈 수 있어야 한다.

일곱째, 미래지향적 비전을 지녀야 한다. 출판산업의 빠른 변화에 능동적으로 대처하고 시장을 리드해 나갈 수 있는 비전이 필요하다. 새로운 출판기획이 기존 것과는 다른 독창성과 창의성을 담아야 한다.

한편 디지털 기술이 출판에 도입되면서 출판기획자에게 요구되는 능력도 추가되고 있다. 디지털 문명이 자리 잡아가고 있는 21세기에 독자들의 관심은 다양하게 세분화되었다. 따라서 종이책은 변화에 대응하기 위한 변화가 필요한데, 즉 '정보'보다는 '의미'를 제공하는 것에 역점을 두어야 한다. 이를 위해 출판기획자는 축적된 정보들에 대한 신뢰도 평가(취사·선택·편집·가공 등)와 정보 간의 결합을 통해 변형(transformation)된 새로운 개념의 정보, 즉 '의미'를 생성하는 능력을 갖추어야 한다. 또한 출판기획자는 블로그와 같은 새로운 커뮤니케이션 수단의 활용에 대해서도 정통해야 한다.

오늘날 전통적 '저자'의 개념이 바뀌고 있다. '마니아적 대중지성'

의 출현은 출판기획자들의 이목을 블로그에 집중시키고 있다. 소위 '슈퍼 블로거'들이 잠재 필자로 예의 주시되고 있는 가운데, 블로거들의 '공동 집필' 또한 늘어가고 있는 추세다. 인기 블로거들이 '1박 2일' 만에 책 한 권을 뚝딱 지어냈다는 믿기지 않는 이야기가 들려오기도 한다. 출판기획자들이 블로그를 주목하는 이유는 콘텐츠 발굴 때문만은 아니다. 블로그는 적은 비용으로 책을 알릴 수 있는 유용한 마케팅 수단이라는 점에서도 주목 대상이다. 최근 들어, 전문 리뷰어들은 일간지 서평 기자들의 역할을 나누어 가지고 있으며, 때로는 '팬덤현상'의 도화선 역할을 하기도 한다. 콘텐츠만 훌륭하다면 소규모의 출판사도 얼마든지 승산을 걸어볼 수 있는 홍보방식인 것이다. 출판기획자에게 필요한 진정한 블로그 활용술의 핵심은 출판기획자 스스로 최고의 블로거가 되는 것이다. 주변인의 위치에서는 콘텐츠 발굴도, 인적 관계의 형성도, 마케팅도 모두 형식적이고 일회적인 것에 불과할 뿐이다. 주변인의 위치에서 벗어나 적극적인 블로거가 된다면 자신이 원하는 많은 것을 획득할 수 있다. 블로그에 관한 한 이게 최고의 답이 될 수밖에 없다.

변형된 새로운 정보를 만들어내는 능력을 가진 사람을 우리는 '디지털 리터러시(digital literacy)'라 하는데 이것은 경험과 직관이 없는 컴퓨터로서는 불가능한 부분이다. 세계 출판계는 이미 그런 역량으로 구어(口語) 시대의 '말'이 인쇄술 시대의 '문자'로 바뀔 때 배제됐던 부분을 새로운 유형의 글쓰기와 그래픽 디자인으로 복원시켜 평면의 책에 표현한 '새로운 책'으로 변화시킬 가능성을 찾아내고 있다. 문자와 이미지를 결합한 이 새로운 책은 촉각에 대한 새로운 주목과 발견이며 컴퓨터가 못하는 것을 인간이 찾아낸 또 다른 가능성의 영역이다.

여기서 미래출판의 주도자가 되기 위해 출판기획자가 염두에 둬야 할 몇 가지 키워드를 찾아낼 수 있다. 첫째, 인간은 새로운 관계 맺기를 어떤 방향으로 추구할 것인가? 둘째, 정보와 의미의 차이는 구체적으로 무엇인가? 셋째, 의미를 담은 새로운 지식은 도대체 무엇일까? 넷째, 그런 지식을 담은 '새로운 책'을 어떻게 만들어야 하는가? 다섯째, '새로운 책'을 어떤 방법으로 독자에게 제공해야 하는가? 등이다.

21세기는 이미지마저 문자 없이는 해독할 수 없는 '문자 르네상스'의 시대라 할 수 있다. 또 이성과 합리보다는 감성과 직관이, 남성적 가치보다 여성적 가치가 중요시된다. 지식 간의 퓨전(fusion)화가 가속화되고, 공동체의 해체로 인해 인간관계가 새롭게 정립되고 있다. 분절화된 지식이 아닌 통합적 지식(바로 의미)을 필요로 하는 시대이다. 이러한 시대에 우리는 이 모든 문제를 하나의 통합된 시각으로 바라볼 수 있는 만능인(완전인)이 되어야만 생존할 수 있다. 출판기획자의 역할도 바뀌고 있다. 1970~1980년대 기획자가 생산만 잘하면 되는 시대였다면, 1990년대는 생산자가 마케팅의 능력까지 겸비해야만 했다. 그러나 21세기에는 거기에다가 새로운 능력, 즉 아날로그와 디지털의 차이를 명확하게 인지하고, 영상적 마인드를 갖추며, 메가 소프트 전략을 세울 수 있는 능력을 추가할 것을 요구받는 시대다. 이제 통합된 사고를 할 줄 알아야만 문자와 이미지의 상생, 물성(物性)과 촉감세계의 발견, 최적 경험과 다중감각양식, 디지털 혁명에 따른 생산과 유통의 혁명에 부응하는 상품을 생산해낼 수 있을 것이다. 이 모든 것을 이뤄내는 촉매제는 물론 기획자의 '탁월한 상상력'일 것이다. 앞으로 그런 상상력에 의해 만들어진 구체적인 상품이어야만 시장성이 있을 것이며, 인류에게 꿈과 희망을 제공할 수 있을 것이다.

제 10 장
출판편집과
제작의 이해

1. 출판편집

1.1. 출판편집의 개념과 기능

편집(編輯)이란 재료를 모은다는 한자풀이와 정리, 재구성의 의미가 강한 영어 'editing'의 뜻이 종합된 의미이다. 여기에 편집자의 안목과 의지에 따라 선택, 구성하는 일련의 창조작업의 의미가 포함되어야 편집의 개념이 성립된다.

일반적으로 출판편집(出判編輯, book publishing editing)은 출판물을 만들기 위해 원고(정보)를 정리하여 읽고 교정과 교열을 보고 원고매김(layout)을 주로 하는, 지적이고 미적이며 기술적인 작업을 말한다. 또한 편집자가 문자원고 등을 읽고 주어진 지면에 정리하여 좋은 출판물을 만들기 위한 창의적 · 지적 업무를 하는 것을 의미하기도 한다(강희일, 2007). 즉, 출판편집은 새로운 출판물을 만들기 위해서 정

편집과정에서 이루어지는 원고의 교정과 교열

해진 기획에 따라 취재를 하여 수집한 자료나 정보가 저작자들에 의해 원고로 정리되면, 이 원고를 일정한 편집방침에 따라 창의적인 아이디어로 레이아웃하고 컴퓨터로 전산편집하여 수차례의 교정과 교열을 하는 작업이다.

편집은 그것이 관여하는 출판의 단계를 기준으로 두 가지 의미로 사용되고 있다(이기성·고경대, 2004). 첫째, 기획에서부터 독자에게 전달되기 위한 유통과정 직전의 출판물 제작 완성 단계를 모두 포함하는 개념으로 사용한다. 기획 취재에서 교정에 이르는 작업을 전담하는 신문사의 편집국 또는 편집국장이 행하는 편집의 의미가 여기에 포함된다.

둘째, 기획 이후 각종 원고(문자, 사진, 도화, 비디오, 그래픽, 사운드, 클립아트 등)를 교정하고 레이아웃, 제작, 수정, 정리함으로써 인쇄나 마스터링 또는 인터넷에 올리기 위해 최종 마무리를 하는 과정까지로 보는 개념이 있다. 기획부와 편집부가 분리되어 있는 출판사의 경우는 편집은 여기에 포함된다.

종합해 보면, 출판편집이란 주어진 지면에 문자 원고나 사진 등을 편집자가 선택, 정리하여, 만들고자 하는 도서의 독이성과 가독성을 높이기 위한 일련의 지적 창조 작업이라 할 수 있다. 문자 원고는 형식 정리와 내용 정리를 하고, 사진 등 시각 원고는 자료 수집과 선택 등을 하여 이루어진다. 출판편집의 궁극적 목적은 독자가 읽어서 쉽게 이해하고 시각적으로 보기 편하게 책을 만드는 데 있다. 지적 창조 작업이라는 것은 오랫동안 반복 작업을 통해 머리로 생각하고 눈과 손에 익은 솜씨를 말한다. 머리로는 뛰어난 발상, 눈으로는 감각을, 손으로는 솜씨로 나타내는 작업이다(오경호, 1993).

이러한 출판편집의 기능으로는 커뮤니케이터인 편집자가 사회 환경 변화에 따른 독자 계층이나 입수된 원고 내용의 성격에 맞추어 도서생산 과정에 따른 행위를 하는 지적, 미적, 시각적, 기술적 기능 등을 들 수 있다(고덕환, 1993). 이러한 출판편집의 기능을 자세히 살펴보면, 다음과 같다.

먼저, 출판편집의 지적 기능은 입수된 원고가 출판관계법이나 출판윤리에 어긋남이 없는지를 확인하는 기능이다. 이 기능이 정밀하게 이루어짐에 따라 인간의 정신적 산물인 도서 내용이 독자들에게 좋은 평가를 받을 수 있고, 또 도서의 수명도 길어질 수 있는 것이다.

둘째, 출판편집의 미적·시각적 기능은 독자 계층이나 원고의 종류와 성격에 따라 읽기 쉽고, 시각적 완성도가 높은 도서를 생산할 수 있게 하는 것이다. 이 기능이 잘 표출되면 도서는 형태 측면에서 독자들로 하여금 구매 충동을 일으킬 수 있다.

셋째, 편집의 기술적 기능은 원고 검토에 따라 교정된 것들의 확인, 판면 배치와 조판 실태를 확인, 정확한 원고 내용의 대조 등의 작업을 통해 생산될 도서를 독자들이 보다 쉽게 읽을 수 있도록 하고, 보기에 편리하게 하며, 각 판면에 오자나 탈자가 없이 인쇄를 할 수 있게 하는 것이다(고덕환, 1993).

1.2. 출판편집의 실제(단행본 편집과정)

출판편집은 다양한 과정으로 구성된다. 일반적인 단행본의 출판편집은 다음과 같은 과정을 거쳐 이루어진다.

1) 원고 정리

필자의 원고가 출판기획서에 기재되어 있는 콘셉트에 맞게 완성되었는가에 대한 검토가 우선 진행된다. 이때 기획의도와 맞지 않는 원고는 다시 필자 및 기획 담당자와의 회의를 통해 수정을 요구한다. 또한 원고의 그림과 그래프, 다이어그램 등에 대한 저작권 사용 허락 여부 등을 검토를 하여 그 내용이 편집 단계로 들어갈 수 있는지를 확인한다(이기성·고경대, 2004).

출판물로 결정된 원고는 편집부의 담당이 정해져 세부적인 원고검토가 이루어진다. 이때 원고는 출판될 것이므로 완전원고가 되어야 한다. 그러나 집필과정에서 내용상 오류나 부실할 경우가 있으므로 편집자의 세밀한 검토가 요구된다(강희일, 2007).

2) 원고 교정(proofreading)

편집자는 입수된 원고를 맞춤법, 띄어쓰기, 외래어 표기, 활자, 체제, 틀린 글자, 빠진 글자나 문장과 내용, 각종 통일성 등을 꼼꼼히 살펴 바르게 고쳐야 한다. 이러한 과정을 거치는 이유는 독이성을 높이기 위함, 즉, 독자들에게 보다 쉽게 읽히고 보다 정확하게 의미가 전달되게 하기 위함이다.

교정을 하기 위해 편집자는 첫째, 자신이 진행하고 있는 원고의 내용상 오류까지 잡을 수 있는 전문지식을 갖추고 있어야 하고, 둘째, 정확한 맞춤법과 표준어 규정을 숙지하고 있어야 한다. 책 전체에 그다지 영향을 미치지 않는 것처럼 보이는 한두 글자의 오자나 한두 문장의 오류가 때로는 내용 전체에 영향을 미치는 경우가 있으므로 출판편집에서 교정은 매우 중요한 작업이다.

원고 교정을 볼 때는 반드시 교정기호 등 준수해야 할 사항 및 약속된 방법에 의거하여 신중하고 정확하게 보아야만 한다. 이 과정이 정밀하지 않으면 출판물의 신뢰도와 가치는 떨어지고, 한글 사용법이 제대로 맞지 않는 책을 세상에 내보내는 오류를 범하게 된다. 그러므로 문자오류를 방지해야 할 게이트키퍼로서 편집인의 책임감과 세심한 주의가 요구되는 과정이다(김성재, 2004).

원고 교정이 끝난 뒤에도 편집자는 레이아웃이 완성된 내용을 인쇄되기 전에 2~3번에 걸쳐 오·탈자 및 체제에 잘못된 곳이 없는가를 확인하는 인쇄 교정을 거치게 된다.

원고 교정과 인쇄 교정을 보는 요령은 일반적으로 다음과 같다(이기성·고경대, 2004).

① 교정 지시는 본문과 구별되는 색으로 표시한다. 교정부호나 지시사항은 항상 분명한 위치에 의도하는 바를 정확하게 기재해 주는 것이 필요하다.

② 교정 지시사항은 되도록 공통적으로 약속된 부호를 사용한다.

③ 교정지의 여백을 최대한 활용한다.

④ 교정 내용 중 띄어쓰기나 특정 부호 등 통일성 있게 처리해야 하는 사항은 별도로 정리한다.

⑤ 전체 체제 교정과 내용 교정을 따로 구별하여 각각 일괄적으로 처리한다. 예를 들면, 그림이나 표의 체제, 제목 혹은 캡션에 대한 수정, 부·장 제목, 행간 처리 등이 이에 해당한다.

⑥ 교정지 단계별로 중점적으로 교정해야 할 작업 등을 분류한다. 즉, 초교 이후 2교지나 3교지에서는 항상 교정 지시사항이 제대로 반영되었는지 수정사항을 체크하는 동시에 교열 부분도 병행한다. 이때 원고의 첨가·삭제 등으로 인해 사진이나 도표들의 위치 이동 같은 것도 함께 확인한다.

⑦ 최종 교정지는 내용뿐만 아니라 전체적인 체제구성까지도 꼼꼼하게 살펴보아야 한다. 일괄적인 번호체계 및 순서에 대한 점검, 속표지에서부터 중간 중간에 들어가는 별지와 차례, 머리말, 찾아보기, 판권 등 부속물을 최종 확인한다.

3) 편집레이아웃(editorial layout)

문자로 된 원고와 삽화와 사진, 도표 등의 크기나 모양, 위치 등을 결정하는 작업으로, 가독성이 높은 지면을 만들기 위함이다. 문자 원고와 시각 원고뿐 아니라 컷, 선, 면, 여백, 간격, 색, 변형 등을 통하여 보다 보기 좋은 지면을 꾸민다.

레이아웃은 건축이나 정원 만들기 등 여러 분야에서의 배치 구성을 뜻하는 말로 쓰이며, 출판에서는 정보 전달을 효과적으로 하기 위해 일정한 스페이스에 배치하고 구성하는 공간적 편집 기술을 말한다. 문자의 경우는 제목, 부제목, 장 제목, 절 제목, 소제목, 본문, 캡션, 표문자 등을 서체, 크기, 장평·기울기 등 변형률, 자간당기기 정도, 줄 간격 비율 등을 고려하여 작업한다(김정숙, 1997). 또한, 사진원고나 이미지원고일 경우에는 크기, 색상, 트리밍, 문장과의 배열, 캡션과의 배열 등을 두루두루 고려하여 작업한다(정종원, 2006).

편집자는 레이아웃 과정에서 아래 표와 같은 내용들을 고려하는 것이 필요하다.

레이아웃 과정에서 편집자가 고려해야 할 기본 방향

1. 기본적인 기획 의도나 편집 방침이 원고의 내용과 잘 맞는가?
2. 독자들에게 내용이나 이미지를 효과적으로 전달할 수 있는가?
3. 독자들이 시각적으로 편안하면서도 보기 좋다는 느낌을 가질 수 있는가?

출처: 이기성·고경대(2004), 『출판개론』, 서울출판미디어.

1.3. 편집자의 역할과 전문성

편집자는 저자와 독자 사이에서 저작물을 내용에 걸맞게 독창적인 출판물의 형태로 편집해내는 역할을 담당한다. 광의의 개념으로 편집자는 편집업무가 종합화된 출판사의 편집부서에서 도서가 생산되는 과정의 업무를 담당하는 자이고, 협의의 의미에서는 편집자는 편집업무가 분화된 출판사의 편집부에서 지적 업무를 담당하고 있는 자를 칭한다(고덕환, 1993). 그러나 우리나라 출판사의 실정에서 보면 편집자는 광의의 의미의 편집업무를 담당하는 사람으로 볼 수 있다.

> ▶ 편집 업무 전반을 관리하는 편집자: 매니징 에디터(managing editor)
> ▶ 저자와 접촉하여 원고를 확보하는 편집자: 어콰이어링 에디터(acquiring editor)
>   또는 스폰서링 에디터(sponsoring editor)
> ▶ 입수된 원고를 읽고 결함이나 부족한 곳을 지적하여 저자에게 고치게 하는 편
>   집자: 매뉴스크립트 에디터(manuscript editor)
> ▶ 원고를 정리하고 조판이나 재판에 넘기기 위해 레이아웃을 지정하는 편집작업
>   인 카피에디팅(copy-editing)의 일을 하는 편집자: 카피 에디터(copy editor)
> ▶ 교정지에 문자 교정을 주로 하는 편집자: 프루프리더(proofreader)
> ▶ 조판, 인쇄, 제책 등의 제작 일을 하는 편집자: 프로덕션 에디터(production
>   editor)

출처: 이기성·고경대(2004), 『출판개론』, 서울출판미디어.

　편집자는 원고를 기획하여 이를 입수하고, 입수된 원고를 검토한 후 출판될 원고를 결정한다. 이들은 창의적인 의식을 바탕으로 기획과 편집에 대한 지식을 가지고 원고를 선택, 검토, 정리, 지정, 교정, 인쇄, 장정 등까지 총괄적으로 책임지는 경우가 많다. 그리고 저작자가 집필 또는 교열하는 중에 독자가 원하는 지식과 정보를 주문하기도 하고, 원고를 검토·정리하면서 출판과정에서 주도적으로 구체화시키는 역할을 한다. 또한 편집자는 저작물을 객관적으로 비판할 수 있는 최초의 독자이며, 저작자를 도와서 더 좋은 출판물이 될 수 있게 하는 조력자의 역할도 한다.

　편집자는 잠재력 있는 저작자를 발굴하여 뜻밖의 좋은 작품을 출판하기도 하고, 창조적인 기획과 편집으로 출판문화 발전에 이바지하기도 하며, 각 분야의 지적 수준을 높이는 데 일익을 담당하기도 한다. 즉, 출판의 수준을 높이고 출판문화의 발전에도 기여하는 것이다. 일반적으로 우리나라는 기획·편집권들이 경영자들의 상업주의적

틀을 벗어나지 못하고, 경영자가 생각하는 상품성을 지닌 기획·출판 의도대로 진행되는 경우가 많았다. 그러나 최근에는 편집자들의 전문성에 의한 분업화가 많이 이루어지고 부처별 팀장제도와 부처별 업무책임제도로 독립되어 운영되는 경우가 점차 많아지고 있다(강희일, 2007).

편집자는 기획과 편집을 통해 문화 창조에 직접 참여하는 주체다. 따라서 훌륭한 편집자가 많을 때 출판의 질도 향상되고 출판계는 건전하게 발전할 수 있다. 또한, 출판계가 건전해야 양질의 문화가 육성되며 사회도 발전할 수 있는 것이다. 이를 위해 편집자는 출판이 다른 산업과는 달리 기업으로서의 측면과 문화적 측면을 아울러 가진 특수한 산업임을 인식하고 있어야 한다. 곧, 문화성을 지닌 상품을 만드는 산업인 까닭에, 상업주의적 영리만 추구해서는 안 되며, 언제나 출판물의 문화적 가치를 염두에 두어 기획과 편집에 임해야 한다. 그러므로 편집자는 명철한 가치관은 물론 경제적인 소양도 갖추도록 노력하는 것이 바람직하다.

이러한 편집자의 자세에 대해 구체적으로 살펴보면 다음과 같다 (김성재, 2004). 편집자는 도덕(moral)의식에 철저해야 한다. 출판 윤리에 어긋나는 기획에 참여해서는 결코 안 된다. 더구나, 센세이셔널리즘(sensationalism)에 편승한 저속 출판물을 기획해서 정신의 황폐화에 가담하는 편집자는 진정한 의미의 편집자가 아니다.

편집자는 오리지널리티(originality)에도 철저해야 한다. 독창적인 기획으로 새로운 시대에 맞는 참신한 문화를 창조해야 한다. 출판의 이념이라 할 수 있는 편집자 정신(editorship)을 망각하고 외국 것을 흉내만 내거나 남의 기획을 모방만 한다면 문화에 대한 모독이며 독자에 대한 배신이다. 모방을 일삼는 것은 책의 문화성을 저버린 처사이며 편집자의 의무를 저버린 것과 진배없다. 모름지기 독창성을 발휘하여 잠재 독자를 철저히 개발하고 출판사의 성격에 맞는 개성 있는 출판물을 만드는 데 온 힘을 기울여야 마땅하다.

또한, 좋은 기획을 안출해내고 좋은 책을 만들기 위해서는 공부하는 편집자가 되어야 한다. 출판의 모든 영역에 대한 지식에 고루 통달되어 있어야 한다. 편집 기술과 교정은 물론이고 자재·제판·인쇄·제책·원가 계산방법·저작권법 등 실로 많은 지식을 익히도록 힘써야 한다. 그뿐만 아니라, 몸담고 있는 출판사의 출판 경향에 따른 전문지식도 상당한 수준에 이르도록 최선을 다해야 한다. 가령, 아동도서의 편집자라면 아동의 심성 발달 단계라든가 아동심리학까지도 연구하는 것이 바람직하다. 또 학술서를 전문으로 출판한다면 학문의 동향이나 학계의 움직임까지도 알아야 한다(부길만 외, 1997).

편집자는 책 하나하나를 예술품으로 만들도록 힘써야 한다. 이것은 저자나 일러스트레이터와의 협력 관계가 좋아야만 가능하다고 본다.

편집자는 국어사전이나 백과사전 또는 다른 문헌을 항상 찾아서 내용을 확인해야 한다. 그래도 확인이 안 될 때에는 전문가의 의견을 듣도록 노력해야 한다.

이와 같이 편집자의 역할이 다양하고 큰 만큼, 그들의 업무에도 다양한 유형의 전문성이 요구된다.

편집자에게 요구되는 전문성의 유형을 정리하면 다음과 같다(오경호, 1994).

첫째, 편집자는 문화 창조자로서 전문성을 지녀야 한다. 문화의 게이트키퍼 역할을 하는 편집인은 저자의 창조 작업 여건을 만드는 중개자로서의 역할을 제대로 해야 한다.

둘째, 편집자는 종합적 인식자로서의 전문성을 지녀야 한다. 편집자는 폭넓게 많은 것을 고루 알아야 한다는 의미로, 높은 교육과 반복되는 작업을 통해 편집인은 해박한 지식을 가져야 하며, 메시지의 질을 파악하는 안목을 지녀야 한다. 그래야만 메시지에서 무엇을 수용하고 거부할 것인가를 제대로 선택할 수 있을 것이다.

셋째, 편집자는 지적 창조의 입회인다운 전문성을 지녀야 한다. 저자가 집필하는 동안 담당 편집자는 늘 고락을 같이하면서 보조역 또는 조언자다운 입회인이 되어야 한다(오경호 1993).

넷째, 편집인은 시대감각에 민감해야 한다. 여기서 '민감'이라는 것은 안테나 같은 정보수신 능력을 의미하기 때문에 편집자는 항상 공부해야 하고, 정보처리 능력을 기르기 위해 재교육되어야 한다.

다섯째, 편집인은 보급자다운 전문성을 지녀야 한다. 여기서 '보급'이라는 것은 '독자를 대상으로 해서 쓰는 말'이다. 편집자는 시대를 이끄는 정신, 또는 계몽 내지는 지도, 교육 측면을 소홀히 할 수 없다. 단순히 출판물의 내용을 알기 쉽게 또는 문맥의 부드러움만을 생각할 것이 아니라, 한 단계 앞서 우리의 언어 혁명에 참가하는 의지를 길러 나가야 한다.

2. 출판제작

출판제작 과정은 편집, 인쇄, 가공 등의 기술이 관련된 종합과정이다. 출판물을 제작하고 응용하려면 인쇄기술을 이해하고 활용할 수 있어야 한다. 최근 인쇄기술은 자동화되고, 활판인쇄로 대표되던 고전적 인쇄기술은 컴퓨터를 이용하는 자동화기술로 대체되고 있다.

2.1. 출판제작 과정

출판제작은 출판물이 인쇄에서 제본에 이르는, 상품으로서의 도서 제작에 관한 업무이다. 담당부문은 대개 제작부라든가 출판부라 지칭하기도 하며, 출판사에 따라서 편집부 혹은 영업부에서 제작을 관리하기도 한다. 출판 제작 과정은 다음과 같은 과정을 통해 구성된다 (이기성・고경대, 2004).

첫째, 제작 방법의 결정 및 가제본 작성이다. 출판 제작 방법의 일부는 기획 및 편집 단계에서 결정되는 경우가 많다. 즉, 기획단계에서 판형과 제본방법이 결정되고 편집 단계에서 본문 조판 체재와 쪽, 부속물 구성을 포함한 전체의 장정이 결정되기도 한다. 이런 과정으로 넘어온 원고를 같은 조건에 입각하여 그 출판물에 어울리는 용지와 인쇄 방식을 결정하는 것이 제작 담당이 하는 제1단계 일이다. 제본 방법에 따라 가제본을 만들어 그 견본에 기초해 표지, 커버, 그리고 필요한 경우 책 케이스 등도 설계한다.

둘째, 사전 원가 계산이다. 원가란 제품의 생산과 판매에 소비되는 경제적 가치로서 원가계산의 대상이 되는 것이다. 이는 화폐 가치로 환산할 수 있는 것이어야 하며, 기업 본래의 목적을 위해 쓰인 것이어야 한다. 따라서 어떤 기획을 실현하기 위해 쓰인 비용은 모두가 원가라 할 수 있다. 곧, 책의 생산을 위해 지출된 비용인 제조원가뿐만 아니라, 그것을 파는 데 필요한 판매비와 일반관리비 등 영업비까지도 원가에 포함된다(김성재, 2004). 이와 관련, 제작 사양에 기초하여 필요한 원가 총액을 원가계산서에 준해서 산출한다.

셋째, 용지와 인쇄·제본의 준비, 진행 관리이다. 인쇄와 제본의 발주처는 출판물 1종마다 외주업체의 능력과 적성, 추산액 등을 감안하여 선정하는 것이 바람직하다. 단 이전의 거래실적 등도 크게 영향을 미치기 때문에 인쇄회사는 편집부에서 원고를 넘길 때 결정할 필요가 있다. 진행관리는 인쇄회사와 제본회사가 조정해 작성하는 진행표에 따라 이루어지지만 제작 공정마다 현장에서 체크할 필요가 있다.

넷째, 검사와 견본책 입수이다. 제본이 끝나면 부수와 제본 상태를 검사하여 50~100부 정도를 견본으로 납품받는다. 마케팅 담당자는 이 견본을 서점의 주문담당자에게 보여주면서 책 소개도 하고 사전 주문을 촉진한다.

다섯째, 창고 입고이다. 제본회사는 출판사가 지정하는 서고나 신간 배본하는 서점으로 출고일과 부수를 통고하여 출고준비를 한다. 서점에 배본하지 않고 보관할 여분은 서고로 입고한다.

여섯째, 정산(사후 원가 계산)이다. 용지, 인쇄, 제본 등 외부회사 거래처의 청구액을 확인하고 확정한 인세, 편집비도 포함하여 해당 출판물의 원가를 계산한다(고덕환, 1993).

일곱째, 출간계획일정표의 작성이다. 기획에서 제작, 배본까지의 계획일정표를 작성한다.

최근 디지털 기술의 출판제작과정에의 도입 확산은 이 같은 제작과정의 경계를 사라지게 하고 있다. 따라서 디지털 출판이 일반화되면 출판제작과정 역시 지금과는 다른 모습으로 변화될 것이다.

2.2. 제작의 내용

출판 간행물을 제작하기 위해서는 필름 뜨기, 판 만들기, 인쇄, 표지 코팅, 제책 등의 과정이 필요하다. 이 같은 과정들의 내용을 좀 더 구체적으로 살펴보면 다음과 같다(박찬수, 2009).

1) 필름 뜨기

편집이 끝난 표지와 본문의 데이터를 출력소로 보내 필름으로 만든다. 필름 검판을 하면서 터잡기를 한다. 터잡기란 인쇄하기 위하여 필름을 배열하여 고정시키는 작업이다.

2) 판 만들기

터잡기가 끝난 필름에 있는 내용은 빛과 약품처리 과정을 거쳐 얇은 금속판으로 옮겨지는데, 이 작업을 '소부(굽는다는 뜻)'라고 한다. 이렇게 만들어진 인쇄판은 약품처리가 되어 글자나 내용이 있는 곳에만 잉크가 묻게 된다.

3) 인쇄

인쇄판을 인쇄기계의 룰러에 원통형으로 고정시키고 여기에 잉크를 묻히면 이것이 회전하면서 종이에 내용이 인쇄된다. 종이는 보통 전지를 쓰는데, 전지 1장에 양쪽에 한 판씩 보통 32쪽이 인쇄된다.

4) 표지 코팅

인쇄가 끝난 표지는 일반적으로 코팅을 한다. 책을 보호하기 위해서 표면에 얇은 비닐을 입히는데, 이 작업을 라미네이팅이라 한다. 유광과 무광 두 종류가 있으며 최근에는 표지에 부분 라미네이팅을 하여 보호의 효과와 디자인의 효과를 내기도 한다.

5) 제책

인쇄 작업이 끝난 표지와 본문은 그대로 제책소로 옮긴다. 제책소에서는 전지를 반으로 잘라 기계로 본문을 접지하고 여러 번 접었을 때 페이지 배열이 제대로 되도록 터잡기에서 미리 배열한다.

2.3. 종이의 종류와 선택

출판물의 인쇄에 앞서 제작 담당자는 종이를 선택하게 된다. 종이를 선택할 때에는 종이의 평활도,[16] 광택, 불투명도,[17] 색감, 출판물과의 이미지 조화 정도, 지대 등을 고려하여 종이를 선택하게 된다. 출판 인쇄에 사용되는 종이의 종류에는 한지와 양지가 있는데, 한지는 특수한 경우에만 사용된다. 양지에는 비도피지(덧칠 안 한 종이)와 도피지(덧칠한 종이)로 나눌 수 있다(정종원, 2006).

---

16) 평활도(Smoothness)는 종이 표면이 얼마나 평평하고 매끄러운가를 말하는 것으로 인쇄적성을 가장 크게 결정하는 중요한 특성이다. 인쇄는 미세한 인쇄 망점을 종이 위에 선명하게 재현하는 것이기 때문에 평활도가 떨어지면 불균일한 잉크전이로 얼룩 등이 발생되기 쉽다. 거칠도(Roughness)와는 상반되는 개념이다.

17) 불투명도(Opacity)란 가시광선에 대한 차단력으로 종이를 투과한 광선량으로 결정된다. 광선이 전혀 투과되지 않는 종이의 불투명도는 100%이다. 불투명도를 지배하는 인자는 지층 내에서의 빛의 산란과 흡수로 어느 쪽이 크더라도 투과광량이 감소하여 불투명도는 증가한다. 불투명도는 인쇄 후의 불투명도, 즉 인쇄 부분이 뒷면으로 비쳐져 나오지 않게 하기 위해 필요로 하는 성질이며, 출판물로 사용되는 백상지와 LWC(초경량코드)지에서 중요하다.

1) 비도피지(덧칠 안 한 종이)

① 신문용지: 종이의 질이 떨어지고 색깔도 밝지 않다. 신문용지는 고속의 윤전 인쇄에 적합하도록 만들어져야 하므로 종이의 밀도가 균일하고, 어느 정도 질겨야 하며, 두루마리로 되어 있어야 한다. 또한 고속 인쇄 과정에서 종이에 묻는 잉크가 재빨리 흡수되어야 한다. 신문용지는 내구성도 떨어지고 변색이 잘되어 수명이 짧기 때문에 일회성 인쇄물에 주로 사용된다.

② 상질지: 백상지 혹은 모조지를 말하며, 표백된 화학펄프 100%를 사용한다. 70~80g/㎡는 서적의 본문용지로 사용한다. 백상지는 인쇄 적성이 좋아서 본문인쇄에 많이 사용되며 경인쇄인 마스터 인쇄에도 적당하다. 염료를 넣어 약간의 미색을 띠도록 한 미색모조지는 흰색보다 빛의 반사율이 적어 가독성이 좋고 눈의 피로를 줄일 수 있어 많이 선호한다.

③ 중질지: 화학펄프를 70% 이상 넣어 만들기 때문에 신문용지에 비해 평활도나 백색도가 좋기는 하나 상질지보다는 질이 떨어지며 변색이 잘된다는 단점이 있다. 출판물의 본문 용지로도 사용되고 있으나 고급 정밀 원색인쇄에는 적합하지 않다.

④ 서적지: 일명 교과서 용지라고도 한다. 본격적인 출판물의 본문 용지로 생산된 종이이다. 광택이 거의 없고, 오래가며, 가벼우며, 약간의 미색을 띄게 하여 눈의 피로를 최소화시킨 종이이다.

⑤ 색지: 모조지와 거의 비슷한 재료를 사용하며, 펄프에 염료를 넣어 생산해내는 종이이다. 흔히 색모조지라 한다. 색모조지는 청, 적, 황, 녹색이 있으며 각종 서식 용지나 본문의 장, 절을 구

분하기 위해 간지로 사용된다.

⑥ 그라비어지(gravure paper): 그라비어인쇄에 적합하도록 특별히 만들어낸 종이다. 그라비어인쇄는 오목판 인쇄이기 때문에 이에 사용되는 종이는 잉크의 흡수력이 좋아야 한다. 화학 펄프가 약 40%가량 섞여 하급지와 흡사하나 광택이 나며, 종이의 색깔은 조금 검은 빛이 돈다. 일본의 경우 잡지출판에 이러한 그라비어인쇄를 활용하는 경우가 많다.

⑦ 크래프트지(kraft pulp paper): 일반 포장용 종이로 가장 많이 사용되는 종이로서 약간 붉은 기가 도는 갈색종이이다. 이 종이는 섬유질이 길고 질겨 포장용으로 적합하다.

⑧ 판지: 양장 제본의 심재용으로 많이 사용되는 판지는 짚을 주원료로 만드는 황판지와 마닐라 펄프를 사용하여 만든 마닐라 판지가 있다. 판지 중 고급 판지에 속하는 아이보리 판지는 카드나 연하장, 초청장 등을 만드는 데 흔히 사용된다.

⑨ 그 밖에 도화지와 켄트지 등이 있다.

2) 도피지(덧칠한 종이)

도피지(덧칠한 종이)는 펄프의 섬유 조직보다 대단히 고운 광물질 분말을 종이의 표면에 도포한 종이를 말한다. 때문에 평활도가 뛰어나나 인쇄잉크의 흡수가 잘 안 되고, 인쇄내용이 쉽게 변질되거나 벗겨지는 등 내쇄력이 약하다. 또한 무게가 무거우며, 불투명도가 높다. 도피지의 종류는 아래와 같이 다양하다(박찬수, 2009).

① 아트지(art paper): 아트지에 사용되는 원지는 100% 화학펄프로

만든 종이를 사용한다. 아트지는 상질지 또는 중질지 위에 백토
와 젤라틴 등의 접착성 물질을 섞어 바른 후 광택을 높인 종이
를 말한다. 평활도나 광택이 좋아 고급 컬러 인쇄 위주의 카탈
로그, 화집, 포스터 등에 사용된다.

② 엠보싱지(embossing paper): 아트지와 비슷한 성분으로 만들어진
종이로서 표면에 인위적으로 일정한 모양의 무늬를 넣어 독특
한 효과를 나타내고 있다. 비교적 불투명도가 높으며, 새겨진
무늬의 종류에 따라 줄무늬, 비단무늬, 마름모무늬 등이 있다.
책표지나 카드, 카탈로그 등에 쓰인다.

③ 불투명지: 인디아지라고 하며, 원지는 100% 화학펄프로 만든 종
이를 사용한다. 얇고 불투명하여 주로 사전용지로 많이 쓰인다.

④ 머신코트지(machine-coated paper): 펄프로 된 종이에 백토를 칠
하는 과정에서, 아트지는 완전히 마른 상태에서 도포를 하지만,
코트지는 펄프가 건조공정으로 들어가면서 펄프 위에 백토가
도포되는 것이다. 아트지만큼 평활도나 광택이 나지는 않지만
불투명하고 얇게 만들어질 수도 있으며, 종이의 무게가 무거워
원색인쇄를 하는 잡지 등에 쓰이기도 한다.

⑤ 기타: 레자크지, 우산지, 화학섬유지, 세미 그로스(semi gloss) 등
많은 종류가 있다.

이와 같이, 종이의 종류는 다양한바, 출판에 사용되는 종이를 선택
하는 데 있어서 제작 담당은 사용될 인쇄 공정과 책의 형식, 이미지
등을 염두에 두어야 한다. 종이를 선택할 때에는 평활도, 광택, 불투
명도, 색감 등을 고려해야 하는데, 대개의 경우 우선 무게를 따지게

된다(이기성·고경대, 2004). 같은 무게라고 해도 종이의 종류마다 두께는 서로 차이가 있다. 이는 종이를 만드는 과정에서 얼마나 단단하게, 혹은 광택이 나도록 처리했는가에 따라 생기게 되는데 이것이 결국 평활도, 불투명도와 연관이 있다. 또한 미묘한 색감 표현을 위해서 각 지질의 재질감과 색상에 따른 차이도 고려해야 하며, 인쇄 적성, 색조, 광택, 촉감 등을 고려하여 종이를 선택해야 한다.

2.4. 출판인쇄

인쇄는 보통, 원고를 여러 가지로 가공해서 인쇄판으로 변환시킨 것을 인쇄기에 걸어 종이 등의 피인쇄체에 인압을 가하는 복제 기술과 행위를 일컫는다. 인쇄판을 만드는 단계를 제판이라 하는데, 보통 이 제판 공정과 인쇄 공정을 아울러서 인쇄라 부르기도 한다. 인쇄판

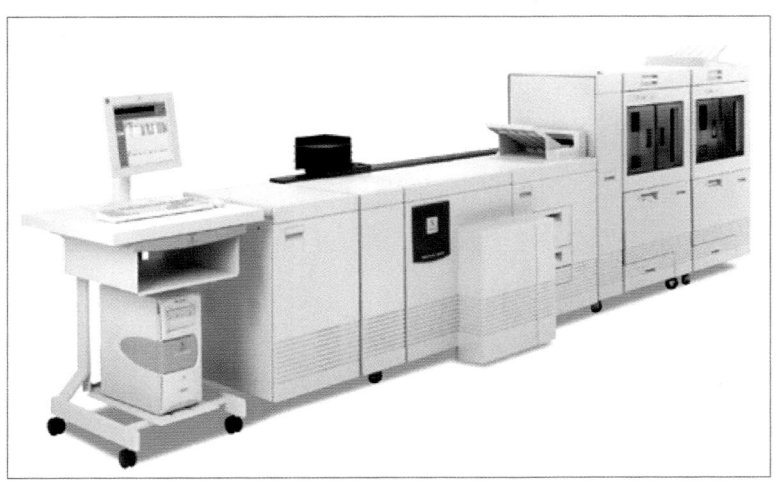

디지털 인쇄기

제10장 출판편집과 제작의 이해

의 구조 형태의 차이에 따라 인쇄 방법이 달라지는데, 출판 인쇄에는 다음과 같은 판식이 있다(김성재, 2004).

1) 볼록판 인쇄

판면의 인쇄되는 철부가 인쇄되지 않는 비화선부보다 볼록하게 도드라진 판식에 의한 인쇄이다. 곧, 볼록하게 도드라진 부분에 잉크를 묻혀 압력을 가하면 종이에 옮겨져 인쇄되는 것이다. 인쇄물은 일반적으로 선명하고 강한 인상을 준다. 볼록판의 종류로는 목판, 활판, 선화 볼록판, 사진 볼록판, 감광성 수지판, 고무판 등이 있다.

2) 평판 인쇄

판면에는 요철이 거의 없고, 화학적 처리에 의해 화선 부분만 잉크가 묻고, 그 밖의 부분은 잉크가 묻지 않도록 되어 있는 인쇄 방식이다. 즉, 물과 기름의 반발력을 이용하여 화학적으로 제판되는 방식으로 가장 일반화된 인쇄라고 할 수 있다. 제판할 때 미리 화선부에는 지방성 잉크만 묻게 하고, 비화선부에는 수분만 받아들이도록 광화학적인 처리를 한다.

평판 인쇄물은 주로 상업 인쇄물인 캘린더, 포스터, 카탈로그, 광고, 지도 등 컬러인쇄에 사용되고, 평판의 판 종류는 석판, 난백판, 평요판, 다층판, 와이프온판, PS판 등이 있다(박찬수, 2009).

3) 오목판 인쇄

오목판인쇄는 볼록판인쇄와 반대되는 인쇄 방식이다. 인쇄되는 화선 부분을 판면에 오목하게 파서 그 속에 잉크를 채우고 다른 부분은 독터(doctor)라 일컫는 금속주걱으로 정비한 후 인쇄하는 방식이다. 오목하게 파는 깊이에 따라 잉크의 농담이 생기게 된다. 제판비가 비교적 많이 들지만, 잉크농도가 풍부하여 사진 인쇄 효과가 우수한 인쇄 방식이다. 미술의 판화를 이용해 찍는 것과 같은 원리이다.

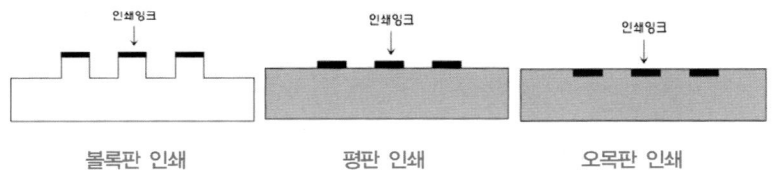

볼록판 인쇄   평판 인쇄   오목판 인쇄

오늘날 인쇄의 디지털화는 CIM(Computer Integrated Manufacturing) 시스템 도입으로 인한 인쇄 자동화 구축이며, 다른 한편으로 인쇄판 없이 인쇄가 가능한 디지털 인쇄기의 일반화를 의미할 수 있다. 디지털 인쇄의 특징은 기존의 방식보다 인쇄 공정의 축소로 시간과 비용이 절감된다는 점이다. 기존의 인쇄 공정이 '원고 제작→레이아웃→제판→쇄판→인쇄→후가공'의 과정이었다면, 디지털 인쇄는 '원고 제작→인쇄(디지털 인쇄기)→후가공'으로 공정이 단축되어 끝난다. 이처럼 디지털 인쇄는 문서관리와 사전 준비 등을 자동화하여 많은 시간과 비용이 요구되는 인쇄 전 준비 작업과 필름, 판, 잉크의 조성 과정을 생략해 단 몇 시간의 공정으로 완벽한 인쇄 처리가 가능한 것이다. 이러한 이유로 기존 인쇄 방식보다 인쇄 공정상의 인원과 경비를 줄일 수 있고, 언제든지 교정 및 재인쇄가 가능한 장점을 지니고 있다(문화체육관광부, 2009).

2.5. 제책

제책은 인쇄된 종이를 쪽 번호순으로 접어 책등을 실이나 철사 등으로 묶어서 장시간 사용할 수 있도록 가공하는 작업을 말한다.

제책 과정

현대의 서적 출판에 있어서 사용되는 제책 양식은 지장제책과 정장제책으로 크게 나눌 수 있다(김성재, 2004).

지장제책은 책 속장에다 종이 표지를 풀로 감아싼 채 머리와 밑과 배 부분을 함께 재단하여 만든 것으로 '철사매기', '무선철', '실엮음'으로 나눌 수 있다. 철사로 맨 책은 종래 '호부장'이라 일컬어 왔는데, 제책업계에서 '풀책'으로 이름을 수정했다. 무선철은 철사나 실로 꿰매지 않고 등 쪽을 재단하고 풀이 들어갈 자리를 흠집을 내준 다음 풀로 붙인다. 무선철은 책등 부분을 강력한 접착제로 표지와 접착시킨 후 본문과 표지를 함께 재단하는 방식이다. 이 방식은 자동화하기 쉽고 처리시간이 매우 빠른 장점이 있다. 일반 단행본, 만화 등에 많이 사용한다(이기성·고경대, 2004). 실엮음 지장은 '반양장'이라 일컫는데, 본문은 실로 꿰매되, 두꺼운 합지와 천이 없이 본문과 면지를 풀로 붙인다. 반양장으로 제책하던 책들이 무선철로 많이 대체되었다.

정장제책은 제책업계나 출판업계에서 양장이라 일컫는 것으로, 흔히 양장책 또는 하드커버 책(hardcover book)이라고 불리는데, 실로 엮거나 무선철하고 표지를 두꺼운 종이에 클로스 따위를 씌워 만든다(김성재, 2004). 그러나 엄격히 따지면, 중국에서 전래된 '재래식 제책'18)의 상대 개념이 양장이므로, 풀책이나 무선철 또는 실엮음 등 지장제책도 다 양장이라 해야 마땅하다. 요즘 실로 엮은 지장은 드물어졌고, 정장제책이라도 실로 엮지 않는 경향으로 흐르고 있다.

---

18) 재래식 제책은, 한쪽 면만 인쇄한 것을 둘로 접어 매기 때문에, 매는 쪽의 반대쪽인 배(fore-edge) 쪽이 자루 모양으로 되어 있어 자루매기라 하며, 끈으로 매므로 선장이라고도 한다.

제10장 출판편집과 제작의 이해

제11장
도서출판의
경영 및 비즈니스

"기업의 목적은 시장을 창조하는 것이다."

_피터 드러커(Drucker, P. F.)

1. 출판업의 특성과 출판경영

출판업은 영리를 목적으로 출판활동을 전개하는 사업이다. 그러나 본질적으로 출판이란 어떤 사람의 사상, 감정, 의견, 주장 등을 보다 많은 사람들에게 전달하고 그 사람들의 정신적 욕구를 충족할 수 있게 한다는 면에서 문화적 사명도 지니고 있다(박영서, 1993).

출판업이 문화적 창의성을 필요로 하는 까닭에 출판업에 종사하는 각 출판사들은 저마다 독특한 스타일을 지니게 된다. 이러한 각 출판사 고유의 스타일은 간행한 출판물을 통해 구현된다. 출판물에는 출판사의 개성과 의지가 강하게 반영되므로 출판업은 '뜻의 산업'이라 부르기도 한다(김성재, 2004).

출판업은 기본적으로 중소기업의 범위를 넘어서기 어려운 업종이다. 따라서 소수의 인원이 종사하는 출판사가 대부분이며, 혼자서 모든 일을 다 하는 1인 출판사도 많이 있다. 그러나 세계 출판산업에는 몇 조 원의 매출액을 올리고 있는 거대 출판기업도 존재하고, 우리나라에서도 매출액이 수천억 원에 이르는 대형 출판사가 생겨나고 있으며, 이들 거대 출판사의 업계 점유율도 높아가는 추세이다.

우리나라의 대형출판사는 대부분 출판의 역사가 오래되고 고정적인 수요처가 있는 전집, 학습참고서, 학습지 분야의 출판사가 차지하고 있다. 이들 출판사가 한국 출판사의 규모에서 상위순위를 차지하는 이유는 우리나라의 높은 교육열과 밀접한 관련을 가지고 있다. 다음의 표에서 보는 바와 같이 우리나라 대형출판사들은 대부분 전집과 학습관련 출판물을 생산하고, 한 해 수천억 원의 매출액을 올리고 있으며, 성장세도 비교적 안정적이다.

최근에 와서는 일부 단행본 출판사의 대형화도 급속히 진행되고 있다. 단행본 출판이란 문학, 실용서, 경제경영, 자기계발 등의 도서를 낱권 위주로 판매하는 출판사를 말한다. 이렇게 일부 단행본 출판사가 대형화되는 이유는 독자의 독서 다변화와 임프린트 출판의 활성화를 들 수 있다. 1980년대에 들어와서 문학 위주로 성장해왔던 단행본 출판영역이 사회과학, 어학, 경제경영, 자기계발, 인문과학 등으로 다양하게 발전하고, 최근에 들어와서는 유능한 편집자에게 독립된 브랜드와 자본을 주고 경영케 하는 임프린트 출판의 성공으로 일부 출판사를 중심으로 매출액이 대폭 늘어나게 되었다. 다음의 표는 우리나라 단행본 출판사를 매출액 상위 출판사를 중심으로 정리해놓은 것이다.

학습교재, 전집 출판사의 매출액 규모

(단위: 백만 원)

출판사명	2007년	2008년	2009년	2010년	주력출판 분야
대교	846,630	841,092	845,489	860,023	학습지
웅진씽크빅	690,217	784,613	825,210	791,403	학습지, 전집
교원구몬	601,349	652,668	676,283	681,218	학습지
교원	278,898	302,537	368,194	464,401	전집
한솔교육	242,847	223,010	241,723	250,137	학습지
재능교육	318,799	268,334	245,832	244,307	학습지
두산동아	217,312	231,669	227,080	232,006	학습참고서
천재교육	155,079	170,509	183,530	219,847	학습지
와이비엠시사	133,209	147,919	158,826	164,154	학습참고서
금성출판사	97,215	108,675	119,647	128,185	학습참고서
미래엔	130,395	104,834	103,385	105,415	학습참고서
비상교육	65,853	76,511	85,730	97,026	학습참고서
교학사	66,638	59,882	60,840	62,459	학습참고서
현대영어사	56,586	59,137	63,519	60,629	학습지
삼성출판사	51,064	55,768	65,341	58,479	전집
한국몬테소리	23,100	52,514	55,889	54,460	전집
예림당	6,124	4,820	52,748	54,195	전집
좋은책신사고	33,817	55,269	57,639	53,787	학습참고서
능률교육	32,466	37,647	43,930	45,185	학습참고서
장원교육	29,094	31,607	36,731	41,013	학습지
지학사	33,946	31,887	37,185	39,195	학습참고서
유니북스	42,391	42,036	41,951	37,421	학습지
기탄교육	37,912	35,070	30,508	29,146	학습지
프뢰벨미디어	30,136	28,156	27,938	28,703	전집
도서출판디딤돌	26,138	26,254	18,094	25,967	학습참고서

출처: 금융감독원 전자공시시스템(http://dart.fss.or.kr), 박익순(2011).

단행본 출판사의 매출액 규모

(단위: 백만 원)

출판사명	2007년	2008년	2009년	2010년
웅진씽크빅	40,741	48,682	59,198	63,105
시공사	53,476	49,063	51,220	49,297
김영사	35,492	36,340	52,607	47,471
북이십일	23,790	23,062	21,591	28,915
문학동네	11,353	16,722	22,574	28,484
랜덤하우스코리아	27,861	26,980	23,503	22,942
도서출판넥서스	22,397	23,811	24,802	21,791
위즈덤하우스	21,321	17,300	21,313	20,210
창비	11,581	12,700	19,205	17,819
비룡소	20,936	17,776	16,267	14,764
민음사	9,635	12,079	14,510	11,058
도서출판길벗	11,091	9,813	9,981	10,883
열린책들	7,250	6,030	10,389	10,486

자료: 금융감독원 전자공시시스템(http://dart.fss.or.kr), 박익순(2011).

그러나 이렇게 일부 출판사를 중심으로 매출액이 급성장하는 대형화 현상이 눈에 띄게 늘어난다고 하더라도, 우리나라 출판사의 양극화 현상은 더욱 심화되고 있어 대부분의 소형출판사들은 지속적인 매출 감소현상을 겪고 있다. 따라서 합리적인 출판경영의 중요성이 그 어느 때보다 절실히 필요한 시기가 되었다.

이윤 창출과 문화적 사명이라는 경영 목표를 동시에 추구하는 출판업은 다양한 특성을 지니고 있는데, 이를 정리하면 다음과 같다(윤세민, 1997).

첫째, 출판업은 출판경영자 및 종사자, 저자, 독자, 기획·편집·디자인 관련 외부 대행회사, 인쇄소, 제본소, 도매점, 서점, 도서관 등의 여러 집단의 이해관계와 협동의 바탕 위에서 성립, 존속한다.

둘째, 출판업은 '출판물 생산'이라는 생산기능을 수행한다. 특별히 출판업은 정보 처리 및 가공과 출판물 제조라는 생산기능을 통해 형태 효용가치와 심리 효용가치를 창출, 부가해낸다.

셋째, 출판업은 실체로서의 독립적 존재인데, 특히 출판사의 성패와는 관계없이 생산해낸 출판물을 통해 독자적, 영속적으로 존재하면서 기능을 수행해가는 하나의 사회경제적 제도 내지 기관이라고 할 수 있다.

한편, 출판은 당대 사회를 가장 잘 반영하는 일종의 시류산업이며, 이 같은 특징이 구체화되는 것이 베스트셀러이다. 베스트셀러라는 용어는 본래부터 미국 출판업에서 유래된 것인데, 이는 출판업은 문화산업이며 출판물은 문화상품으로서의 성격을 지니고 있다는 점을 대변해준다. 최근에는 각 신문과 경제단체에서 히트상품을 선정하면서 그 해의 베스트셀러를 포함시키고 있는 것도 출판업의 출판물의 성격과 특성을 잘 보여주는 것이라 할 수 있겠다.

정리하면, 출판산업은 출판활동을 통해 이윤을 추구하는 하나의 상업화된 행위이며, 출판사를 운영하는 행위자체도 기업행위이기 때문에 출판활동에 있어 보다 체계적인 출판경영이 필요하다. 출판경영은 한 사회제도 내에서 이용 가능한 사회적 자원을 수집하고, 이를 상품화하여 독자, 즉 소비자에게 판매함으로써 이윤을 획득하는 일련의 행위를 지휘, 통제, 조정하는 것을 가리킨다(노병성, 1997). 여기에는 출판사의 조직 및 인사관리, 저자와 독자관리, 출판물 생산관리, 서점관리와 재고관리, 재무관리와 마케팅관리 등이 포함된다.

오늘날 출판산업의 개념이 확대되고 있다. 출판산업은 모든 산업

중 최다 콘텐츠 수, 다양한 상품 형태(One-Source Multi-Products), 다채널 유통이 가능하고, 다원화·고급화·개성화·세계화된 정보 수요와 소비 패턴에 조응하는 문화산업이자 정보사회의 전자산업으로 새롭게 주목받고 있다. 이에 따라 출판의 비전은 '소도구적인 텍스트 시장'에서 '핵심적 지식정보 시장'으로 산업 범주가 변화·발전되어 가고 있다.

2001~2010년 연도별 베스트셀러

연도	베스트셀러명	내 용
2010	정의란 무엇인가?	자유사회의 시민은 타인에게 어떤 의무를 지는가, 정부는 부자에게 세금을 부과해 가난한 사람을 도와야 하는가, 자유시장은 공정한가 등에 대한 질문들에 설득력 있는 해답을 제시하고 있는 마이클 샌델(Michael J. Sandel)의 저서
2009	엄마를 부탁해	어머니들의 삶을 감동적으로 그려낸 신경숙의 소설. 시골에서 올라온 엄마가 서울의 지하철역에서 실종되면서 가족들이 사라진 엄마의 흔적을 추적하며 기억을 복원해나가는 과정은 추리소설 형식으로 전개
2008/ 2007	시크릿	호주의 전직 TV프로듀서 론다 번(Rhonda Byrne)의 저작으로 인간 내면에 잠재되어 있는 비밀의 힘을 이용하면 좀 더 발전된 인생을 살 수 있다는 조언을 제시
2006	마시멜로 이야기	대중연설가이자 자기계발전문가 호아킴 데 포사다(Joachim de Posada)와 비즈니스분야의 저술가 엘런 싱어(Ellen Singer)의 저작으로 행복과 성공의 진정한 의미를 전하는 유쾌하고 흥미진진한 우화들을 제시

2005		사랑, 우정, 자연, 그리고 모험심 등 우리의 일상을 풍요롭게 채워줄 49가지 의미 있는 일들을 감동적인 이야기로 소개한 중국 작가 탄줴잉의 저작.
	살아있는 동안 꼭 해야 할 49가지	
2004		브라질 작가 파울로 코엘료(Paulo Coelho)가 연금술은 만물과 통하는 우주의 언어를 꿰뚫어 궁극의 '하나'에 이르는 길이며, 마침내 각자의 참된 운명, 자아의 신화를 사는 것이라는 메시지를 전하는 책
	연금술사	
2003		『개미』, 『뇌』 등의 저작으로 알려진 베르베르의 소설. 관습적 사고를 탈피하여 새롭게 세계를 바라보게 하는 짧은 단편들을 엮은 책으로 인간 세계에 대한 과학적이고 시적인 통찰을 제시
	나무	
2002		방송사 MBC의 인기 프로그램 '느낌표'의 선정도서이기도 한 위기철의 소설. 일상에 대해 아홉 살 아이의 시각에서 삶에 대해 질문을 던지고 답을 만들어가는 성장소설 형식의 저작
	아홉 살 인생	
2001		변화의 순간에 슬기롭게 대처하는 지혜를 제시하는 스펜서 존슨(Spencer Johnson)의 저작. 스니프와 스커리라는 작은 생쥐를 주인공으로 한 우화를 통해 인생에서 일어나게 될 변화에 대응하는 방법을 설명
	누가 내 치즈를 옮겼을까?	

　　출판환경 전반의 디지털화가 확산되는 가운데 DTP, 인터넷서점, 전자책 등에서 보듯 올드미디어와 뉴미디어의 상호보완적 병존 발전 모델이 성공적으로 가시화되고 있다. 이는 디지털 혁명이 시작되기 이전부터 영상문화가 지배문화로 군림하면서 예단되어 왔던 출판·인쇄산업의 사양화가 아니라 오히려 '지식 사양(시스템) 산업화'로의

패러다임 변화를 의미한다. 이러한 산업 패러다임 변화 속에서 출판산업의 지속적인 성장과 미래 유망산업으로 거듭나기 위해 출판경영에서 고려해야 할 요소들이 있다. 바로 창의적인 전문 콘텐츠 기획·생산에 집중해야 하고, 이를 위한 새로운 비전 설정과 산업 인프라 구축, 콘텐츠의 다중 활용 전략, 독자 지향적이고 합리적인 유통·판매 시스템 정비 등이 이루어져야 한다.

출판경영을 하는 사람을 출판경영자라고 한다. 출판경영자는 출판사의 소유주인 경우와 전문경영자인 경우가 있는데, 우리나라 출판사들은 대개 규모가 영세하기 때문에 대부분 소유주 경영자가 많았으나, 최근에는 다양한 형태의 메이저 출판사들과 전문분야 출판사들의 출현으로 전문경영자들이 점차 늘어나고 있다(강희일, 2007).

출판업은 사회적·문화적 가치를 사명으로 하는 정신적 가치와, 경제적으로 영리추구를 위한 기업행위를 하는 상품적 가치를 지닌 이중적 측면이 있다. 출판경영에서는 이런 출판업의 특성을 잘 고려하는 경영방침을 세우는 것이 중요하다. 따라서 출판 경영자는 출판사를 유지·발전시키기 위한 출판과 경영에 대한 전문지식은 물론, 역사와 문화에 대한 올바른 인식과 사명감, 출판에 대한 철학을 지니고 있어야 한다.

책은 시장조사가 어려워 수요예측이 힘들다. 따라서 적정한 생산량의 측정이 어렵고, 반품되어 돌아오는 못 쓰는 책이 많아 출판업을 더욱 어렵게 만든다. 책의 판매는 유통업에 의존도가 높다. 그러나 서점은 위탁판매가 대부분이므로 언제나 해당 출판사로 반품할 수 있다. 따라서 판매에 대한 위험부담은 모두 출판사가 지고 있고, 투자자본에 대한 회전도 느려 어려움을 겪고 있다. 출판경영자는 이런 점도 충분히 숙지하고 헤쳐나갈 능력을 갖추고 있어야 한다.

뛰어난 경영자가 되기 위해서는 실무를 통해 살아 있는 경험을 갖추어야 할 뿐만 아니라, 복잡해지고 거대화되는 조직체의 경영을 위해 필요한 자질 및 능력과 함께 전문적인 경영지식도 갖추어야 한다. 따라서 경영학을 배워 전문경영자로서의 바람직한 역할과 조직체의 경영에 대한 전문적인 경영지식의 체계화를 도모할 수 있어야 한다 (신유근, 2006).

출판경영에 있어 출판경영학의 개념도 중요하다. 출판경영학의 대상은 출판을 하는 기업이며, 출판경영학은 이들 기업이 직면한 다양한 의사결정문제에 체계적으로 접근하는 방법을 제시하고, 이들 기업의 목표를 가장 효율적으로 달성할 수 있는 지침을 제시한다. 출판경영학은 경영학의 일부이기 때문에 경영학전 사고의 틀 속에서 이해하여야 한다(김병준·김병도, 1999). 그러므로 지난 수십 년 동안 연구, 개발되고 검증된 경영학의 다양한 경영이론을 출판경영에 적용할 수 있고, 그 결과 새로운 출판경영의 전략을 세울 수 있다.

2. 디지털 환경에서 출판경영 혁신

디지털 출판환경에서 출판경영 분야에 전략적 혁신이 요구된다.

출판산업은 타 산업에 비해 그 낙후성이 심각한 실정이다. 더구나 고도산업으로 성장하지도 못한 채 첨단 정보기술사회를 맞이하게 되어 출판산업은 기술과 경영 모두가 존폐의 위기에 직면하게 되었다. 그러나 이러한 위기의 인식은 그것의 극복을 위한 절호의 기회이기도 하다. 디지털 시대를 맞이하여 출판산업이 혁신적 경영전략을 모색해야 할 이유도 여기에 있는 것이다.

2.1. 디지털 시대 정보산업으로서의 대응

디지털 사회에서는 문화의 존재양식이 변화하므로 문화를 담당하는 출판도 자기변혁을 일으키지 않을 수 없게 되었다. 출판의 세계도 컴퓨터와 정보통신기술이 도입됨으로써 출판업의 변모와 출판사의 새로운 도전이 기대되고 있다.

나날이 증가하는 정보의 방대한 양과 새로운 질의 정보는 전통적인 종래의 인쇄미디어만으로는 이미 감당하기 어렵게 되었으며, 지금까지 인간이 발명한 기계와 기술 중에서 출판의 미래에 대해 많은 변화를 줄 수 있는 것이 컴퓨터나 다양한 모바일 기기(스마트폰, 전자책 단말기, 태블릿PC) 등이다. 오늘날의 정보전달 수단은 인쇄미디어에 의한 출판만은 아니다. 인간이 창조한 지식은 활자화되지 않고 곧바로 컴퓨터에 입력되며 개인의 요청에 따라 필요한 지식이 다양한 모바일기기를 통해 제공되고, 따라서 컴퓨터에 입력 · 가공된 정보를 사람들이 원하는 방식으로 제공하는 역할이 앞으로 출판사의 주요기능이 될 것은 틀림없는 사실이다. 따라서 앞으로 출판업은 정보통신산업과 유사한 역할을 수행하는 것으로 발전될 가능성도 높다.

상대적으로 디지털 사회가 고도화될수록 고도의 지식사회, 또는 지식혁명사회를 지향할 것이며 그렇게 되면 언론이나 영상매체를 통한 정보제공은 신속성과 즉시성은 있을지 모르나 출판매체 고유의 영역을 대행하기는 어려울 것이다. 그러므로 출판이 정보의 기획, 생산부문을 담당하는 면은 여전할 것이다. 디지털 사회가 진전될수록 더욱 깊이 있는 정보와 전문적 판단이 요구된다고 본다. 그러므로 출판경영에서는 기존의 경험과 자료를 잘 활용하면서 출판산업의 중심을 기획에 두어야 할 것이며, 더욱 전문인력을 양성하여 대비하지 않으면 안 될 것이다. 그리고 어느 한 분야에 집중하는 전문출판을 지향해야 할 것이며, 이에는 전문잡지 간행을 겸하는 것이 유리할 것이다. 그렇게 되면 저작자, 곧 원고(정보)의 확보와 독자의 확보가 함께 용이해질 수 있다.

출판산업이 정보화시대에 걸맞은 산업영역으로 발전하기 위한 과제 및 방안을 정리하면 다음과 같다(한태학, 2000).

첫째, 모든 자료와 정보를 디지털로 변화하여 데이터베이스에 저장하고 활용하는 것이다. 출판산업에서 컴퓨터의 활용은 기존의 편집공정이나 편집 이후 제작 등에만 이루어지는 것이 아니라, 시시각각 필요한 정보와 지식을 적절히 제공할 수 있는 살아 있는 데이터베이스 구축하기 위한 노력이 적극적으로 이루어져야 한다. 특히 요즘같이 전자책이 활성화되는 시대에 한국의 출판계는 이전에 출간한 책의 원본 파일도 제대로 관리하지 않아 전자책의 제작에 많은 애로를 겪고 있다.

데이터베이스화를 위해서는 지식/정보를 그림자료와 통합하여 다시 정보검색에 알맞게 영상화하고 재정리하는 데 비용과 시간이 소요된다. 그러므로 하루속히 모든 자료를 디지털 및 데이터베이스화하여 뉴미디어/디지털미디어 시대에 기간산업이 되어야 한다.

둘째, 출판 전문인력 양성이다. 출판 분야에 컴퓨터를 비롯한 첨단 테크놀로지를 활용함에 따라 출판의 제작과정이 전산화됨으로써 작업방식이 단순화되었고, 또한 인쇄과정이 불필요한 오프라인과 온라인 전자출판의 형태가 늘어나게 됨에 따라 이러한 변화에 부합하는 양질의 출판인력이 요구된다. 특히 최근 전자책이 급속한 성장 추세를 보이고 있는 점을 감안하면 전자책에 대한 전문성 또한 매우 필요한 상황이다.

뿐만 아니라 도서출판의 내외적 환경변화의 가장 두드러진 경향은 단연 기획출판을 들 수 있다. 매체 간의 가속화되는 경쟁 속에서 도서매체가 생존하기 위해서는 도서매체 자체의 특성을 더욱 부각시키고, 아울러 수용자를 더욱 세분화하여 특정의 수용자 층을 파고드는 전략을 구사할 수밖에 없을 것이다. 이를 위해 출판의 이론적 지식과 다양한 기획력을 겸비한 다기능 출판인력이 절실히 요구된다고 하겠다.

2.2. 경영합리화를 위한 관리

이제까지 출판경영이 소규모의 영세사업의 틀을 벗어나지 못한 것은 개인기업 위주이면서 전근대적인 방식으로 경영을 해왔기 때문이다. 그러므로 현대적인 경영합리화를 꾀하여 경영혁신을 하려면 여러 관리방안을 도입하여야 하는바, 이를 정리하면 다음과 같다(김병준·김병도, 1999).

관리기능	문제점	관리방안
인사/노무	사규화의 미비와 일관성이 결여	사규화하여 합리성 있게 운영
생산	생산계획과 공정관리의 일관성 결여 생산관리의 원칙(단순화, 표준화, 전문화)이 계획되고 통제되지 못함	사내외에 걸쳐서 일관된 집행과 관 리로 관련기관과의 협력을 극대화 시켜야 함
마케팅	수요분석, 소비자행동분석, 마케팅전략수립, 출판기획, 상품 라이프사이클 분석과 대책, 판매촉진활동, 판매처와 독자에 대한 서비스 등 지속적인 집행이 결여됨	지속적 관리로 '소비자는 왕이다'라 는 고객위주의 관리로 전환해야 함
재무	자본조달·운용, 예산관리, 경영분석(자산운 용, 부채운용, 회전율관리), 투자결정, 회계관 리, 성실 세무신고, 독립외부감사인의 감사 실시, 합리적·공개적 관리 미정착으로 기업 의 부실화 초래 사례가 많음	지속적인 관리 및 평가로서 기업 의 건실화, 성장화로 전환시켜야 함
경영정보	MIS제도의 미도입, 새 매체 활용태세 미비, 전산제도 도입 및 활용 미비, 기업의 내외정 보의 취득과 검증을 통해 경영목표에 적용해 야 하나 대부분이 미흡	전체 종사자를 정보마인드화, 컴 퓨터마인드화를 시키기 위해 지속 적인 교육과 동기유발이 필요함

2.3. 경영이념의 확립 및 전문경영인 시스템 구축

출판산업은 문화산업이다. 도서출판과 유통은 문화산업이며 생산과 소비가 모두 문화활동이다. 책은 다양한 분야에서 깊이 있는 내용으로 많이 나올수록 좋다. 도서의 판매와 유통은 단순히 소비재 제품의 판매를 위한 마케팅 전략에만 의존할 수 없는 문화적 전략이 요구된다고 하겠다. 디지털 사회의 진전에 따른 다매체 경쟁상황에서 미래의 독자들을 확보하는 독서교육에 출판계는 장기적 마케팅 개념에서 참여해야 할 것이다.

출판경영인은 출판사를 유지하고 발전시키기 위해서 출판과 경영에 대한 전문적인 지식체계를 갖추어 출판물의 최적 생산과 분배, 이익의 합리적 분배 등을 효과적으로 수행함으로써, 종업원의 생계유지와 경제적 보상, 그리고 독자에 대한 서비스를 이행하도록 노력해야한다.

미래지향적으로 출판사를 유지·발전시키기 위해서는 과거보다는 현재, 현재보다는 미래의 유능한 출판전문가와 경영인을 양성하는 것이 기업으로서의 출판사의 중요한 과제이면서 책임이다. 따라서 출판경영자는 출판사의 성장과 더불어 탁월한 출판전문가와 후계 경영인을 육성해나가야 한다.

출판경영활동을 전개하다 보면 저자, 독자, 기획·편집·디자인 관련 외부 대행회사, 인쇄소, 도매점, 서점, 도서관 등 수많은 이해집단이 형성되게 마련이다. 출판사는 출판업의 특성상 독자적인 성장과 발전을 이룰 수 없다. 출판사는 상호이해관계를 갖고 있는 여러 관련 집단과 유기적 복합체의 성격을 맺고 있기 때문에 상호균형적 이해관계의 조정은 출판경영자의 대외적, 사회적 책임 면에서 볼 때 그 비중이 매우 클 수밖에 없다.

출판경영자가 파악하고 점검해야 할 일반적인 사항은 다음과 같다(김희락, 1991).

첫째, 도서의 생산(공급)은 정확하게 원가계산을 하여 원가를 산출하고 수요예측(시장조사)을 정확히 하였는가? 그리고 그 시기와 대상 및 광고 등 판촉방법은 미리 파악하고 계산되어 있는가?

둘째, 현재의 재정상태와 연초의 계획과의 차이를 파악하고 있는가? 그리고 줄 돈과 받을 돈의 파악과 다음 계획의 자금동원은 준비되었는가?

셋째, 도서의 재고는 파악되고 있으며, 시설의 공간파악은 되었는가? 판매 불가능한 반품·불량도서는 어떻게 처리하는가?

넷째, 연간·월간·주간에 따른 업무계획을 세워서 실천하며 그에 대한 계획수립과 시행의 확인이 어떤 방법으로 이루어지고 있는가? 그리고 그 사항들을 점검 기록하고 보관되는가? 특히 신간발행 계획을 치밀하게 세우고 그 진행과정과 재정상태의 관계를 살피는가?

다섯째, 모든 종사자는 주체적으로 스스로의 업무에 대한 계획과 방침을 확실하게 알고 시행하는가? 그리고 업무에 따른 조직과 인력은 충분하며, 그들은 능력을 충분히 발휘하고 있으며, 그에 대한 대우(보수)와 승진 등의 조건은 적절한가? 정기·부정기적으로 종사자의 사기를 높이는 행사나 모임이 있으며, 자질향상을 위하여 자체연수나 위탁교육, 세미나 참가 등을 꾀하고 있는가(김병준·김병도, 1999)?

오늘날 우리의 출판산업이 겪고 있는 불확실성과 혼돈의 위기상황의 치유를 위해서도 역시 경험에만 의존하지 않고 학술적인 연구결과를 충분히 활용할 수 있어야 한다. 출판현상에 대한 학문적 연구결과를 통해서만이 오늘날의 혼돈을 슬기롭게 헤쳐나갈 수 있는 혜안을 발견할 수 있을 것이다. 따라서 출판경영자들은 학계와 좀 더 유기적인 연계성을 구축하려 노력할 필요가 있으며, 산학협동체제의 정착은 출판산업에 보이지 않는 부가가치를 창출하는 데 절대적으로 기여할 수 있을 것이다. 그리고 출판산업이 문화산업의 중추적인 산업으로 부상하는 데 큰 힘이 될 것으로 보인다.

세상은 하루가 다르게 변하고 있어서 우리는 그 어느 때보다도 혼돈의 시대에 살고 있는지도 모른다. 날마다 쏟아져 나오는 분절된 정보의 홍수 속에서 대부분의 사람들은 주어진 여건을 어떻게 꿰어맞추어야 좋을지 알지 못하고 미래의 모습에 대해서 생각할 여유조차 갖지 못하고 있다. 따라서 모든 사회과학이 그러하듯이 출판학은 출판산업의 위기와 혼돈의 출판문화 배후에 숨어 있는 원인들을 학술적으로 규명해냄으로써 우리가 미래로 가는 방향과 도정을 올바르게 짚을 수 있도록 도울 수 있어야 한다. 그리고 여기에서 말하는 미래란 먼 미래가 아니라 절박한 미래, 즉 지금 우리 눈앞에 펼쳐지고 있는 미래인 것이다.

2.4. 저자관리, 생산관리, 마케팅관리

1) 저자관리

출판사는 저자의 관리에 힘써야 한다. 책의 내용인 콘텐츠가 주로 저자들에 의해 이루어지기 때문에 저자의 발굴과 선택된 저자의 관리에 정성을 다하는 것은 물론, 집필에 필요한 지원을 아끼지 말아야 한다.

출판사가 저자를 발굴하는 방법은 저자가 직접 출판사에 연락해오는 경우, 출판사가 저자를 발굴하는 경우, 외국 책의 번역자를 선정하는 경우 등이 있다.

저자의 관리는 항상 성의를 다하는 동반자적 자세로 지속적인 관계가 유지되어야 한다. 저자를 인격적으로 존중하며, 평소에도 꾸준한 인간관계를 유지하는 것이 중요하다. 우리는 오랜 기간 저자와 출판사가 좋은 관계로 지내다가 인세문제나 대우문제로 종종 갈등관계로 변하는 경우를 보아왔다. 저자의 관리는 출판경영에 중요한 핵심 영역 중 하나이다(윤세민, 1997).

2) 생산관리

출판사의 생산관리란 책의 생산에 필요한 여러 가지 요소들을 최소한의 적은비용으로 투입할 수 있도록 계획·통제·조정하여 관리하는 것을 말하며, 이는 최소의 비용으로 최대의 생산효과를 얻고자 하는 것이다.

출판은 오랫동안 생산과 관련된 많은 분야의 업무를 외주로 처리하고 있다. 즉, 인쇄는 인쇄소, 제책은 제책소에서 외주로 이루어진다. 이러한 외주의 관리와 통제는 출판사의 제작부나 편집부가 맡아서 하고 있다. 따라서 외주책임자는 작업을 시작하기 전이나 작업 중에도 여러 번 그 과정을 확인·감독을 하여야 실수를 줄이고 최대의 생산효과를 얻을 수 있다(강희일, 2009).

3) 마케팅 관리

출판사의 마케팅 관리는 보통 영업부가 담당하지만, 기획부서나 기획 관계자가 마케팅 업무에 함께 참여하는 경우가 많다. 이는 좋은 책을 기획하여 만드는 것은 출판사의 사활이 걸린 업무이면서 마케팅 업무에 연결된 중요한 일이기 때문이다.

책의 정가와 제작 부수를 결정하고, 출고 할인율을 정하며, 광고비·광고매체의 결정, 유통기관(도매상, 서점)과의 거래조건과 출고부수의 결정 등이 중요한 마케팅관리에 속한다(강희일, 2009).

마케팅 담당자는 책의 발간 시점에 즈음하여 시장조사를 토대로 책의 출간 시 수행해야 할 마케팅 포인트를 다음과 같이 결정해야 한다.

첫째, 주요 유통채널의 결정이다. 책의 성격, 예상 독자층의 분포와 구매경향에 따라 유통채널을 정한다. 특히 최근 서점의 유통 점유율이 하락하고 온라인서점 및 할인마트, 특판의 유통 점유율이 상승하는 시점에 있어서 어떤 유통 채널에 비중을 두는가를 결정하는 것은 매우 중요한 일이다.

둘째, 런칭전략을 결정해야 한다. 하루에 신간 발행부수가 수십 권에 이르는 시장에서 어떻게 발간 초기에 자신의 존재를 드러낼 것인가를 고민해 결정하는 것은 중요한 일이다. 특히 베스트셀러를 노리는 출판물의 경우 다양한 런칭전략이 요구된다. 매체 광고뿐 아니라 저자의 사인회 혹은 강연회, 'POP'나 리플릿을 이용한 주 독자층에 대한 직접홍보, 서점 진열의 차별화 등 다양한 전략이 구사될 수 있다.

셋째, 홍보전략과 광고기획도 중요한 사항이다. 다수를 대상으로한 막연한 전략을 짜지 말고, 미디어와 독자를 세분화하여 타깃을 정한 홍보와 광고계획을 수립해야 한다. 최근에는 인터넷 서점을 통한 광고가 큰 효과를 얻는 것으로 알려져 있다(이기성·고경대, 2004).

2.5. 조직 및 인력관리

조직관리는 기업목표를 달성하기 위한 부서편제를 하여 종사원의 능력을 최대로 발휘케 하는 것이며, 인력관리는 필요인력을 적재적소에 배치하고 적절한 대우를 제공하는 것이다.

출판사의 조직관리는 집권적 조직[19]으로서의 장점을 십분 살리되,

---

19) 출판사의 조직구조는 일반적으로 의사결정권한이 상위층에 집중되는 집권적 조직인데, 이는 의사결정권한이 하위층에 위양되는 분권적 조직에 비해 경영자의 개인적 리더십을 용이하게 하고 경영활동의 표준화를 기할 수 있으며 경비가 상대적으로 절감되고 긴급사태에 대한 대응이 신속하다는 장점을 갖는다. 반면에 각 부분 관리자의 창의성이 발휘되지 못하고 하위 상달의 커뮤니케이션이 원활하지 못하며, 책임회피와 각 부분 간의 파벌주의가 생기기 쉽고 명령과 지시가 하위층으로 내려갈수록 신속정확성을 잃게 되는 단점을 지닌다.

어느 시점과 어느 단계에 있어서는 각 부분관리자에게 자주성을 부여함으로써 동기부여와 함께 창의성이 발휘되도록 유도해야 한다.

디지털 시대를 맞이해 고답적인 출판사의 조직구조도 변화를 모색해야 한다. 이미 출판산업 내 새로운 조직구조가 탄생하고 있으며 개별 출판사로 하여금 조직의 탄력성을 갖게끔 유도하고 있다. 멀티미디어를 통한 출판이 자리매김을 해감에 따라 뉴미디어부나 멀티미디어부를 신설하는 현상이 나타나기 시작했고 전통적인 라인 앤 스태프 조직에서 벗어나 시장상황에 보다 유동적으로 대처하기 위한 팀제 도입, 영업부와 기획실의 통합 등의 현상이 나타나고 있는 것이다.

결국 향후 개별 출판사들은 조직구조를 전통적인 형태의 라인 앤 스태프 조직에서 벗어나 직능 중심의 유동적 조직인 팀제의 도입을 이루는 것이 바람직할 것으로 보인다. 또한 출판 PD제도의 도입 등을 통해 불필요한 인력 낭비 등을 없애고 편집인으로 하여금 보다 좋은 책을 만들어내는 데 전력을 기울일 수 있도록 환경을 조성해주어야 할 것이다(김병준·김병도, 1999).

출판은 저자와 독자를 연결하는 종합 연출사업이자, 문화사업이다. 출판은 그 민족의 문화를 계승하고 발전시키는 역할을 한다. 따라서 역사, 변화, 놀이 문화, 식사 문화, 지식, 오락, 뉴스, 문학 등 그 집단(사회/국가/민족)의 공동 문화를 글자나 그림이나 사진이나 소리로 보관하고, 현 세대는 물론 후세에게도 전해주는 임무가 출판 관련인에게 주어져 있는 것이다. 더불어 출판디자인은 출판물에 예술성을 부여하여 상품 가치를 높여주는 고급 문화사업이다.

문화산업으로서 출판산업의 보호는 산업적인 보호정책이나 시장논리에서 그 해답을 찾기보다는 이제는 미디어교육과 독서교육 내지는 독서운동의 문화교육적인 차원에서 그 해답을 찾아야 할 것이다. 따라서 문화산업으로서 출판산업은 독서교육과 독서운동과 같은 문화교육과 문화운동에 적극적인 지원을 아끼지 않아야 한다. 이는 또한 출판산업의 장기적 시장전략이기도 하다.

단언컨대 디지털 시대에 출판산업은 콘텐츠산업이다. 디지털 시대에서도 출판산업은 생존하고 있고, 출판기획가, 출판편집자, 출판디자이너, 출판제작자, 출판마케터의 존재가치가 필요한 것은 마찬가지이다.

출판인은 단순한 기술자가 아니라 기술지식인으로서 정보화사회를 선도하는 사람이라는 자기개혁적 인식이 필요하다. 방송이 등장하자 신문이 망할 것이라고 모두 예언했지만, 신문의 발행부수는 꾸준히 증가해왔다. 모두들 환상에 휩싸여 꿈꾸고 있을 때 묵묵히 신문을 제작하는 신문지식기술자들이 있었던 것이다. 마찬가지로 인터넷의 등장으로 인해 모든 게 '화면' 안으로 들어가 버리는 것 같지만 종이책의 발행부수는 전혀 줄어들지 않고 있다. 모두들 인터넷의 꿈에 들떠 있는 이 순간, 종이출판에 대한 진지한 고민을 하는 출판지식인은 바로 시대의 요청인 것이다.

3. 출판 경영전략으로서의 OSMU

3.1. OSMU의 원천, 출판콘텐츠

오늘날 출판산업은 출판이라는 장르의 풍부한 콘텐츠를 2차적 저작물 등의 시장과 제휴하여 온라인과 오프라인 미디어의 경계를 효과적으로 넘나들 수 있는 'OSMU(One Source Multi Use)'의 통합 마케팅 기획 전략이 요구되고 있다. 즉, 지속적인 콘텐츠 개발과 동시에 그 콘텐츠를 다양한 미디어들에 적용하여 연동적으로 사용함으로써 그 창구효과로 인한 부가가치를 극대화해야 한다는 것이다(이정춘, 2000).

미국과 유럽 등 문화콘텐츠 선진국에서는 소설과 만화 등의 출판물을 원천콘텐츠로 하여 영화, 드라마, 애니메이션 등의 제작이 활성화되고 있다. 대규모의 자본과 세계적인 유통망 등을 갖춘 선진국들의 문화콘텐츠산업은 하나의 콘텐츠를 개발하는 단계에서부터 OSMU 전략을 동시에 진행하는 경향이 일반화되어 있고, 이와 더불어 흥행에 성공한 콘텐츠의 판권을 확보하여 새로운 장르의 콘텐츠를 제작하는 작업에도 적극적이다.

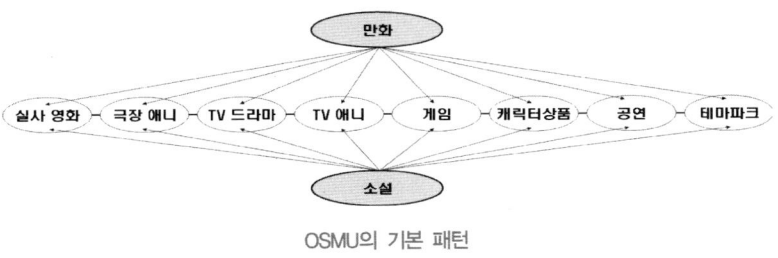

OSMU의 기본 패턴

OSMU란 하나의 원천콘텐츠를 기반으로 다양한 부가 파생상품을 개발하여 창구효과와 시너지 효과를 통해 수익을 극대화하는 것을 의미한다. 협의의 개념은 하나의 콘텐츠를 오락의 요소나 상품의 부가가치 형성에 일차원적으로 적용하는 것이고 광의의 개념은 이윤창출을 위하여 원천 콘텐츠에 문화와 예술을 가공하여 다양한 미디어

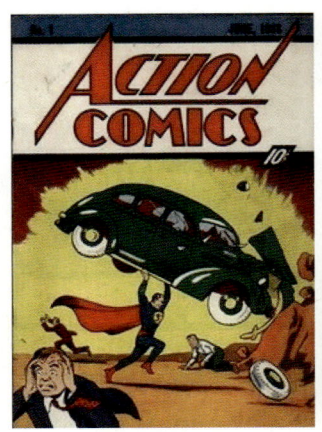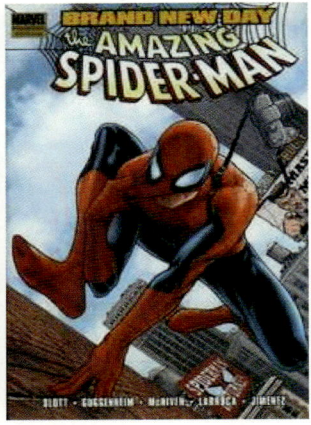

〈슈퍼맨〉과 〈스파이더맨〉의 원작 만화책

에 적용, 배포하는 것이다.

특히, 출판산업의 여러 영역 중 소설을 포함한 문학과 만화는 이렇게 OSMU를 구현하는 원작, 핵심적인 콘텐츠가 되고 있어, 오늘날 출판산업의 가치와 의미가 매우 부각되고 있다. 전 세계적으로 흥행한 영화 <해리포터>는 소설을 원작으로 제작된 단적인 사례이다. 특히 원작소설인『해리포터』는 세계 67개 언어, 200여 개 나라에 소개되어 총 4억 부 이상의 경이로운 판매부수를 기록한 바 있다.『해리포터』는 영화뿐만 아니라, 게임, 캐릭터 상품, 관광(테마파크), 음악(OST), 광고 등의 다양한 영역으로 파생되어 기록적인 경제적 파급효과를 창출했다.

미국의 경우, 만화를 원작으로 영화, 애니메이션, 게임, 라이선스로 이어지는 캐릭터 비즈니스의 전개도 활발하다. 미국 만화산업의 양대 축인 DC코믹스와 마블코믹스는 각각 <슈퍼맨>, <배트맨> 등 전통 슈퍼히어로 중심과 <스파이더맨>, <X맨>, <헐크> 등 트라우마 히어로 중심의 프랜차이즈 영화로 히트를 이어가고 있다. 특히 마블엔터프라이즈의 매출구조를 살펴보면, 장난감, 영화, 비디오게임, TV프로그램, OVA, 레저관광, 프로모션, 디지털만화 등 라이선싱 매출이 50% 이상을 차지하고 있다.

또한 디즈니는 전 세계 문화원형(설화·전설·민담 등)을 활용해 현대적 가치로 재창출하는 데 있어서 독보적이다. 그 예로 <라이온킹>(일본), <인어공주>(덴마크), <뮬란>(중국), <알라딘>(아랍), <헤라클레스>(그리스신화), <포카혼타스>(인디언) 등을 들 수 있다.

한편, 출판을 원작으로 한 OSMU 전략은 비단 영화에만 국한되지 않고 드라마, 뮤지컬 등 다양한 콘텐츠 영역으로 확장되어 왔다. 예를 들어, 미국의 <히어로>, 일본의 <노다메 칸타빌레> 등 성공적인 흥행을 거두었던 드라마들 또한 출판만화를 원천콘텐츠로 하고 있으며, <오페라의 유령>, <노트르담 드 파리>, <사운드 오브 뮤직> 등의 뮤지컬 또한 소설과 자서전 등 출판물을 원작으로 제작된 것이다.

국내 출판산업에 있어 OSMU는 매우 중요한 의미를 지닌다. 전술했듯이, 국내 출판산업이 지속성장에 한계가 드러나고 있기 때문이다. 다시 말해 OSMU의 산업적 중요성이 콘텐츠의 부가가치를 극대화한다는 사실에 입각하여, 한국 출판산업이 성장의 한계를 극복하고, 시장의 활성화를 위해 출판산업 영역에서의 적극적인 OSMU 전략이 요구된다.

국내의 출판콘텐츠는 주로 영화와 드라마, 그리고 애니메이션의 원형 콘텐츠로 기능하여 왔으며, 점차 오페라 등 무대공연과 게임, 캐릭터 등과 같은 파생상품의 창출로 발전하고 있다. 국내의 고전적 출판콘텐츠라 할 수 있는 『춘향전』은 이미 1920년대부터 영화로 만들

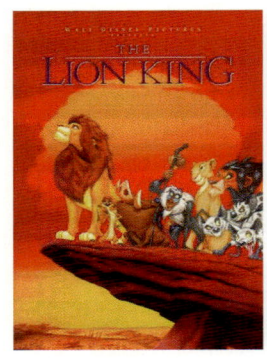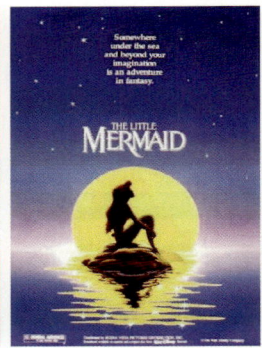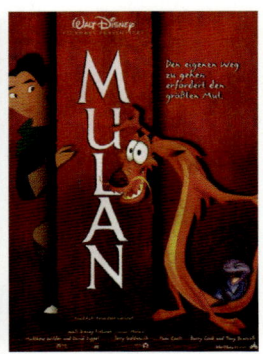

문화원형을 소재로 한 주요 애니메이션들

어지기 시작했으며, 이 외에도 『심청전』과 『홍길동전』 등의 고전적
출판물이 영화와 드라마, 애니메이션 등으로 재가공되었다.

3.2. 출판 기반 OSMU 사례[20]

1) 일본의 〈노다메 칸타빌레〉

<노다메 칸타빌레>는 2001년 처음 연재된 이후 2006년 드라마와
애니메이션, 게임 등으로 크게 성공하였고, 일본 작가 니노미야 도모
코가 2001년 고단샤의 잡지 『Kiss』에 연재하면서 인기를 누리기 시작
했다. <주식회사 천재 패밀리> 등의 작품으로 이미 그 능력을 검증받
은 원작자 니노미야 도모코는 『노다메 칸타빌레』로 유명세를 누리게
되었다. 천재적인 재능을 지닌 음대생의 이야기를 기상천외한 설정과
전개로 풀어나가며 새로운 장르를 구축했다. 로맨스와 감동이 적절하
게 배합되어 있어 세대를 불문하고 인기를 끌 수 있었다. 천재적인

---

20) 김원제(2009), 『콘텐츠 실크로드 미디어 오디세이』 참조. 보다 상세한 내용은 pp.101~134를 참조할 것.

『노다메 칸타빌레』의 OSMU: 만화/애니메이션, TV드라마, OST/게임

재능을 가진 여대생 노다메의 좌충우돌한 일상을 주된 스토리로 하는 만화원작의 인기에 힘입어 2006년 10월 후지TV에서 드라마로 방영되었고, 팬들의 우려를 뒤엎고 큰 흥행을 하였다. 이후 2007년 TV 애니메이션으로도 제작·방영되었다. 이 밖에도 클래식 음반으로는 전례 없는 판매고를 기록한 OST, 캐릭터, 완구, 의류, 테마카페 등의 다양한 분야로도 확장된 전형적인 OSMU 성공사례이다.

<노다메 칸타빌레>는 작품이 갖고 있는 스토리성과 흥행력을 극대화하기 위해, 원작 간의 유기적인 연계를 지향하였고, 코믹한 성장드라마라는 재미를 전면에 추구하며, 그 재미를 클래식이라는 소재를 통해 극대화시킨 플롯은 많은 찬사를 받았다. 특히 캐릭터의 독특성은 다양한 캐릭터 사업으로 확대될 수 있는 좋은 제반 여건을 제공하였다.

2) 미국의 〈히어로즈〉

〈히어로즈〉는 미국의 인기 만화출판사인 DC와 마블코믹스의 인기 작가인 제프 롭(jeff rob) 등이 작업에 참여하며 만화적인 요소를 드라마로 구현하는 데 많은 노력을 기울였다. 2006년 9월 NBC에서 시즌 1(23편)이 방영된 이후 폭발적인 인기를 얻었고 2007년 9월 시즌 2(11편)가 12월까지 방영되었다. 미국뿐 아니라 한국, 일본, 유럽 등에 수출되었다. 〈히어로즈〉는 타마이 유키오의 『오메가 트라이브(Omega Tribe)』에서 영감을 얻어 제작됐으며 실제 영상과 진행에 있어서도 만화적인 요소가 극중에 배어 있다. 『오메가 트라이브』는 타마이 유키오가 2004년 발간한 일본 만화로서 2006년까지 14권이 발간되었고, 이후 『오메가 트라이브 킹덤』으로 6권까지 발매되었으며, 소학관(小學關)에 판권이 있다. 〈히어로즈〉는 많은 부분 『오메가 트라이브』와 흡사한 설정이다. 가령 인류가 진화하는 과정에서 초능력을 갖게 되고 이러한 초능력을 바탕으로 스토리가 전개된다. 하지만 『오메가 트라이브』의 경우 신세기 왕권에 대한 부분에 초점이 맞춰진 반면 〈히어로즈〉는 다양한 영웅들이 지구를 구해내는 내용이 전개되는 것이 다르다. 또한 외전 개념으로 NBC에서는 '그래픽노블'21)이라는 새로운 파생 콘텐츠를 제공하고 있다.

---

21) 그래픽노블은 만화와 소설의 합성어로서 소설의 내용에 만화가 더해진 것을 의미한다. 이러한 그래픽노블은 〈300〉, 〈고스트 라이더〉, 〈씬 시티〉 등의 영화로 유명하며 2006년 이후 큰 인기를 구가하고 있다. 〈히어로즈〉는 원작만화를 기반으로 영화로 제작된 사례들과는 달리 드라마를 제작한 뒤 외전형식으로 그래픽노블을 제공하며 또 다른 재미를 추구하고 있다. 실제로 이러한 효과를 얻기 위해 기획/개발 단계부터 팀 크링 감독은 인기 극작가 제프 롭과 만화가 팀 세일과 팀을 이루며 만화적 요소를 삽입했다. 극 중 미래를 그릴 수 있는 능력을 갖고 있는 아이작 맨더슨은 만화가로 나오며 그래픽노블을 직접적으로 노출하기도 한다.(히어로즈 그래픽노블 사이트: http://www.nbc.com/Heroes/novels/).

〈히어로즈〉의 OSMU: 드라마/DVD, 그래픽노블, 모바일게임

3) 미국의 '미키마우스'

'미키마우스'는 디즈니에서 내놓은 애니메이션을 근간으로 하는 캐릭터 중 가장 오래된 역사(2008년으로 80주년을 맞음)를 지니며, 다른 파생캐릭터(미니마우스, 도날드 덕, 구피 등)에 영향력을 지대하게 미치는 등 그 파급력과 인지도가 가장 큰 캐릭터이다. 또한 OSMU 전략에 있어서 교과서로 평가되는 캐릭터로, 천문학적인 로열티수익을 벌어들이는 등 막대한 경제적 영향력을 여전히 지니고 있다. 최근에는 전통적 분야(캐릭터 MD등)에서 디지털콘텐츠(모바일 서비스, 게임) 등의 최신영역으로까지 확장되고 있다.

미키마우스는 큰 캐릭터 변화나 애니메이션, 만화 등 새로운 작품이 없어도 꾸준히 인기를 얻고 있는 전형적인 스테디셀러 아이템이다. 매년 미키마우스 관련 캐릭터 상품은 60억 달러(약 6조 250억 원)를 벌어들이고 있는 것으로 추산된다. 미키마우스가 주인공으로 등장한 장편 애니메이션인 〈판타지아〉는 고전음악을 스크린으로 불러왔다는 평가를 받았으며, 어린이용 만화와 TV용 애니메이션(예, <미키의 클럽하우스>)도 꾸준한 인기를 누리고 있다.

4) 한국의 『아기공룡 둘리』

『아기공룡 둘리』는 국내에서 진행되어 성공한 초기 OSMU의 성공적인 사례로서, 현재까지도 다양한 상품군과 상품콘텐츠가 지속적으로 생성되고 있는 스테디셀러이다. 어린이용 월간 만화잡지인 『보물섬』에 인기리에 연재되었던 김수정의 출판만화가 원작으로 1983년부터 1993년까지 10년 간 만화가 연재될 정도로 원천 콘텐츠 자체의 인기가 매우 높았다.

1983년 당시 국산 만화 캐릭터를 지속적이고 세계적인 캐릭터로 성장시키기 위해서는 조직적인 활동의 필요성이 제기되었는데, 작가 김수정은 저작권 및 라이선스 관리를 위해 1995년 2월에 (주)둘리나라를 설립하였다. 둘리나라의 설립 당시에만 해도 국내에는 캐릭터라

'미키마우스'의 OSMU: 애니메이션, 캐릭터 활용상품, 게임/모바일 서비스

는 개념조차 없었고, 캐릭터 상품은 80~90%가량이 외국 특히 미국 디즈니의 캐릭터들을 이용한 것들이었다. 당연히 캐릭터산업에 대한 정보나 시스템을 제대로 아는 인력 자체가 없었기 때문에 초기에 둘리 관련 캐릭터 사업들은 고전을 면치 못했다. 하지만『아기공룡 둘리』를 통해서 토종캐릭터 사용에 대한 인식이 전환되었으며, 자연스럽게 수요도 형성되었다. 또한『아기공룡 둘리』캐릭터의 성공에는 당시 IMF로 인한 해외 캐릭터 불매운동 등의 외적인 요인도 무시할 수는 없다.

　『아기공룡 둘리』는 만화에 이어서 TV판 애니메이션을 제작하였고, 이후에는 영화용 애니메이션으로 파생되었다. 1987년 방송된 TV애니메이션은 최고의 시청률을 기록하였고, 1996년 개봉한 극장용 애니메이션은 전국관객 50만 명을 동원했으며, 유아 교육미디어 전문기업인 미라클 상사에서 비디오테이프를 제작하여 판매하였다. 크게 활발하지는 못했지만 해외시장으로도 진출하였는데, 1999년 1월 17일 베를린을 시작으로 독일의 일부 극장에서 상영하였고 독일 영화개봉에

『아기공룡 둘리』의 OSMU: 애니메이션, 출판만화, 뮤지컬

맞춰 음반 및 비디오, 게임도 같이 판매하여 상당한 성과를 올린 바 있으며, 단행본은 말레이시아와 중국에 판매된 바 있다. 이어서 2001년에는 둘리를 뮤지컬로 제작하여 공연하였고 2003년 이후 둘리박물관, 둘리거리, 둘리 주민등록증, 둘리생가 등의 이벤트와 다양한 콘텐츠로 확장되었다. 『아기공룡 둘리』는 매년 20억 원에 이르는 로열티 수익을 올리고 있고, 캐릭터 선호도 1위를 기록하고 있으며, 캐릭터 머천다이징 라이선싱이 약 70여 개 업체에서 1,500여 개의 품목에 걸쳐 이루어지고 있는 인기 콘텐츠로서의 위상을 지속, 유지하고 있다.

3.3. 전망

2009년 여름, <엑스맨 탄생: 울버린>, <터미네이터: 미래 전쟁의 시작>, <스타트랙: 더 비기닝> 등의 화제작들이 개봉했으며, 실사 로봇변신물 <트랜스포머 2: 패자의 역습>, 국내배우 이병헌이 주요배역을 맡아 특히 국내에서 많은 조명을 받은 <지.아이.조: 전쟁의 서막> 등이 개봉되었다. 이 중에서 <트랜스포머 2>와 <지.아이.조>는 모두 출판만화가 원작인 작품들이다. 그러나 두 작품 모두 출판만화보다는 아동용 완구로서 더욱 잘 알려져 있다.

실상 <트랜스포머>와 <지.아이.조>의 경우 엄밀하게 말하자면, 완구를 기본으로 하여 캐릭터와 스토리를 창조한 만화가 원작인 셈이다. <트랜스포머>의 경우에는 일본의 완구제작사 '타카라'가 탄생시킨 자동차형 로봇변신완구가 기본 모델이다. 이를 미국 완구업체 하스브로社가 실제로 '트랜스포머'라는 브랜드로 출시하면서 유명세를 탔다. 이어 1984년 5월 '트랜스포머'라는 이름으로 출시된 지 3개월 만에 '전미 장난감 톱10'에 드는 인기를 이어갔다. 그해 6월에 『스파이더맨』, 『배트맨』으로 유명한 마블 출판사가 동명의 만화를 출시하였고, 이어 애니메이션으로도 만들어졌다. 그러나 이후 애니메이션과 영화로 이어진 <트랜스포머> 시리즈의 세계관과 시놉시스의 근본이 된 것은 바로 마블의 출판만화로 소개되면서부터이다. 오히려 만화가 소개되고 영화가 개봉하면서 완구가 새롭게 제작되었고 또다시 높은 판매고를 올린 바 있다. 원작이 다양한 콘텐츠로 변이를 거듭하면서 OMSU가 주기적으로 순환되고 있는 셈이다.

<지.아이.조> 역시 하스브로(社)의 액션피규어 완구가 원작의 모티브가 되었다. 1982년부터 제작된 약 500개의 인형들과 250개의 탱크와 비행기 등 탈것으로 구성된 전투 인형 및 장난감 등의 군대를 주제로 한 장난감 시리즈인 'G.I. Joe(A Real American Hero)'를 기초로 제작된 마블코믹스의 만화가 원작이다. '지.아이.조' 역시 만화와 TV 시리즈로 연속적으로 제작되면서 완구판매가 더욱 탄력을 받았고, 영화의 개봉으로 액션 피규어에 대한 관심이 높아지는 등 '트랜스포머'와 같은 OSMU의 순환추이를 보이고 있다.

이들 두 사례처럼 아동을 대상으로 하는 출판만화의 경우에는 원작자체가 갖는 선악구도의 단순명료함과 다양한 캐릭터 등의 매력적 요소가 많기 때문에, 원작의 작품성이 콘텐츠의 관심기준이 되는 그래픽노블보다는 더욱 다양한 장르와의 조우를 통해 그 생명력을 지속적으로 이어갈 수 있다. 한물간 고전만화로 치부될 수 있었던 원작을 영화로 재창조해내고, 또한 그 모태가 되었던 완구 등으로도 그 연결고리를 이어감으로써 어린이 팬들에게 세대를 이어가면서 많은 성원을 받고 있는 것이다.

디지털 시대의 출판 OSMU는 더욱 발전된 형태로 변모하고 있다. 출판콘텐츠가 블로그, 미니홈피와 같은 1인 미디어나 드라마, 영화, TV 등의 미디어 콘텐츠와의 융합을 통한 OSMU 전략을 발현하여 연극, 영화, 뮤지컬, 광고, 애니메이션, 만화, 게임, 등으로 제작되고 더 나아가 캐릭터 상품, CD·DVD 등과 같은 형태로 발전되는 경향도 최근 디지털 시대의 출판과 콘텐츠 비즈니스 간의 형태라 할 수 있다.

실제로 국내의 횡스크롤 RPG <메이플스토리>는 초·중고생을 대상으로 하는 온라인 게임이었으나 게임의 인기가 급상승하고 게임 유저의 수가 폭발적으로 증가함에 따라 게임에 등장하는 캐릭터를 주인공으로 하는 오프라인 만화책『코믹 메이플스토리 오프라인 RPG』가 출간되었다. 2010년 12월 현재, 43권까지 출간되었으며 출간될 때마다 인기순위 상단에 랭크될 정도로 큰 인기를 얻고 있다.

결국, 디지털화를 이용하여 콘텐츠 간의 손쉬운 변화는 출판시장의 OSMU를 가속화할 수 있는 장점으로 작용하게 된다. 앞서 보았던 블룩, POD, 1인 출판, 전자책 등의 출판 시장의 변화를 통해 이종 콘텐츠가 쉽게 융합할 수 있는 시장 환경을 제공하며 이를 통해 다양한 장르로 발전할 수 있는 계기를 제공하게 되는 것이다. 이와 같은 자연스러운 융합이 가능하다는 점은 점차 가속화되어 가는 디지털 시대에 있어 출판이 가지게 될 큰 장점이다.

4. 종이산업의 블루오션, 페이퍼 마케팅

디지털 시대가 빠르게 도래하면서 아날로그를 대표하던 산업들은 사양길로 접어들고 있다. 특히 종이산업의 경우 디지털화에 직격탄을 맞으며, 사상 최대의 위기를 맞고 있다. 수익은 악화되고, 투자 및 개발은 축소되고, 운영은 적자를 면치 못하면서 위기가 장기화, 고착화되고 있다. 이에 전 세계의 수많은 인쇄·출판 사업자들은 디지털 시대에 살아남기 위해 새로운 생존전략을 모색하고 있다. 전자책, 인터넷 신문, 웹진, 오디오 북 등과 같은 디지털 기기와의 융합은 종이산업의 새로운 대안산업으로 부상하며, 블루오션을 창출하고 있다. 여기에 최근 디지털 시대를 관통하는 아날로그 감성과 체험이 더해지며 종이의 재발견, 재해석이 등장하고 있다.

4.1. 종이산업의 히든카드, 페이퍼 마케팅

뉴미디어가 쏟아져 나오면서 인쇄출판의 근원이 되고 있는 종이산업의 위기가 가속화되고 있다. 종이산업을 사양산업의 대표주자로 일컬으며, 소위 한물간 사업이라고 비하하기도 한다. 하지만 디지털 시대로 갈수록 사람들의 가슴 한편에는 아날로그를 추억하는 마음이 아련하게 자리하고 있다.

갓 나온 새벽신문의 인쇄활자 냄새나, 침을 묻혀가며 넘기는 오래된 만화책의 질감, 도서관 지하 구석 깊숙한 곳에 들어서면 맡을 수 있는 고서(古書)의 향기 등은 디지털 시대가 대신할 수 없는 종이 고유의 산물이다.

종이산업은 이렇듯 디지털이 대신할 수 없는 감성과 체험을 바탕으로 재해석, 재구성해야 현재의 위기를 기회로 전환할 수 있다. 따라서 페이퍼 마케팅은 디지털 시대에 종이산업이 생존할 수 있는 히든

게임, 교육, 출판 등 활용도가 높게 평가되는 '페이퍼 마케팅'

카드로 평가된다.

페이퍼 마케팅이란 종이를 활용해 체험과 오감을 극대화하는 마케팅으로서 디지털과 아날로그가 융합된 형태를 의미한다. 페이퍼 마케팅이 활용되는 주요 분야는 게임, 캐릭터, 문구, 완구 등에 이어 교육과 출판까지 그 활용도가 매우 높게 평가된다.

실제로 2009년 8월 넥슨의 <허스키 익스프레스>는 '페이퍼 돌'이라는 페이퍼 마케팅을 통해 홍보를 하기로 했다. 페이퍼 돌은 종이를 접고, 붙이면 입체 인형이 되는 것으로 아이들의 창의력과 두뇌 발달에 도움을 준다.

2009년 7월 '2009 서울국제만화애니메이션축제' 한국만화명장면전 부스에서는 책 속에 또 다른 입체 콘텐츠를 삽입한 입체만화가 공개되기도 했다. 우리나라를 대표하는 캐릭터 둘리로 만들어진 입체 만화책 둘리는 영유아들에게 큰 인기를 얻고 있으며, 새로운 시도로 평가된다.

4.2. 새로운 놀이문화로 자리 잡은 페이퍼 차일드

페이퍼 마케팅의 첨병으로 불리는 페이퍼 차일드는 단순한 마케팅을 넘어 하나의 놀이문화로까지 확대되고 있다. '페이퍼 차일드'란 종이 위에 그림을 그린 뒤 오려내 잡아당기거나 들추거나 하는 등의 연출을 통해 새로운 이미지를 만드는 일종의 놀이 문화다. 쉽게 말해 어렸을 적 한 번쯤은 해보았던 종이인형 놀이가 오늘날의 디카(디지털카메라)와 접목돼 새로운 형태의 놀이로 변화한 것을 의미한다.

새로운 문화코드와 문화계층을 창조한 '페이퍼 차일드'

일본에서 시작된 페이퍼 차일드는 국내에서도 큰 인기를 얻으며, 새로운 놀이문화로 자리매김하고 있다. 매우 간편하며, 누구나 쉽게 만들고 즐길 수 있다는 점에서 빠른 시간에 확산되고 있는 페이퍼 차일드는 페이퍼 마케팅의 첨병으로 부상하고 있다.

최근 출시를 준비하고 있는 많은 온라인 게임들이 이 페이퍼 차일드를 활용한 마케팅을 진행하고 있다. 실제로 2009년 8월 비공개 테스트 2.0을 진행하며 많은 게이머들이 이목을 사고 있는 엔플레버의 <아이엘: 소울브링거>는 홈페이지 내에서 페이퍼 차일드를 통한 홍보효과를 누리고 있다. <아이엘: 소울브링거>의 '페이퍼 차일드'는 현재까지 4개가 공개됐으며, 개발자들이 직접 연출한 다양한 사진들도 함께 공개돼 게이머들에게 좋은 반응을 얻고 있다.

아이엘뿐만 아니라 윈디소프트에서 개발한 <괴혼 온라인> 역시 페이퍼 차일드를 통한 마케팅을 전개한 바 있다. 윈디소프트는 '아바마마'와 '왕자'라는 독특한 캐릭터의 페이퍼 차일드를 2009년 7월 24일부터 26일까지 개최된 'e스타즈 서울 2009' 행사장을 방문한 관람객들에게 나눠주었다. 관람객들은 직접 페이퍼 차일드를 만드는 이벤트에 참여하면서 캐릭터에 대한 인지도와 호감을 높일 수 있었다.

이처럼 페이퍼 마케팅이 최근 들어 주목을 받는 가장 큰 이유는 디지로그(digilog) 시대에 핵심인 감성과 체험이 포함되어 있기 때문이다. 장년층에게는 향수를 제공하고, 젊은 층에게는 색다른 경험을 제공하기 때문에 다양한 마케팅이 가능한 것이다.

둘째, 종이의 특성상 다양한 장르에 활용이 가능하다는 것도 페이퍼 마케팅의 강점으로 꼽힌다. 게임, 출판, 인쇄, 교육, 완구, 문구 등 다양한 장르에서 색다른 콘텐츠 제작이 가능하다.

셋째, 효율적인 마케팅에 있다. 실제로 사람들은 페이퍼 차일드나 페이퍼 돌을 통해 잘 몰랐던 캐릭터에 대한 인지도와 호감을 높일 수 있으며, 캐릭터에 대한 각별한 경험을 갖게 된다.

페이퍼 마케팅은 디지털이 대신할 수 없는 고유한 특성을 바탕으로 틈새시장 공략에 성공하고 있으며, 향후 더욱 다양한 장르와 프로모션으로 확대될 전망이다. 이는 곧 현재 종이산업이 처해 있는 위기 상황을 기회로 바꿔줄 수 있는 신성장 동력인 것이다.

제 12 장
도서출판의
유통과 마케팅

"틈새시장은 발견하기 어려운 만큼 큰 보상이 따른다."

_라이터스 편집부, 『소비자의 주머니를 열게 하는 마케팅 전략』(2006) 중에서

1. 도서정가제에 대한 이해

책이 독자들의 손에 들어가는 유통경로는 우편판매, 인터넷 판매, 서점판매, 편의점·홈쇼핑·할인마트 판매 등이 있다. 이중 비교적 비중이 큰 유통방식은 서점판매와 인터넷 판매인데, 서점과 인터넷 서점은 출판사에서 직접 책을 조달받아 독자에게 판매하기도 하지만, 규모가 작은 서점과 인터넷 서점은 도매상이라고 하는 중간 도매 업체를 통해 책을 조달받아 독자에게 판매하는 경우가 더욱 많다.

서점과 인터넷 서점이 책을 직접 출판사로부터 조달받거나 도매상을 통해 조달받거나 관계없이 책의 유통판매제도에서 특징적인 점은 '반품조건부위탁판매제'와 '재판매가격유지제(정가판매제)'이다. 반품조건부위탁판매제는 팔다 남은 책을 필요하다고 생각될 때 언제든지 자유롭게 반품할 수 있는 거래조건을 말한다. 이는 다품종 소량생산인 책의 특성상 서점의 부담을 줄이면서 책을 쉽게 진열하기 위한 제도이지만, 점차 반품비율이 증가하면서 출판사의 경영여건에 악영

향을 미치고 있다.

또한, 재판매가격유지제(도서정가제)는 출판사가 최종 소비자가격을 결정하는 제도로, 우리나라는 출간된 지 18개월이 지나지 않은 책의 경우 정가의 10% 범위 내에서만 책을 할인해줄 수 있으며, 프랑스의 경우는 정가의 5% 내에서만 가격을 할인해줄 수 있다. 그러나 미국이나 영국과 같은 나라는 판매하는 사업자가 자율적으로 책의 가격을 결정해 팔 수 있다. 재판매가격유지제, 즉 도서정가제의 장점은 책값이 안정되고 소비자는 어느 지역에서나 공통된 가격으로 책을 구입할 수 있고, 영세서점도 치열한 가격경쟁에서 보호받을 수 있어 유통질서가 안정된다는 것이다(문화부·한국출판학회, 2009).

강희일(2009)에 의하면, 도서정가제의 중요성은 다음과 같다.

첫째, 서점에서 할인판매를 자유롭게 할 경우에는 치열한 할인경쟁으로 인해 유통질서가 문란해질 수 있다. 또한 출판사와 서점들은 무리한 할인경쟁으로 인해 도산이 속출하게 되며 출판계, 서점계 및 관련 업체의 막대한 손실을 가져온다. 이로써 자본력과 저질 출판물만 활성화되어 사회적 혼란이 팽배해질 것이다.

둘째, 경쟁적 할인판매는 유통과정의 불합리화로 나타나 결국에는 책값이 높아지고, 학술·전문 도서는 서점에서 유통마진이 별로 없어 외면당하며, 싼 값에 양산된 책이 서가를 점령함으로써 종국에는 책의 내용이나 질이 떨어지는 악서가 양서를 구축하는 현상이 일어난다. 따라서 독자와 저작자들에게는 많은 불이익이 돌아간다.

셋째, 일반 독자들은 책의 내용은 뒤로하고 싸고 할인이 많이 되는 책 위주로 일단 관심을 가지고 구매를 하게 된다. 이로써 많은 자본을 투자하여 기획·출판한 책이 비싸다는 이유로 독자와 서점으로부터 외면당하게 된다(한국출판연구소, 2000).

넷째, 악서가 양서를 구축하게 되면 학문의 위기를 초래하고 저질 출판물의 영향으로 문화의 황폐화마저 가져올 것이다.

다섯째, 양서가 팔리지 않으면 양서의 저술과 출판을 기피함으로써 학술·전문도서의 콘텐츠가 점점 사라져, 학문적·교육적 환경의 황폐화도 가져올 것이다.

여섯째, 내용이 있는 좋은 책을 개발하기 위해서는 잠재력 있는 예비저자를 찾아서 발굴하고 많은 자본을 장기적으로 투자함으로써 그에 따른 비싼 정가와 높은 출고가(대부분 학술·전문도서)를 적용할 수밖에 없는데, 도서정가제가 무너지고 할인율이 높은 덤핑 책들이 활개 치는 시장환경에서는 가격이 비싸다는 이유만으로 독자들로부터 외면당하게 된다. 이로 인해 저작자들은 집필을 꺼리고 출판사들은 출판을 기피하게 되어 종국적으로 양서 콘텐츠의 부재현상이 일어나게 된다.

국내 도서정가제는 1977년 12월 1일 법제화되었다. 국내 도서유통의 질서가 크게 악화된 것은 6.25전쟁 이후부터이다. 6.25전쟁 직후 출판계에 어음제도가 생겼는데, 기일을 제대로 지키지 않아 부도사태가 일어나고 혼란이 커졌다. 이 같은 상황에서 많은 출판인들은 부채에 시달리게 되었으며 책을 헐값으로 투매하는 현상이 생기기 시작하였다. 이때부터 서울의 동대문시장에는 노점서적상들이 번창하기 시작하였다. 소매상은 할인판매로 살 길을 찾고 도매상은 속속 문을 닫게 되고 출판업자는 덤핑을 하게 되었다.

1960년대 초반 서적덤핑상에 대한 비판이 높아지는 가운데 도서정가제 운동이 전국서적상연합회를 중심으로 시작되었다. 마침 정가제를 강조하는 정부시책에 맞추어 출판사와 서적상들 또한 도서정가제를 시도하였다. 이 무렵 정부에서는 도서정가제의 관철 의지를 강력하게 천명하였고, 그런 방침에 따라 정부는 출판사로부터 부당한 정가를 기재하여 할인판매를 하지 않겠다는 서약서를 받기도 하였다. 그러나 이와 같은 당국의 강경한 입장과 출판·서점계의 노력에도 불구하고 할인판매 행위가 뿌리 깊게 보편화되었기 때문에 도서정가제는 성공을 거두지 못하고 흐지부지되고 말았다. 더욱이 당시의 사회경제적 상황은 전반적인 출판시장을 위축시켰기 때문에 이 같은 시도는 실패로 끝나고 말았다.

한편 출판계는 1950년대 후반까지도 계속되는 불황과 판매대금 미회수 및 서점과의 거래 악화로 심각한 상황에 놓이게 되었다. 마침내 1958년 출판계에서는 이러한 심각한 상황을 출판계 스스로 탈피하고자 하는 새로운 시도가 이루어졌다. 대형 기획물의 발간과 방문판매 방식이 그것이다. 이러한 외판 방식은 60년대에도 계속 발전해나가 출판산업의 활로 개척에 나름의 성과를 거두기도 하지만, 서점의 발전과 도서정가제의 시행에는 걸림돌로 작용했다. 이런 가운데 1960년대 후반에 서점은 영세화하고 위축되어 문을 닫는 곳이 많아졌다.

1960년대에도 서점은 발전하지 못하고 쇠퇴를 거듭해갔고, 서점계의 판매질서나 거래 상황도 나아지지 않았다. 이에 그 개선 방법으로 서적상계에서는 도서정가제의 실시를 연구 추진하였다. 동시에 도서 유통 체계의 개선을 위한 효과적인 도서공급 기구를 설립하자는 논의도 잇따랐다.

이때 출판계에서는 출판금고 직영으로 모델서점을 전국적으로 설립하여 도서 일원화 공급기구의 기간조직으로 만들자는 계획이 나왔고, 그 일환으로 1972년 9월 서울에 중앙도서전시관을 설치하였다. 이 전시관에서는 전국적으로 만연된 고질적인 타성인 할인판매를 지양함으로써 서점운영에 새바람을 불어넣고자 하였는데 독자들의 호응을 얻어 판매량이 매해 늘어났고 참여하는 출판사의 수도 증가하였다. 중앙도서전시관에서의 이러한 정가판매제의 성공은 1970년대 후반에 확립된 도서 정가판매 제도의 밑거름으로 작용하였다.

1970년대의 수출 증대에 따른 경제성장 및 도시화와 함께, 특히 한글세대의 등장은 새로운 독자층 형성에 가장 중요한 요인이 되었다. 또한 독자들의 수준도 높아져, 고가의 전집물 외판업계가 크게 위축된 반면에, 직접 서점을 찾아 직업과 관련된 실용서나 전문분야의 단행본을 찾는 수요가 늘어났다. 그리고 단행본 중에도 값이 비싼 호화양장본보다는 염가의 실질적인 문고본 등에 독자들의 관심이 더 쏠리는 경향을 보여주었다.

이에 따라 서점 경기도 좋아졌다. 그러나 유통질서는 여전히 문란했고 할인판매가 성행하였다. 심지어 가격의 덤핑은 물론 동일 종류의 도서를 선물로 주는 극단적인 판매방법까지 등장하였다. 이뿐만 아니라, 가격 책정 자체를 덤핑화하여 내놓은 염가본이 나오기도 하였다. 그러나 정가제가 결과적인 가격 인상이 되기 때문에 독자에게 피해가 갈 것이라는 언론과 국민들의 오해를 불식시킬 필요가 제기되었다. 이에 따라 서적상인들은 출판인들에게 지금까지 시장에 나와 있는 도서 가격을 조정(인하)해줄 것을 요청하여 민중서관, 동아출판사, 교학사, 시사영어사 등 상당수 출판사들로부터 협조를 이끌어내기도 하였다.

1977년 12월 1일을 기하여 정가판매제를 실시하였는데, 기대 이상으로 규칙을 어기는 곳이 거의 없이 성공을 거두었다. 도서정가제 실시 이후 거래질서가 개선되면서, 서점 수도 증가하였다. 또한 서울의 종로서적과 교보문고 등을 비롯한 서점의 대형화 현상도 시작되었다. 도서정가제의 효과는 서점의 활동 영역이 확장되는 결과를 낳기도 하였다. 서점들은 자체에서 책의 홍보를 위한 행사를 벌이기 시작하였다.

1980년 12월에는 정부가 「독점규제 및 공정거래에 관한 법률」을 제정·공포 하였다. 이 법 제20조에서는 재판매가격유지행위를 금지하고 있는데, 다만 "대통령이 정하는 저작물에 대해서는 이를 적용하지 아니한다"고 규정하였다. 1981년 4월부터 발효된 이 법에 따라 출판물은 정가판매 허용상품으로 지정되어 정가를 표시할 수 있게 되었다(한국출판연구소, 2000).

한편 도서정가제가 실시된 이후 도서 발행량도 비약적으로 증가하였고, 1986년에는 2만 종을 넘어서게 되어 양적으로는 세계 10대 출판대국에 들어서게 되었다. 하지만 이 과정에서 도서정가제가 왜곡되는 사례들이 다시 등장하기도 하였다. 1983년에는 일부 출판사가 서울 시내 몇몇 대학의 축제기간 중 학생단체를 통해 정가의 20~30%를 할인판매가 이루어졌다. 또한, 이 무렵 일부 변두리 서점과 지방서점에서는 도서의 할인판매가 시행되기도 하였다. 그리고 이 시기에는 도서정가의 10%에서 20%의 헐값으로 덤핑하거나 전집물에 다른 여러 가지 책을 얹어주는 '끼워팔기'를 실시한 16개 출판사가 경제기획원 공정거래실에 의해 경고 조치를 받기도 하였다. 이러한 책값의 변칙 덤핑은 소매서점만이 아니라 일부 도매서점에서도 발생하여 재판매가격유지계약을 위반하는 사례도 있었다. 그러나 전반적인 분위기는 도서정가제를 지키는 것이 당연시되었다(문화체육관광부, 1995).

1990년대 중반, 한국 유통시장에는 이른바 '가격파괴' 바람이 불기 시작했다. 시장과 백화점, 슈퍼마켓 정도로 구분되던 국내 유통업계에 창고형 도매점, 할인점, 양판점 등 새로운 형태의 판매점이 급격히 팽창하면서 상품가격의 체계를 뒤흔들어놓은 것이다. 특히 유통시장의 전면 개방과 함께 외국의 가격파괴 업체가 한국시장으로 진입해오면서 도서정가제를 위협하였다. 사정이 이렇게 되자 그동안 대형할인점 등에서만 도서 할인판매가 이루어지던 것이 이제는 서울 일부 지역의 서점들까지 도서 할인판매 경쟁에 뛰어들게 되었다.

도서의 할인판매는 특히 1997년 IMF 경제위기 이후 유통질서의 혼란으로 공공연하게 성행하였다. 1990년대 상반기에 전집이나 베스트셀러를 중심으로 편의점이나 대형 창고형 할인점에서 일어나던 가격파괴 현상이 1990년대 후반에는 학습참고서, 사전, 전집물, 단행본 등 출판물 전 분야에 걸쳐 전국적으로 일어나게 되었다. 또한, 1990년대 후반 이후 시장 규모가 계속 커진 인터넷서점에서는 가격 할인을 내세우며 도서정가제를 근간에서부터 흔들려 하였다.

한편 1986년 이래 법적인 뒷받침을 받아왔던 도서정가제의 시행을 축소 또는 폐지하려는 움직임이 공정거래위원회를 중심으로 한 정부 당국에서 끊임없이 터져나옴에 따라 출판·서점계와 갈등을 빚게 되었다. 이는 단순한 자유시장 경제논리를 내세운 공정거래위원회 측과 문화상품의 논리와 현실적 성과를 내세운 출판·서점계 간의 갈등이기도 했다. 이런 가운데에, 도서정가제를 지키지 않는 일부 할인판매 업체와 외국 도서유통업체의 도전을 받게 된 출판·서점계에서는 이에 대한 근본적인 대책으로 도서정가제의 법제화를 시도하였으나 입법화는 무산되었다. 법안 상정을 위한 논의 과정에서 특히 문제가 된

부분은 인터넷서점의 할인판매 허용 여부였다. 일부 의원들이 무조건 할인판매를 금지할 경우 인터넷서점의 존립근거가 없어진다며 문제를 제기했기 때문이다(서점조합연합회 홈페이지, http://www.kfoba.or.kr).

2002년에 제정된 「출판 및 인쇄진흥법」에 포함되어 법제화가 이루어진 도서정가제는 출판·서점계의 염원을 담고 있다는 점에서는 의의가 있으나, 불완전한 형태로 제정 및 시행되었기 때문에 여러 가지 문제점을 드러냈다. 이 법에 의해 일반 서점은 도서정가제를 지킬 것을 강제받았으나, 온라인서점은 발행일로부터 1년 미만인 신간의 경우에는 10% 가격할인을 해줄 수 있도록 했다. 또 출간 1년이 넘는 책들은 온·오프라인 구분 없이 서점 마음대로 할인 폭을 정하도록 했다. 또한, 이 법을 통한 법제화 및 제도의 시행 과정에서는 책에 대해서만 할인 폭을 엄격히 제한하는 것은 경쟁원리에 어긋나고 소비자 권익도 외면한다는 주장과, 단순한 과도 할인경쟁은 궁극적으로 소비자 부담을 야기한다는 주장이 갈등을 빚기도 하였다.

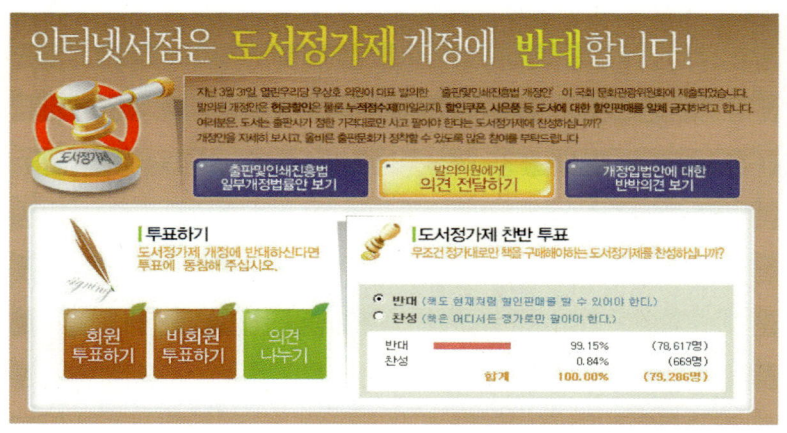

도서정가제 반대를 위한 인터넷 서점의 인터넷 홍보

2007년에 개정된 「출판문화산업진흥법」은 이전의 도서정가제도를 그대로 이어받았다. 그러나 정가제가 유지되는 기간이 지나치게 짧다는 여론을 받아들여 도서정가제의 적용 범위를 도서 발행 뒤 12개월에서 1년 6개월(18개월)로 늘렸으나, 오프라인 서점에서도 10%의 할인판매를 허가하고 신간 할인율을 직접 가격할인과 마일리지 등 경품을 포함해 최대 19%로 인정하는「출판문화산업진흥법」시행규칙을 만들어, 대한출판문화협회 등 8개 출판·서점 단체들이 이 개정령이 헌법에 위반된다며 헌법소원 심판을 청구하기도 하였다.

이에 2009년에 문화체육관광부는 도서정가제를 유지하면서 신간의 할인율을 오프라인 서점과 온라인 서점 모두 10% 이내로 제한하는 「출판문화산업진흥법」 개정안을 만들어 입법 예고했으나, 공정거래위원회 등에서 반대 의사를 표명하여 아직 개정되지 못하고 있다.

한편 전자책의 판매에 대한 정가제도 시도되고 있다. 기존의 법에 의해 전자책도 도서 정가제 판매 대상에 해당되나, 현실적으로 잘 지켜지지 않는 것에 대해 전자책의 특수성을 반영한 별도 도서정가제 적용기준을 담기 위한 「출판문화산업진흥법」 개정도 추진되어 2011년 말 개정법안이 국회 본회의를 통과됐다..

2. 공공도서관의 이해

오프라인 서점과 인터넷 서점 이외에 출판물이 소비자의 손에 닿을 수 있게 하는 방법은 학교와 공공도서관을 활용하는 방법이 있다. 출판선진국에서 학교와 공공도서관은 소비자보다 먼저 책을 소비하는 1차 소비자의 기능을 수행하고 있다. 출판선진국의 학교나 공공도서관은 출판된 좋은 책을 빠뜨리지 않고 사들여 학생들과 시민들에게 공급하고 있으며 버스 등 이동수단을 활용하여 독자들을 직접 찾아가서 대여해주기도 한다(오택섭·강현두·최정호, 2005).

출판 패러다임이 빠르게 변화하면서 서적을 최종적으로 구매하거나 열람할 수 있는 도서관의 역할도 달라지고 있다. 도서관은 지역사회의 활동센터로서 다른 사회문화단체와 협력하여 사회·문화·오락 활동 전반에 걸친 프로그램과 지역사회 정보센터로서 참고자료는 물론 전문정보도 제공하고 있다. 또한 교육지원센터로서 지역사회 내의 학교와 학생들의 교육적 요구사항을 만족시키며, 자습센터로서 독학 프로그램을 마련하여 개인적 요구를 만족시키기도 한다. 이 밖에도 대중교양자료와 시청각자료를 통해 대중적 만족감을 충족시키며, 취학 전 어린이의 학습장소로서 유치원, 보육원 등과 협력하여 읽기지도를 통해 아동계발을 유도할 뿐만 아니라, 연구기능을 수행할 수 있는 조사연구센터로서의 역할도 담당하고 있다. 이를 위하여 자료의 대출, 도서관 이용법 교육, 우수도서의 전시 및 도서목록배포, 참고봉사, 문화행사, 독서회 운영, 향토자료의 수집, 분관설립, 이동문고 운영 등을 계획하고 수행하고 있다.

지식정보사회의 도래로 지식수준의 상향화와 욕구증대가 보편화되고 있고, 평생교육의 기회 및 문화공간의 활용에 대한 권리가 강화되면서 공공도서관의 이용이 더욱 증가하고 있다. 출판선진국에서는 학교와 공공도서관은 소비자보다 먼저 책을 소비하는 1차 소비자의 기능을 수행하고 있다. 출판선진국의 학교나 공공도서관은 출판된 좋은 책을 빠뜨리지 않고 사들여 학생들과 시민들에게 공급하고 있으며 버스 등 이동수단을 활용하여 독자들을 직접 찾아가서 대여해주기도 한다(강희일, 2007).

국내 공공도서관 사업은 이용자의 적극적인 이용태도와 정부 및 시민단체의 직접적인 지원과 투자로 전자책의 상승세에도 불구하고 오히려 매년 이용률과 개설수가 증가하고 있다. 정부에서도 공공도서관 사업을 지식정보사회의 초석으로 인지하고 건립 및 지원에 긍정적인 행보를 보이고 있다. 한국도서관협회의 통계자료에 따르면 2008년 644개였던 공공도서관이 2009년 703개관으로 증가했으며, 2013년까지 900개관까지 확충할 예정이다.

공공도서관 이용에 있어서도 긍정적인 성과가 나타나고 있다. 문화체육관광부의 <2010년 국민 독서실태 조사> 결과에 따르면, 2010년 성인과 학생 모두 공공도서관 이용률 및 이용 빈도가 상승했다. 성인의 공공도서관 이용률은 29.2%로 2009년 26.6%보다 증가했으며, 특히 학생은 '초등학생(71.5%)>중학생(64.0%)>고등학생(59.9%)'으로 초중고 합산 비율(65.1%)은 전년 대비 12.6%의 증가세를 보여 2000년 이후 최고 수준을 기록했다. 학생의 경우 전자책의 이용률이 다른 연령층에 비해 높게 나타남에도 불구하고 공공도서관의 이용률도 큰 폭으로 상승했다는 점은 매우 고무적인 결과가 아닐 수 없다. 우리나라의 공공도서관 이용률에 대해 국제비교를 하기도 했는데, 만 15세 이상 한국인의 공공도서관 평균 이용률은 32%로 2009년 26%보다는 6% 상승했으나, EU평균 35%에 비해 다소 낮은 수준이었다. 특히 연령대가 낮을수록 이용률이 높고, 높을수록 급격히 낮아져 세대별 편차가 매우 심하게 나타나는 것으로 나왔다.

전 세계적으로 공공도서관의 지원 및 건립이 활발해지면서 디지털

도서관 구축의 움직임도 동반 추진되고 있다. 디지털도서관 구축은 크게 민간주도의 구축과 공공기관 주도의 구축으로 나눌 수 있다.

구글은 2004년부터 향후 10년 내에 3,200만 권에 달하는 도서를 스캔해 온라인으로 서비스하겠다는 목표로 디지털도서관 사업을 추진해오고 있다. 디지털도서관은 저작권자가 디지털 활용을 승인한 도서 및 저작권이 소멸되었거나 저작권자를 찾을 수 없어 절판된 퍼블릭 도메인 서적을 디지털화하는 작업이다. 이에 따라 구글은 2009년 11월까지 전 세계 주요 도서관 장서를 비롯해 1천만 권에 달하는 서적을 디지털화하는 데 성공했다. 구글은 디지털화한 서적을 바탕으로 향후 유료 서비스에 나설 계획이다. 단, 구글은 디지털화한 서적 중 저작권자가 없는 50만 권의 퍼블릭 도메인 서적을 소니와 반스 앤 노블을 비롯한 전자책 사업자들의 이용자들에게 무상으로 제공하도록 함으로써 전자책 이용자들이 풍부한 콘텐츠에 접근할 수 있도록 지원하고 있다.

그러나 구글의 디지털도서관 사업은 미국 내에서는 물론 유럽과 중국을 비롯한 세계 곳곳에서 반독점법과 저작권 침해 논란에 휩싸이고 있다. 2008년 구글은 미국출판인협회(AAP) 및 작가조합(AG)이 제기한 소송에서 1억 2,500만 달러(권당 60달러 수준)를 지급하는 조건으로 절판 서적 수백만 권에 대한 디지털 저작권 확보 계약을 맺으면서 저작권 논란이 일단락되는 듯 보였으나, 2009년 9월 미 법무부에서 해당 합의가 출판시장 경쟁을 훼손할 수 있다는 의견서를 뉴욕 연방법원에 제출하면서 제동을 걸고 나섰다. 뿐만 아니라 아마존, 야후, MS가 주축이 되어 설립한 '오픈북 연맹(Open Book Alliance)' 역시 구글에 대한 디지털 도서시장의 독점 가능성을 제기하며 저지의

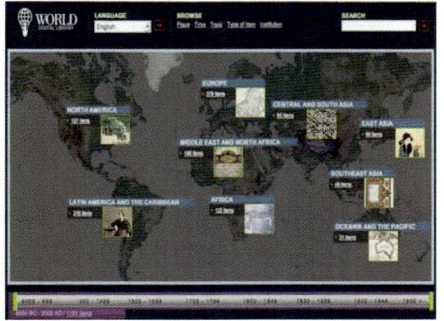

공공기관 주도하에 진행되는 디지털도서관 사업
* EU 주도의 '유로피아나(Europeana)'(좌)와 유네스코 주도의
'월드디지털도서관(World Digital Library)'(우).

사를 밝혔다(이용준 · 김원제 외, 2010).

독일과 프랑스를 비롯한 유럽 각국 정부와 출판업계도 구글의 디지털도서관 사업에 대한 우려를 표명하며 적극 저지에 나서고 있다. EU는 EC(European Commission)의 지원 하에 2008년 11월 범유럽 차원의 디지털도서관인 '유로피아나(Europeana)'를 구글에 대항하기 위해 개관했다. 공공주도의 디지털도서관인 Europeana는 2005년 프랑스에서 처음 제안되어 영국, 네덜란드, 스페인 등 유럽산하 27개국이 참여 중이다. 약 200만 권의 디지털 서적을 비롯해 영화, 그림, 신문, 오디오 등을 제공하고 있다.

한편 2009년 4월 21일에는 UN산하의 유네스코가 '월드디지털도서관(World Digital Library)'을 공개했다. 월드디지털도서관은 동서양의 유수한 콘텐츠를 디지털화하여 디지털 빈부격차를 줄이는 것은 물론 국제적인 교육 자료를 제공하는 것을 목표로 한다. 월드디지털도서관은 전 세계 이용자들을 대상으로 유럽지역 도서관에 소장된 460만 건의 서적과 영화, 그림, 사진, 신문, 지도 등을 무료로 제공한다. 월드

디지털도서관은 현재 영어, 프랑스어, 포르투갈어, 스페인어, 러시아어, 중국어, 아랍어를 비롯한 7개 언어로 서비스되고 있다(한국콘텐츠진흥원, 2010a).

개별 국가의 경우로는 일본이 현재 디지털 도서관을 구축하면서, 구글의 지식 독점화에 맞서는 '재팬북서치(Japan BookSearch)'를 추진하고 있다. 최초의 민간인 출신 국립도서관장에 의해 야심차게 추진되는 재팬북서치는 일본국회의 지원을 받으면서 현실화를 눈앞에 두고 있다.

우리나라도 국립중앙도서관에 디지털 도서관이 건립되어 운영 중에 있다. 2009년 5월 개관한 국립중앙도서관의 디지털 도서관은 국내·외 각종 협력기관과 연계해 학술·전문·지역·정책·해외정보 등 총 1억 천육백만 건의 다양한 디지털콘텐츠를 제공한다. 그러나 장애인용 자료의 효과적인 제작을 위해 필요한 도서에 대해 디지털 파일로 납본받는 정책을 추진하거나, 국립중앙도서관이 구매한 전자책을 전국의 작은 도서관에 무료로 열람할 수 있는 정책을 추진하여 출판계와 불편한 관계를 맺고 있기도 하다. 출판계는 디지털 파일 형태로 납본이 이루어질 경우 파일의 외부 유출이 발생될 가능성이 크다는 우려를 나타내고 있고, 작은 도서관의 전자책 서비스의 경우 농어촌 등 독서 소외지역에 독서접근권을 확보한다는 취지를 담고 있지만 실질적으로는 대도시의 작은 도서관이 훨씬 많은 상황이어서 독서 소외지역을 지원한다는 취지가 납득되지 않는다는 것이 출판계의 견해이다.

지식정보에 대한 이용자들의 욕구가 다양해지고 능동화되면서 공공도서관에 대한 의존도와 기대치도 높아지고 있다. 공공기관 주도하에 진행되는 디지털도서관 사업은 보편적 정보근접성을 증대시켜 디지털 빈부격차를 해소시킬 수 있을 것으로 기대된다. 우리나라의 경우 IT기기에 대한 보급률과 인식이 상당 수준에 이르렀음을 감안할 때 디지털도서관의 이용에 따른 국가경쟁력 제고 효과가 매우 클 것으로 보인다. 따라서 공공도서관의 입체적인 지원과 현실적인 전환노력이 경주되어야 할 것으로 사료된다.

3. 출판마케팅 전략

책의 출간에 앞서 잡지나 신문에 그 내용을 연재하는 방법은 효과적인 마케팅 방법으로 인정받고 있다. 이 방법은 출판사가 신문이나 잡지 등에 대한 연재를 통해 얻게 되는 수입으로 출판비용을 상쇄할 수 있다는 이점이 있으며 책의 명성을 높여 단행본으로 출간된 책을 구입하는 독자를 더 많이 확보할 수 있는 가능성도 갖고 있다. 하지만 이 같은 마케팅 방법은 직접 책을 구입하는 독자의 수를 감소시킬 수 있는 위험을 내포하고 있다. 또한, 현재까지도 신문에 서평이 크게 실리거나 저자의 인터뷰가 대서특필되면 책의 판매고가 크게 올라가는 현상이 나타난다.

또 다른 방법으로는 북클럽(book club) 제도가 있다. 독자들이 북클럽의 회원이 되면 책이 발간되기 전에 신간 안내를 받을 수 있고 구매 예약도 받는다. 예약을 하면 절약된 영업비와 부수를 어느 정도 예측해서 발행할 수 있기 때문에 그만큼 할인을 받을 수 있다. 우편망이나 인터넷을 통해 책에 대한 정보를 얻고 필요한 책을 구매할 수 있다. 또 편의점, 대형마켓 등도 베스트셀러 판매를 위한 장소가 될 수 있다(오택섭·강현두·최정호, 2005).

유명인사를 저자로 참여시켜 책의 인지도를 높이는 방법도 고전적인 출판마케팅 방법이다. 과거에는 김우중 전 대우그룹 회장, 정주영 전 현대그룹 회장 등이나 유명 정치인들이 책을 내 인기몰이를 한 적이 있었고, 요즘에는 연예인이나 방송인들이 책을 내 베스트셀러가 되기도 했다. 박경림, 현영, 빅뱅, 김혜자, 김재동 등이 책을 내 수십만 권 이상의 판매고를 올렸으며, 인기 방송인 정지영은 『마시멜로 이야기』를 번역 출판해 백만 권 이상의 판매고를 올렸지만 대리번역인 것이 밝혀져 사회적인 물의를 빚기도 했다.

최근에는 주요작가들의 작품이 인터넷에 먼저 연재되고 나중에 종이책으로 출간되는 사례가 늘고 있다. 이렇게 인터넷에 작품이 먼저 공개되어 인기를 얻은 후 종이책이 출간되면 독자들이 구매할 가능성이 훨씬 커지기 때문에 이러한 홍보방식이 출판계 전반에 자리 잡고 있다. 과거에는 소설이 출간된 후에야 그 소설의 존재를 알았는데 지금은 인터넷을 통해서 지속적으로 홍보를 하고 바람몰이를 하고 있다. 따라서 지금은 책의 완성본에 대한 마케팅이 아니라, 집필을 하면서 마케팅을 할 수 있는 시대가 온 것이다.

트위터의 사용자가 늘어나면서 트위터를 적극 활용하는 출판사의 마케팅 전략이 활성화되고 있다. 이전에는 주로 온라인상에서 메일, 블로그, 싸이월드와 같은 것으로 통신을 했던 방식이 이제는 스마트폰으로 옮겨가고 있고, 140자 이내로 정보나 소식을 신속히 전할 수 있는 트위터가 인기를 끌면서 출판사의 새로운 마케팅 수단으로 자리 잡고 있다.

출판사가 트위터 계정을 가지고 있으면 정기적으로 신간정보와 도서정보를 전달할 수 있고, 저자와 독자의 실시간 커뮤니티를 만들어 작가별로 독자를 관리할 수 있다는 장점이 있다. 또한 출판사에서는 책 출간 전에 독자들의 반응을 확인해서 책에 반영할 수 있고, 광고나 표지 등에 관해서도 독자의 의견을 물을 수 있고 신속하게 피드백을 얻을 수 있다. 현재와 같이 바쁜 시대에 트위터는 21세기 새로운 마케팅 대안으로 출판사의 주목을 받고 있다.

최근에는 인터넷 서점의 판매량이 계속 커지면서, 인터넷 서점의 초기화면에 책을 노출하기 위한 출판사들의 경쟁도 뜨겁다. 통상적으로 인터넷 서점의 초기화면에 책이 노출되면 수십 배의 매출이 상승하는 효과가 있는 것으로 알려졌다. 따라서 출판사들은 인터넷 서점의 초기화면에 책을 노출시키기 위해 막대한 광고비를 지불하거나 인터넷 서점의 각종 할인프로모션에 억지로 동참하는 경향이 늘고 있다(한기호, 2009).

또한, 영화나 텔레비전 프로그램 등 다른 산업장르의 콘텐츠로 OSMU를 시도하는 방법 역시 최근 보편적으로 활용되고 있는 마케팅 방법 중 하나이다. 이청준의 소설을 원작으로 한 <서편제>는 영화가 흥행에 크게 성공하면서 원작 소설의 판매 역시 급격하게 증가한 사례가 대표적이다. 이와 더불어, 출판 관련 TV프로그램과 연계하는 마케팅 전략도 홍보비용을 절감할 수 있다는 점에서 매력적이다. 예컨대, 과거에 방영됐던 MBC TV의 <느낌표>라는 프로그램의 '책 책 책, 책을 읽읍시다'라는 코너는 대국민 도서관심을 유발시켰고, 이 프로그램에 선정된 책이 베스트셀러로 이어지는 경우도 허다했다. 이 밖에, KBS <TV, 책을 말하다(2009년 1월 종영)>, <낭독의 발견> 등과 같은 프로그램을 활용하면 판매 증가 효과를 거둘 수 있다.

스마트폰과 태블릿PC의 보급화에 따라 전자책 시장이 급속히 성장하고 있으며, 출판업계에서도 전자책을 겨냥한 마케팅이 선풍적인 인기를 얻고 있다. 온라인 서점에서는 다양한 전자책 이벤트를 공격적으로 제공하고 있다. 유명 작가의 작품을 종이책과 동시 출간하는 이벤트가 주류를 이루는 가운데, 다양한 할인 판매도 봇물을 이루고 있다. 최근에는 전자책 특성을 활용한 장르소설 기획전과 1000원 상품전, 분야별 베스트셀러전 등 다양한 종합전이 추세다.

예스24의 경우 2011년 '전자책과 함께 삼 일에 한 번 작심하자!'라는 타이틀로 전자책 콘텐츠 중 문학, 고전, 어학, 인물 등 분야별로 엄선된 베스트셀러 전자책을 선보이고 있다. 교보문고도 2010년 안드로이드용과 아이폰용 전자책 애플리케이션 '교보 ebook'을 잇따라 출시하며 전자책 마케팅에 적극적인 모습을 보이고 있다. 이처럼 스마트미디어의 연착륙에 힘입어 그간 전자책 시장 진출에 유보적인 입장을 보이던 대형 출판사들도 서둘러 인기작가의 작품을 전자책으로 출간하고 있다. 예컨대 박범신, 김영하 등의 소설가는 물론 김진명, 공지영 등은 자신들의 베스트셀러 작품들을 전자책으로 출간하며 전자책 시장에 활기를 불어넣고 있다. 2010년 김진명 작가는 『무궁화 꽃이 피었습니다』 등 대표 소설 7종을 한데 묶어 '김진명 베스트 컬렉션'을 전자책으로 출간했다. 이는 기성 작가들의 전자책 출간 러시로 이어졌다. 공지영 작가의 『봉순이 언니』, 『빗방울처럼 나는 혼자였다』 등도 전자책 베스트셀러 10위 권 안에 드는 등 큰 인기를 얻었다.

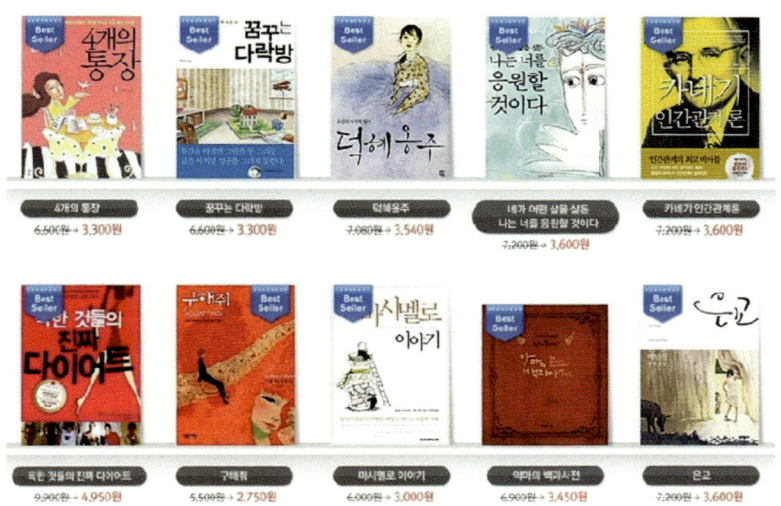

유명 작가의 전자책 출간을 한눈에 볼 수 있는 '전자책 베스트셀러'

　전자책의 붐은 스마트폰과 태블릿PC의 증가세와 그 흐름을 같이 하면서 2010년 비약적인 성장을 거듭했다. 전자책의 다운로드 수는 스마트폰이 빠르게 확산되던 2010년 4월부터 일평균 150만 건 판매되며 전자책의 본격적인 성장기를 예고했으며, 2011년에 와서는 일평균 다운로드 수가 320만 건으로 2배 이상 급증했다.

　그동안 국내 전자책 시장은 관련 콘텐츠는 물론 이를 구동할 만한 이렇다 할 대표 단말기가 없어 시장형성에 어려움을 겪었다. 이러한 어려움은 대형 출판사들의 소극적인 전자책 시장 진출 자세로 이어졌으며, 콘텐츠 부족이라는 악순환의 고리를 형성했다. 하지만 국내 스마트폰 사용자가 700만 명에 육박하고 태블릿PC 이용자도 2011년 100만 명에 달할 것으로 예상되면서 상황이 급변하고 있다.

독자들도 전자책을 쉽게 볼 수 있는 단말을 보유하면서 콘텐츠에 대한 관심이 급증하고 있다. 2010년 12월부터 인터파크도서가 실시하고 있는 '전자책 같이 읽기' 서비스의 경우 출시 한 달 만에 1만 명의 신규 전자책 독자를 확보하기도 하면서 이 같은 현상을 방증했다. 또한 전자책으로 출판되거나 전용 애플리케이션을 출시한 이후 주문량과 매출이 급격히 증가하기도 했다. 예스24의 경우에는 일평균 2배 이상의 증가세를 이루고 있다. 향후 출판업계에서 전자책을 중심으로 한 마케팅은 매우 중요한 역할을 담당할 것으로 보이며, 더욱 다양한 형태의 콘텐츠와 서비스가 등장할 것으로 보인다.

제 13 장
독자와 독서문화

1. 출판독자의 소비행태

오늘날까지 유효한 근대의 독서문화 패러다임은 18세기 후반 서유럽에서 형성되었다. 계몽주의가 대두하면서 유럽은 엄청난 독서의 열기에 휩싸였으며 작가, 독자 그리고 출판/유통의 3자 영역 구도가 구축되었다. 오늘날 '독서' 하면 떠올리게 되는 독서습관이라든가 독서취향 등, 독서문화의 주요 요소들도 거의 이 시기에 형성된 것이다. 문자의 고안, 종이책의 등장 그리고 인쇄술로 인한 비약적 발전으로 이어지는, 수천 년에 걸친 문자 매체의 발전 선상에서 마침내 일반적인 독서문화가 이 시기에 처음으로 자리를 잡는다.

18세기에는 성서나 종교서적 몇 권을 '정독'하는 독서방식에서 다양한 세속적 주제의 책을 '다독'하는 방식으로의 독서형태의 전환이 이루어졌고 종교적 세력이나 제후 및 귀족을 대신하여 시민계급이 문학의 후원자로 등장하면서 시민계급이 추구하는 목표와 가치를 인정하고 시민독자를 계몽하기 위한 시민문학이 확산되면서, 독서는 시민의 지적 시야를 넓혀주는 사회적 생산성이 높은 행위로 인식되게 되었다. 또한 18세기에는 다양한 독서회 조직(독서조합)들이 생겨나면서 시민독서대중의 확대가 이루어졌다. 이 조직은 신문과 잡지를 공동 구독하던 것에서 시작하여 책에 대한 의견교환과 사교모임으로 발전하였다. 독서행위가 일상화되면서 이 시기에는 영리를 목적으로 한 대출도서관이 성행하였고, 궁정과 귀족의 후원을 받지 않는 '자유문필가'가 등장하였으며, 근대적 형태의 출판업과 서적상이 출현한 것도 이 시기였다.

이후 출판사와 서점은 분리되었고, 19세기부터는 최초로 책에 정가가 표시되었다. 또한 작가들이 점차적으로 출판시장에 종속되면서 대중의 기호에 순응하거나 아니면 독창적인 내용과 형식의 작품으로 문학에 식견이 있는 독자들의 자발적인 관심을 끌 수 있는 작가들만이 시장에서 살아남을 수 있었다. 이처럼 작가와 독자의 형성, 양자를 연결해주는 출판과 유통의 구조, 서적 시장의 자본주의적 논리와 그것에 영향관계에 있는 독자 취향의 형성 등, 문학적 현상에서 관찰할 수 있는 양상들은 그 틀이 18세기 말에 확립되어 현재까지 이어져오고 있다(정보통신정책연구원, 2010).

지식정보사회에서 독서는 국가 경쟁력의 핵심요소로서 모든 산업의 근간이 될 뿐만 아니라 개개인의 삶의 질 향상과 자기계발을 위해서도 필수적이다. 하지만 최근 들어 영상 위주의 미디어환경 변화와 지식정보에 대한 이용행태 변화 등의 원인으로 독서기피 현상이 심화되면서 독서인구가 감소하고 있다. 하지만 이러한 양적인 독서인구의 감소가 질적인 독서인구의 감소를 의미하지는 않는다. 다시 말해 전체적인 독서인구는 지속적으로 감소하고 있으나 책을 읽는 사람의 독서량은 증가하고 있다. 독서량의 증가는 책을 읽을 수 있는 매체의 확장에 직접적인 영향을 받고 있다. 지금까지 인쇄로만 출판되던 서적이 디지털화되면서 인터넷은 물론 모바일까지로 확산되면서 책을 읽을 수 있는 환경이 유연해지고 있다. 다만 현재의 출판산업은 인쇄 출판에서 디지털출판으로 진화하는 단계의 과도기적 상황으로서 침체와 성장을 동시에 겪고 있기 때문에 표면적인 성장수치로만 판단하기는 무리가 따른다. 따라서 이 같은 특수성을 감안한 산업구조를 정확하게 파악하고 분석하기 위해서는 전문적인 기관에서 정기적인 연구조사가 시행되어야 한다. 이에 문화체육관광부, 한국콘텐츠진흥원, 한국출판연구소 등의 기관에서는 정기적으로 독자들의 소비행태 및 독서실태를 조사, 연구하면서 객관적인 분석을 시행하고 있다.

한국콘텐츠진흥원(2010)이 매년 실시하는 <콘텐츠산업 전국 소비자 조사>에 따르면, 9개의 콘텐츠 장르 가운데 서적은 4번째의 이용률을 보이고 있다.

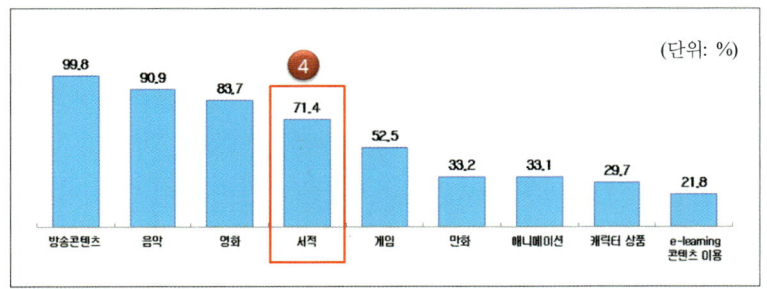

국내 콘텐츠 소비자의 콘텐츠별 이용률
출처: 문화체육관광부(2010c), 〈2010 콘텐츠산업 전국 소비자 조사〉.

서적은 방송, 음악, 영화보다는 이용률이 낮게 나타났으나 그 외 게임, 만화, 애니메이션 등보다는 높게 나타나 서적의 비중이 여전히 높은 포지션에 있음을 방증했다. 또한 범위를 넓혀 출판으로 보면 서적과 만화를 묶을 수 있어 그 비중은 더욱 크다고 볼 수 있다.

　국내의 전체적인 연간 독서량은 점차 감소하고 있고 또한 연령, 직업 등 각 계층의 독서량도 양극화되고 있다. 유럽의 경우 연령 증가에 따른 독서율 감소가 완만한 데 비해 한국인은 55세 이상 독서율이 15~24세 독서율의 절반 이하에 불과할 정도로 연령별 독서편차가 매우 크게 나타나고 있다.

　직업별로는 '사무직'이 '1개월에 한 번 이상' 서적을 보는 비중이 가장 높은 반면, '생산직'은 '일주일에 한 번 이상' 서적을 보는 비중이 다른 직업에 배해 가장 낮은 상황이다. 그리고 초·중·고생의 한 학기 독서율이 다른 직종의 독서율보다 높은 상황이다. 학생 중에서는 초등학생의 독서율이 가장 높고 다음으로 중학생의 독서율이 높으며, 고등학생은 가장 낮은 독서율 수준을 보이고 있다.

　비독서자를 포함한 성인의 평균 독서시간은 소폭 감소 및 정체추세이다. 또한 여가 활용 시 독서의 비중도 정체경향을 보이고 있다. 여가시간에 독서를 하지 못하는 주요 장애요인으로는 '일과 공부 때문에 바빠서' 및 '독서 습관이 부족해서'로 나타나고 있다.

　따라서 주 5일제의 확산으로 여가시간은 증가하는 데 반해 여가활용은 매우 편중돼 있어 독서의 생활화를 위한 프로그램 확대가 시급한 상황이다. 한국인의 연평균 독서율(만15세 이상)은 EU(유럽 27개국) 평균보다 약간 저조한 수준이다. 또한 한국인의 월평균 독서량은 일본인과 비슷한 수준이다.

독서자의 가장 큰 비중을 차지하고 있는 10~20대 젊은 층에서는 전자책 이용 비율이 크게 증가하고 있다. 특히 학생들의 '전자책' 이용 경험률은 성인을 크게 앞서고 있다. 아직까지 이들의 전자책 이용 매체는 데스크톱이 가장 높은 비중을 차지하고 있으나 2010년을 기점으로 스마트폰과 스마트패드의 폭발적인 확산으로 모바일 매체를 활용한 전자책 이용이 급증할 것으로 보인다.

성인들이 선호하는 전자책 분야는 '문학도서', '실용도서' '만화', '교양도서' 순으로 다양한 분야의 도서를 전자책으로 이용하고 있는 것으로 나타났으며, 중·고등학생들의 경우 '문학도서'와 '만화' 이용률이 가장 높고, 초등학생은 '어린이소설', '만화(학습용)', '만화(오락용)' 등으로 나타났다(문화체육관광부, 2010d).

2011년 상반기 교보문고의 통계발표를 보면, 우리나라 전자책의 주된 이용분야가 문학이 57.3%, 자기계발이 28.6%, 경제경영이 19.4%, 인문이 10.1%인 것으로 나왔다.

종합해 보면 양적으로는 매년 독서인구나 독서 구입비 등은 감소하는 추세에 있어 최근의 종이책 출판업계의 위기와 궤를 같이하고 있으나, 질적으로는 젊은 층의 독서량 증가, 디지털매체를 활용한 새로운 독서이용행태 등 성장할 잠재가능성이 충분한 상황이다. 즉, 오늘날 출판 패러다임의 변화는 독서이용이나 소비행태에도 변화를 추동하고 있으며, 성공적인 전환은 마이너스 성장에서 플러스 성장으로 탈바꿈할 수 있는 모멘텀(momentum)이 될 것으로 사료된다.

2. 독서문화

웹 2.0의 개념을 처음 주창한 팀 오라일리(O'Reilly)는 컴퓨터 관련 서적 분야에서 세계적인 권위를 인정받고 있는 출판사를 설립했다. 오라일리 미디어(O'Reilly Media)는 웹 2.0의 핵심요소인 개방, 참여, 공유를 직접 실천하고 있기로도 유명하다. 오라일리는 출판뿐만 아니라 매년 오픈소스 공동체를 위한 콘퍼런스를 열고, 온라인 서비스를 제공하고 있으며, 저작권 기한도 미국의 85년보다 훨씬 짧은 28년을 최장 저작권 기한으로 삼고 있다.

이러한 오라일리는 2010년 9월 유명 경제잡지 『포브스』에 종이책과 전자책 그리고 인터넷의 삼각관계에 대해 새로운 시각을 제시했다. 오라일리는 앞으로 5년 정도가 지나면 인터넷과 일반 책의 경계가 사라지게 될 것이며 이런 흐름은 현재 진행 중이라고 주장한다. 인터넷과 연결된 책은 인터넷과 연결되지 않은 책보다 훨씬 더 가치 있는 정보를 담을 수 있기 때문에 인터넷과 책의 경계는 무너질 수밖에 없다는 것이다. 책도 결국 인터넷과 만나면서 인터넷 중심으로 재편될 것이고, 새로운 형태로 진화할 것이라는 주장이다. 오라일리에 따르면 책이라는 것도 구성요소를 분석해 보면 문자와 이미지로 구성된 데이터에 불과하고 제목, 목차, 챕터와 같은 체계에 의해 만들어졌고, 저자와 제목, 국제표준도서번호(ISBN)와 같은 메타 데이터를 담고 있기 때문에 종이에 쓰였다 뿐이지 결국 인터넷과 연결되지 않는 웹 사이트라고 봐도 무방하다는 개념이다.

따라서 오라일리는 현재의 전자책은 종이책을 디지털화해 다양한 미디어에서 읽을 수 있도록 한 매체의 확장 수준에 그친다는 평가이다. 다시 말해 인터넷을 배제한 전자책은 완벽한 의미의 전자책으로 규정지을 수 없으며, 현재의 종이책과 전자책의 대결구도는 표면적인 수준에 그친다고 주장한다. 전자책에 인터넷이 본격적으로 덧입혀질 때 비로소 전자책의 완성된 형태를 갖출 수 있다고 하며 이러한 단계가 곧 전자책 2.0이라고 한다(김원제, 2010).

여기에 최근 스마트폰이나 스마트패드 등의 폭발적인 성장으로 오라일리의 주장이 설득력을 얻고 있다. 킨들과 같은 기존 1세대 전용 e-book 단말기의 경우 오라일리가 지적한대로 인터넷이 구현되지 않는 형태를 보였지만 아이패드나 갤럭시탭과 같은 2세대 범용 e-book 단말기는 인터넷은 물론 전화, 동영상 등까지 모두 탑재한 멀티미디어의 모습을 갖추고 있다.

오라일리는 전자책도 구글이나 위키피디아의 사례에서 보듯이 데이터는 검색이 가능하고 공개될 때 그 가치가 커진다고 한다. 이것이 인터넷이 존재하는 이유이며 출판사들이 궁극적으로 나아가야 할 방향이라고 한다. 물론 21세기는 지식정보화사회이며 집단지성이야말로 사회를 구성하는 핵심요소임에는 분명하다. 또한 향후 미디어의 지형이 이러한 청사진을 가능하게 만들어줄 것이다.

하지만 여기서 보다 신중하고 면밀히 검토해야 하는 부분이 있다. 바로 책이 갖고 있는 고유한 특성과 맥락이다. 과연 책을 단순하고 단편적인 데이터 혹은 정보로 볼 수 있을까? 만약 그렇다면 앞서 오라일리가 주장하는 전자책의 지향점은 두말할 나위 없이 좋다고 할 수 있으나 책에는 단순히 기술적인 결합과 진보 외에 다른 미디어가 갖지 못한 고유한 특성이 있기 때문에 이를 반드시 고려해야 한다.

태어나면서부터 인터넷을 주매체로 활용하는 요즘 세대들은 읽기와 쓰기는 물론 사고방식마저 인터넷의 영향 아래 놓여있다. 이들은 인터넷 검색으로 필요한 정보만 신속하게 찾는다. 심지어 책도 아마존이나 구글의 책 정보를 검색해 필요한 내용만 발췌한다. 이들에게는 책 읽는 것이 시간낭비이고 비효율적인 행동일 뿐이다.

니콜라스 카(Nicholas Carr, 2010)는 그의 저서에서 디지털 세대에 대한 공통적인 문제점을 발견했다. 이들은 정보의 맥락을 잘 파악하지 못할 뿐 아니라, 두 개 이상의 개념을 결합시키기도 어려워한다. 저자는 인터넷이 우리의 사고방식을 얕고 가볍게 만들고 있기 때문이라고 주장한다. 인터넷은 깊이 없는 단편적 지식을 추구하게 만든다는 것이다. 디지털 세대는 긴 독서와 사색이라는 귀찮고 '비효율적인' 과정을 건너뛰고 간편한 '검색'을 통해 필요한 정보만 찾는다. 이 과정에서 지식의 깊이는 사라지고 맥락이 배제된 파편화된 정보만 남는다.

어떤 이들은 책이 '쓸모없는' 정도가 아니라 아예 사라질 거라고 주장한다. 종이에 인쇄된 책과 신문은 구시대의 유물로, 장차 전자책이나 태블릿PC에 의해 대체된다는 것이다. 신문산업의 침체와 출판시장의 위축, 그리고 전자도서의 폭발적 성장은 이런 예언을 뒷받침하는 것처럼 보인다. 하지만 정말 독서와 종이책이 종말을 맞이할 것인가? 결론부터 얘기하자면 종이책은 사라지지 않을 것이다.

현존하는 세계 최고(最古)의 금속활자본 『직지심체요절』과 iBooks의 애플리케이션

    종이책은 더 발전하기 어려울 만큼 궁극적 형태에 도달한 매체이다. 보존성, 사용과 휴대 편이성, 가격 등 모든 면에서 그렇다. 책의 형태가 수세기 동안 거의 변함없이 유지되었다는 사실이 이 점을 방증한다. 종이책이 이상적 매체라는 사실은 전자책의 진화형태에서도 알 수 있다. 인기 있는 전자책 단말기의 경우 종이책의 장점과 특성을 고스란히 구현하려는 경향을 보인다. 예컨대 다시 보고 싶은 곳에 '책갈피'를 끼울 수 있고, 중요한 곳에 '밑줄'을 긋고, 필요한 곳에 '메모'를 하는 기능을 들 수 있다. 애플의 '아이북스(iBooks)'는 화면을 누런 종이 빛으로 바꿀 수 있을 뿐 아니라, 페이지를 앞뒤로 넘길 수 있게 만들었다. 반스 앤 노블의 '누크'는 전자책을 다른 사람에게 두 주간 빌려주는 기능도 갖추고 있다.

    물론 전자책에는 종이책이 구현하지 못한 부분을 채우기도 한다. 예컨대 종이책에서는 불가능한 본문 검색이나 사전 기능이 있으며, 링크를 통해 추가정보도 얻을 수 있다. 책 한 권 무게의 단말기에 서재 분량의 책을 저장할 수 있고, 취향에 따라 글자꼴과 크기를 바꿀 수 있다. 원하면 책을 읽다 느낀 점을 다른 사람과 온라인상으로 공유할 수도 있다. 오라일리가 말한 전자책의 특성이자 경쟁력을 갖춘 부분이라고 할 수 있다. 하지만 전자책은 종이책만이 갖고 있는 고유한 특성과 매력을 온전히 재현하지는 못한다. 전자책이 모방하기 힘든 종이책의 다섯 가지 특성은 다음과 같다.

첫째, 높은 몰입도이다. 종이책은 독서에만 집중할 수 있도록 만들어진 매체이다. 하지만 스마트폰이나 스마트패드와 같은 멀티미디어의 경우 독서 중에도 전화가 온다거나 다른 정보습득을 위해 쉽게 샛길로 새어나가기 쉽다. 또한 이러한 산만함은 정보에 주목하기 어려운 것만을 의미하지 않는다. 독서는 정보 획득 이상의 의미를 갖기 때문이다(이용준·김원제 외, 2010).

둘째, 치밀한 논리구조이다. 책이 처음 쓰였을 때에는 띄어쓰기도 없이 손으로 쓰였으나 서서히 문장, 문단, 장이라는 논리적 구조를 갖추는 방식으로 진화해왔다. 잘 조직화된 이야기 속에 자아를 인식할 수 없을 만큼 빠져드는 경험은 지식의 깊이와 이성적 사고와 밀접한 관련이 있다. 이 경험은 인터넷 검색이나 전자책 단말기가 흉내 내기 어려운 영역이다. 디지털 세대들이 맥락을 파악하지 못하고 2개 이상의 개념들을 결합하지 못하는 등의 한계점은 이러한 논리적이고 이성적인 훈련이 부족했기 때문이다.

셋째, 비선형성이다. 흔히 디지털 매체의 특성으로 '상호작용성'과 '비선형성'을 꼽는다. 대상과 상호 소통하며, 이런 교류행위가 특정 방향으로 제한되지 않는다는 것이다. 그러나 종이책이 오히려 전자책보다 비선형적이고 효율적인 경우가 많다. 종이책은 서두를 읽다가 결말을 잠깐 훔쳐볼 수도 있고, 두세 페이지를 한꺼번에 잡고 비교해볼 수도 있다. 책 여러 권을 동시에 펼쳐놓을 수도 있다. 전자책도 페이지를 건너뛰어 이동할 수 있으나, 종이책에 비해 느리고 번거롭다. 다른 페이지나 여러 책을 동시에 펼쳐놓는 것은 매우 어렵거나 불가능하다(사사키 도시나오, 한석주 옮김, 2010).

넷째, 상호작용성이다. 종이책은 모퉁이를 접을 수도 있고, 여백에 나만의 글씨로 메모를 할 수도 있다. 전자책도 비슷한 역할을 하는 기능이 있지만, 메뉴를 선택하고, 키보드를 열고 타이핑을 하고, 저장을 하는 복잡한 과정을 거쳐야 한다. 더 큰 문제는 종이책에 익숙한 우리에게 이러한 과정은 개운하지 않은 느낌을 갖게 한다는 것이다.

다섯째, 감성적인 부분이다. 전자책이 종이책을 대신할 수 없는 가장 큰 부분이 감성적인 부분이다. 예컨대 전공서적 등의 책에서는 공부하면서 했던 필기나 책에 까맣게 묻어 있는 손때를 보면 자신이 열심히 공부했던 추억이 떠오르기도 하며, 전자책에서 구현되는 화려하고 실감나는 플래시 동화보다 잠자리에서 아이와 함께 앉아 직접 책장을 넘기며 대화할 수 있는 동화책은 전자책이 대신할 수 없는 감성적인 부분이다.

물론 종이책의 이러한 고유한 특성과 매력에도 불구하고 전자책 성장의 곡선은 가파르게 나타날 것이다. 또한 오라일리의 말처럼 인터넷과 결합하며 전자책 2.0으로 진화할지도 모를 일이다. 앞으로 전자책은 더 가볍고, 더 읽기 쉽고, 더 많은 책을 저장하면서 하드웨어뿐 아니라 소프트웨어와 전자출판물의 종류도 크게 늘고 내용도 풍부해질 것이다. 이처럼 전자책은 분명 나름의 장점이 있지만 종이책이 갖고 있는 물리적인 매력을 완전히 모방하지는 못한다. 따라서 앞으로 종이책과 전자책은 시장을 완전히 대체하는 대체재의 역할이 아니라 상호보완하며 공존하는 보완재의 역할을 담당할 것으로 기대된다.

제 14 장
디지털 시대의 출판

1. 전자책 빅뱅

책은 인류 역사상 가장 오래된 매체로서 불과 얼마 전까지만 해도
지식과 정보를 습득하는 가장 핵심적인 매체이고, 역사발전의 초석으
로 여겨졌다. 하지만 인터넷의 빠른 확산으로 지금까지의 출판 패러
다임이 아날로그에서 디지털로 그 중심을 이동하고 있다. 인쇄출판업
은 해가 갈수록 위기와 어려움이 가중되는 반면 전자책으로 대표되
는 디지털출판업은 비약적인 성장을 거듭하고 있다.

2007년, 세계 최대 인터넷 서점 아마존은 전자책 단말기 '킨들'을
출시함과 동시에 8만 8천 권의 전자책을 함께 제공했다. 이 시도는
전 세계적으로 전자책 시장의 가능성을 보여주었다. 킨들의 초창기
기기 구입비용이 350달러로 상당히 높은 가격이었음에도 불구하고,

종이책의 1/3에 해당하는 평균 9.99달러의 전자책 콘텐츠는 소비자의 소비 심리를 자극하기에 충분하였기에 초기 첫해 100만 대 이상을 판매했다. 아마존은 킨들 출시 1년 만에 전자책 시장에서 67억 달러의 매출을 올렸다. 이후에도 아마존은 킨들2, 킨들DX 등으로 넓어진 화면과 다양한 기능이 추가된 전자책 전용 리더기를 출시하여 지속적으로 전자책 시장에서 우위를 차지하고 있다. 2010년 7월 아마존은 전자책 판매가 하드커버 종이책 판매를 넘어섰다고 밝혔으며, 이와 함께 전자책 보급률이 높은 북미 시장에서는 종이책이 사라질 것이라는 예측이 나올 만큼 출판 시장에 있어서 전자책은 빠른 속도로 발전하고 있다.

아마존으로 대표되는 전자책 시장은 대표적인 전자출판이라 말할 수 있다. 유무선 네트워크 문자, 부호, 음성, 이미지, 영상 등의 지식 정도나 출판 콘텐츠를 디지털 방식으로 제작해 처리, 유통하는 것으로 정의되는 전자출판은 전자책보다 큰 개념이나 전자책이 전자출판의 대표적인 형태로 소비자들에게 인식되고 있으며 전자출판과 전자책을 같은 개념으로 사용해도 무방하다(이용준·김원제외, 2010).

현재 일반적으로 인식되는 전자책의 정의는 디지털로 처리된 출판 콘텐츠를 컴퓨터, 휴대폰, PMP, 태블릿PC나 전용 단말기에서 볼 수 있게 만든 것을 말한다. 이와 같은 전자책과 관련된 명확한 정의는 사업 주체에 따라 다른 의미로 사용되고 있다. 그중에서 가장 널리 이용되는 것은 국제디지털출판협회(IDPF)의 정의로, CD-ROM, PDA, 각종 전자책 뷰어를 통해 디지털화된 포맷으로 전달되는 콘텐츠가 전자책이라는 것이다. 미국국립표준기술연구소(NTIS)는 책을 보는 것과 유사한 형태로 표시되는 단말 시스템 그 자체인 하드웨어를 전자책으로 정의 내리고 있으며, 국제디지털출판협회의 전신인 오픈이북포럼(OeBF; Open eBook Forum)은 문자 저작물이 포함되어 디지털 형태로 출판되고 열람되는 콘텐츠로 하나 이상의 고유한 식별자, 메타데이터, 콘텐츠 부분으로 구성된 것이나 그 전자책을 읽기 위해 개발된 디바이스 그 자체까지도 전자책으로 보고 있다.

국내의 한국전자출판협회(KEPA)는 도서로 간행되었거나 또는 도서로 간행될 수 있는 저작물의 내용이 디지털 데이터로 전자적 기록 매체, 저장장치에 수록되고 컴퓨터 또는 휴대단말기를 이용해 그 내용을 보고 들을 수 있는 콘텐츠를 전자책이라 정의 내리고 있다. 이처럼 전자책 혹은 전자출판의 정의는 전자책 콘텐츠, 콘텐츠를 읽을 수 있도록 하는 전용 뷰어나 리더 등의 소프트웨어, 전자책 단말기의 하드웨어를 모두 포괄한 의미로 현재 사용되고 있다.

전자출판의 본격적인 시작으로 여겨지는 것은 1971년 마이클 하트(Michael, S. Hart)의 '구텐베르크 프로젝트(Project Gutenberg)'로, 이 프로젝트는 저작권이 소멸된 도서를 디지털화하여 누구나 이용할 수 있도록 하기 위해 창설되었고, 현재 가장 오래된 디지털 도서관이다. 이러한 구텐베르크 프로젝트를 계기로 세계 각지에서 전자책에 대한 관심이 모아지기 시작하여, 1998년에는 미국의 실리콘 밸리에 위치한 벤처기업인 누보미디어에서 '로켓 이북(Rocket e-Book)'이라는 전용 단말기가 개발되는 등의 상업적 접근도 이루어졌다. 그리고 2000년에는 인기 작가인 스티븐 킹이 『총알차 타기(*Riding the Bullet*)』란 신작 소설을 전자책으로 발표해 큰 주목을 받았다.

그러나 초기의 전자책 시장은 과도하게 비싸게 책정된 단말 가격에 따른 소비자의 반응과 출판사와 전자책 제작업체 간의 저작권 및 수익 분배 문제, 전자책 플랫폼 표준 정립 문제 등으로 시장 활성화에는 실패하였다. 이후, 2007년 아마존에서 킨들이 출시되면서 전자책에 대한 소비자의 인식이 상당히 개선되기 시작하였고, 스마트폰, 태블릿PC 등의 휴대용 디지털 단말기가 미디어 콘텐츠 시장의 트렌드로 자리 잡아가면서 전자책 시장에 기존의 출판 기업을 비롯한 다양한 장르의 기업들이 진출하기 시작하였다. 이러한 움직임을 바탕으로 전자책 시장은 크게 활성화하기 시작하였다.

현재의 전자책 시장은 기존의 종이출판 시장에 비하면 아직까지는 시장 규모는 작다고 할 수 있지만 빠른 속도로 종이출판 시장을 잠식해가고 있다고 볼 수 있다. 한국콘텐츠진흥원(2010c)에 따르면 전 세계 도서 시장은 2014년까지 1.0%의 연평균 성장률을 기록할 것으로 전망되는 데 비해, 전자책 시장은 연평균 27.2%의 성장률을 보이며 큰 폭으로 성장할 것으로 전망되고 있다. 또한, 전체 시장 규모가 점차 하락되고 있는 종이출판 시장에 비해 전자책 시장 규모는 빠른 속도로 증가되고 있다.

초기에 전자책은 종이책의 휴대의 불편함, 보관의 한계 등의 단점을 뛰어넘을 것으로 보고 많은 관련 기업들이 속속 전자출판 시장에 진출했었다. 하지만 값비싼 전자책 단말기와 원활치 못한 콘텐츠의 수급, 공통적인 규격의 부재 등이 독자의 기대에 부흥하지 못하며, 2000년 이후 성장이 정체되었다. 그러나 2007년 아마존의 킨들의 등장을 시작으로 2010년 스마트폰과 태블릿PC 등의 범용단말기까지 확산되면서 전자책 빅뱅, 전자책 러시의 시기를 맞고 있다. 이러한 성장의 배경에는 변화된 디지털 미디어 시장의 특성이 작용했다. 가장 큰 변화는 소비자의 태도 변화였다. 전자책 등장 초기의 소비자는 디지털 콘텐츠에 대한 이해가 부족하였으며 전자책의 개념 역시 명확하지 않았지만 최근의 소비자는 평소의 생활에서 쉽게 디지털 콘텐츠의 사용을 할 수 있게 되었고 인터넷 신문의 이용률이 폭발적으로 증가하면서 디지털 텍스트 자료의 이용이 활성화되었기에 전자책의 특성에 쉽게 적응할 수 있게 되었다. 이와 함께 출판 시장 관련 업계의 적극적인 참여도 전자책이 빠르게 성장할 수 있는 배경이 되었다. 장기간에 걸친 성장 정체와 수익성 약화에 직면엔 출판 및 신문 업계는 시장 활성화를 위한 변화로써 전자책 시장에 적극적으로 참여하기 시작하였다.

전자책의 활성화에는 관련 기술의 발전도 한몫하고 있다. 과거의 전자책은 CRT나 LCD 등의 대형 모니터를 통해서 이용할 수 있었기에 쉽게 눈이 부시거나 피로해지는 단점이 있었으나 'e-페이퍼' 및 'e-잉크' 기술의 발전으로 종이책과 유사한 수준의 가독성을 제공하는 전자책이 등장하게 되었다.

뿐만 아니라 다양한 기능을 추가한 전자책 전용 단말기와 노트북, 스마트폰, 태블릿PC 등과 같은 폭넓은 기능을 가지고 있는 범용 단말

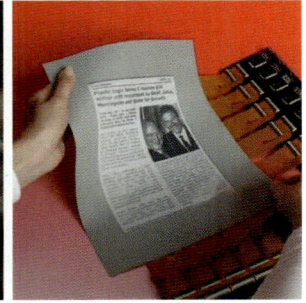

종이책과 유사한 수준의 가독성을 제공하는 전자책 기술, 'e-페이퍼'

기가 빠른 속도로 확산되어 전자책을 좀 더 쉽고 간편하게 이용할 수 있게 되었다.

전자책을 이용할 수 있게 하는 단말기는 전자책에 맞게 제작된 전용 단말기와 동영상, 음악, 게임 등의 여러 기능을 함께 이용할 수 있는 범용 단말기로 구분할 수 있다. 대표적인 전용 단말기로는 아마존의 킨들 시리즈, 반스 앤 노블의 누크 시리즈, 필립스의 리쿼비스타, 허스트의 스키프 리더 등을 들 수 있으며 범용 단말기로는 애플의 아이폰이나 아이패드, 삼성의 갤럭시탭 등이 대표적이며 소니의 PSP, 닌텐도의 NDS, 스마트폰 등도 전자책을 이용할 수 있는 기능을 가지고 있는 범용 단말기라고 할 수 있다. 아마존의 CEO 제프 베조스에 따르면 전자책 전용 단말기 킨들과 함께 범용 태블릿PC를 함께 구입하고 있으며 킨들은 책이나 잡지를 읽는 데 이용하며 태블릿PC는 게임, 영화감상, 웹브라우징에 사용하는 등 전혀 다른 쓰임새를 가지고 있다고 했다. 전 세계의 기업들이 지속적으로 전자책 전용 단말기와 범용 단말기를 출시하고 있기에 관련 시장의 전자책 단말기 빅뱅 역시 치열할 전망이다.

디지털기술과 단말기의 확산으로 전자책 콘텐츠의 양적 증가와 신간 및 베스트셀러의 전자책 출판이 점차적으로 확대되고 있다. 국제디지털출판협회가 추진하는 표준 전자책 규격 ePUB을 채택하는 기업과 단말기가 증가하는 등의 전자책 표준화 역시 세계적으로 전자책 시장의 발전 요인이라 할 수 있다. 이외에도 세계 각국의 정부에서 전자책 활성화를 위한 정책이 전자책 시장의 발전을 뒷받침하고 있다(이용준 외, 2010).

전자출판은 스마트폰과 스마트패드 등의 스마트미디어를 발판으로 연착륙에 성공했다. 이제 본격적인 성장기에 접어들 시기이다. 기존에 아마존의 킨들과 같은 전용단말기가 전자책 시장을 독보적으로 이끌었다면 아이폰과 안드로이드폰 그리고 아이패드와 갤럭시탭까지 거대 기업들이 범용단말기를 선보이며, 그야말로 전자책 시장에 빅뱅을 예고하고 있다. 다양한 단말기와 폭발적으로 증가하는 전자책 콘텐츠는 새로운 디지털 출판시장의 블루오션을 개척하고 있다.

2. 디지털 패러다임에서 제작-유통-소비 방식의 변화

21세기에 들어서면서 책의 제작과 유통, 소비방식은 급격히 디지털화되었다. 디지털 기술과 유·무선 네트워크 개념이 출판에 도입되면서 책의 생산과 유통은 신속해졌으며, 급기야 아날로그 방식을 탈피한 전자책이 등장하여 화면으로 책을 읽는 시대가 도래하였다. 또한 미디어의 융합현상에 따라 출판의 스토리를 원작으로 하여 다양한 영상물과 게임, 디지털 콘텐츠가 개발되는 경향도 대폭 늘어나게 되었다(이용준 외, 2010).

디지털 기술의 발전은 커뮤니케이션 방법의 변화와 함께 미디어 콘텐츠의 근본적인 변화의 양상을 만들어내고 있다. 단순히 인간의 삶을 쉽고 편하게 이용할 수 있도록 발전해온 기술에서 재미를 위한 기술로 가치가 이동되고 있으며, 지리적인 경계는 글로벌 시장 앞에서 파괴되고 있다고 할 수 있다. 이러한 파괴는 장르의 개념을 파괴하고 있으며, 여러 장르의 기술이 합쳐지거나 세부적으로 분화되는 융합 기반의 신산업 구조로 변화되고 있다. 이러한 신산업 구조로 발전되고 있는 디지털 시대에 있어 이를 뒷받침하는 미디어 플랫폼은 빠른 변화의 양상을 반영하여 복합 미디어 시대, 3Screen에서 더 발전된 N-Screen 환경, 클라우드 컴퓨팅 환경 등으로 발전하고 있으며, 콘텐츠 역시 장르를 구분하지 않고 합종연횡을 통한 복합 콘텐츠로 발전하고 있음을 볼 수 있다. 이와 같은 환경의 변화는 제작과 유통, 소비 방식의 변화를 동반하며, 출판산업에서도 이러한 변화는 피할 수 없다.

첫째, 제작부분의 변화이다. 전자책 시장에서의 콘텐츠는 저자, 출판사 등에서 양산하는 것들을 의미하며, 이들은 콘텐츠를 제작하여 직접 유통하거나 유통 대행업체에게 콘텐츠를 제공하여 콘텐츠 판매 수익을 얻음으로써 전자책 시장이 운영될 수 있는 기반을 마련한다. 대기업 형태의 출판사는 내부에서 콘텐츠 제작이 이루어질 수 있는 여건을 소유하고 있기에 직접 콘텐츠를 생산하여 유통하는 방법을 이용하지만, 중소규모의 출판사나 개인 저자들은 그러한 방식 대신 콘텐츠 유통을 전문으로 하는 업체에 콘텐츠의 원본을 제공하여 판매된 수익의 일부를 취하는 방식으로 콘텐츠를 공급하고 있다.

출판콘텐츠의 제작에 있어서는 일반 서적의 형태를 전자책으로 변화하는 솔루션을 제공하는 기업의 역할도 빼놓을 수 없으며 일반적으로 콘텐츠로서의 전자책이 만들어지는 과정은 원본 콘텐츠를 받아 이를 전자책 규격에 맞도록 스캔하거나 디지털화하는 방식으로 변환을 한다. 이 과정에서 전자책에 삽입될 텍스트나 이미지, 도표 등을 별도 작업을 통해 추가하여 전자책에 맞는 형태로 원본 콘텐츠를 변화시킨다. 이러한 과정을 통하여 완성된 콘텐츠는 일반 독자들에게 제공된다. 전자책으로 제작하면서 보다 저렴한 비용으로 보다 많은 콘텐츠를 양산할 수 있게 되었으며, 누구나 손쉽게 자신이 원고를 쓰고 전자책을 제작할 수 있어 풍부한 콘텐츠를 만들 수 있게 되었다.

둘째, 유통방식의 변화이다. 전자책 유통구조는 저자—출판사—독자로 연결되는 기존 종이책 시장에 비해 다양하고 복잡한 형태의 구조로 이루어져 있다. 디지털화되어 만들어진 전자책은 콘텐츠가 유통되는 통로가 필요하게 되는데, 이러한 유통 플랫폼을 통하여 저자와 출판사가 연계되거나 단독으로 출판 콘텐츠를 유통하거나 신문·잡지 등이 자사의 콘텐츠를 시장에 유통시킬 수 있게 된다.

독자는 시장에 유통되는 콘텐츠를 자신이 보유하고 있는 전자책 단말기에 다운로드받게 되는 과정에서 Wi-Fi, 3G, 인터넷 등의 환경을 거치게 되는데, 결국 전자책 시장은 단순히 소수의 플레이어로 구성된 환경이 아니라 다양한 장르의 플레이어들이 복잡하게 연결되어 있는 구조라 말할 수 있으며 이를 단순하게 구분하면 콘텐츠(전자책), 유통, 단말기로 나눌 수 있으며 디스플레이, 통신, 미디어 등의 다양한 유관분야와 연계되어 있다.

유통분야는 전자책 콘텐츠들을 수급하여 개인이나 기관 등에 수급하는 역할을 하게 되는데, 기존의 오프라인 서점, 전자책 단말기 제조사, 온라인 서점, 온라인 포털 등이 전자책 유통 분야에 참여하고 있다. 특히, 아마존, 반스 앤 노블, 구글, 소니, 야후 등의 기업들이 글로벌 전자출판시장을 선도하고 있는 것으로 보이고 있으며, 국내의 경우 교보문고, 예스24, 인터파크 등의 기업들이 전자책 유통 과정의 플레이어라 할 수 있다.

셋째, 소비방식의 변화이다. 기존의 콘텐츠 이용자는 단순한 소비자에 불과하였기에 시장에 나타나는 서비스를 그대로 사용하는 것에만 만족하였으나 현재의 이용자들은 문화적인 향유자로 부상하고 있으며 자신들이 원하는 콘텐츠와 미디어 플랫폼에 대한 의견을 직접적으로 표현하고 스스로의 문화를 창조하는 데에도 일조하고 있다. 결국, 디지털 기술의 발전은 미디어 플랫폼, 콘텐츠의 변화뿐만 아니라 이용자의 특성조차 변화시키고 있는 것이다.

이러한 변화의 흐름에 출판 시장도 예외일 수는 없다. 기존의 출판산업은 편집·인쇄를 통한 도서제작 중심의 산업이었으며, 소비자 중심보다는 인쇄 매체를 제공하는 공급자 중심의 시장이라고 할 수 있었다. 출판 시장에서 가장 중요한 위치를 차지하는 것은 인쇄를 통해 만들어진 인쇄 매체였으며, 인쇄 매체 간의 경쟁이 시장이 운영되는 근본이었다. 이러한 출판 시장에 있어 소비자는 단순히 만들어진 인쇄 매체를 일방적으로 접해야 하는 수동적인 독자로서 위치하며 결국, 생산과 소비가 극명하게 분리되어 운영되어 온 것이 기존의 출판 시장이라고 할 수 있을 것이다.

하지만 디지털 기술의 발전으로 촉발된 미디어 환경의 변화는 기존의 출판 시장의 패러다임을 변화시켜, 독자가 직접 자신의 전자책을 내거나 인터넷이나 트위터 등의 SNS를 통해 자신을 의견을 적극 밝히고 있다. 또한, POD 출판의 발전으로 독자는 비록 인쇄된 책을 읽는다 하더라도 자신이 원하는 내용만 골라 인쇄해 나만의 책을 이용하게 되었다. 결국 디지털 시대 출판은 더 이상 생산자 위주의 시장구조를 가질 수 없게 된 것이다.

3. 전자출판의 변화 양상 및 전망

기존의 출판시장은 우수한 콘텐츠를 보유한 대형 출판사와 인기 작가 등에 좌지우지되는 경향이 많았지만, 전자출판시대에는 종이책 출판시대와는 사뭇 다른 양상이 나타나곤 한다. 1인 출판사가 전면에 부각되고, POD출판이 활성화되고, 블로그 출판이나 앱스토어북이 각광을 받기 시작한다. 이렇게 전자출판 시대에 들어와 빠르게 달라지는 출판 시장의 변화 양상을 살펴보면 다음과 같다.

3.1. POD

Print on Demand 혹은 Publish on Demand로 불리는 POD는 고객이 원하는 방향대로 서적을 제작해주는 맞춤주문형 출판 시스템이라 할 수 있다. 기존의 종이 서적 인쇄 방식은 대량 제작으로 인하 재고가 발생할 가능성이 컸으며, 제작 과정에 있어서 상당한 비용이 발생하였다. 하지만 POD는 독자의 주문에 의해 원하는 책을 만들어주기 때문에 재고부담에서 벗어나고 독자는 개인화된 맞춤책을 가질 수 있다는 장점이 있다. 또한, 출판사에서는 초지 제작비용을 상당히 줄일 수 있다는 긍정적인 측면이다. 뿐만 아니라, 다품종 소량 생산 방식을 통해 서적을 생산할 수 있기에 기업의 사업계획서, 회사소개서, 제안서, 보고서, 개인의 포트폴리오, 졸업 논문 등과 같은 인쇄물의 인쇄 등에 이용될 수 있다.

뿐만 아니라 종이 서적을 디지털화하여 저장한 후, 시장에서 절판되거나 품절된 서적을 고객의 요구대로 제작할 수 있으며, 출간의 기회를 가지지 못한 고객의 입장에 서서 서적을 출판할 수도 있다.

3.2. 1인 출판

POD의 등장은 일반인들이 쉽게 서적을 출판할 수 있는 기회를 제공하도록 하였으며 전자책 단말기, 스마트폰, 태블릿PC 등의 다양한 전자책 뷰어의 등장은 전자책 시장을 활성화하는 동시에 1인 출판 시장의 성장을 가속화하는 요인이 되고 있다. 1인 출판은 출판사를 거치지 않고 직접 자신의 책을 발행하는 것으로 저자 자신이 출판사에 비용을 지불하여 출판하는 자비출판과는 다른 형태라 할 수 있다.

1인 출판은 콘텐츠만 가지고 있으면 쉽게 전자책을 제작할 수 있도록 하는 시장이 형성됨에 따라 일반인도 쉽게 시장에 접근할 수 있으며 저자가 별도로 치러야 하는 비용 부담이 없다는 것은 1인 출판 시대의 지속적인 가능성을 보여준다고 할 수 있다. 실제로 애플의 앱스토어에 콘텐츠를 직접 올리는 'iBooks'의 경우 판매 수익의 70%를 저자가 소유하도록 하고 있으며 국내의 경우, KT는 MS오피스, 흔글, 텍스트문서, HTML 등의 형태의 작품을 전자책 포맷으로 간편하게 변환하여 서비스할 수 있는 오픈마켓의 서비스를 최근 시작한 바 있다. 뿐만 아니라 전자 출판을 전문으로 하는 기업들이 전자책 솔루션을 본격적으로 시장에 내놓으면서 1인 출판 시대를 정착시키는 데 한 몫하고 있다. 그러나 기존의 출판업계가 가지고 있던 탄탄한 교정·교열·편집·디자인·마케팅·판매관리 등과 같이 콘텐츠의 판매를 돕는 부가적인 절차들은 1인 출판에 있어 여전히 부족한 부분이기에 선행적으로 해결되어야 할 것으로 전망된다.

3.3. 블룩(Blook)

　블룩은 블로그(Blog)와 책(Book)이 합쳐진 신조어로 블로그에서 작성된 콘텐츠가 주가 되어 출판하는 형태를 말한다. 최초의 블룩은 유저 인터페이스 프로그래머인 조엘 스폴스키(Joel Spolsky)가 자신의 블로그인 '조엘 온 소프트웨어(Joel on Software)'의 글을 모아 2001년에 출판된 것으로 알려지고 있다.

　2002년 미국의 미디어 비평가 제프 자비스(Jeff Jarvis)가 블룩이라는 개념을 고안하였으며 이후 토니 피어스(Tony Pierce)라는 네티즌이 『블룩(*Blook*)』이라는 책을 출판하면서 널리 사용되기 시작하였다. 블룩은 오프라인 시장에서 인정받기 어려운 저자들을 온라인 시장에서 충분히 독자를 확보한 후 출판을 함으로써 대중적인 인기를 얻을 수 있는 장점을 가지고 있다. 미국에서는 베스트셀러의 20% 가량이 블룩 형식을 보이는 서적이며, 국내에서도 인기 블로거들을 필자로 활용하여 출판하는 블룩 출판의 형태가 증가하고 있다(김원제, 2009).

　블룩이 인기를 끌고 있는 이유 중의 하나는 독자와 저자의 빠른 피드백에 있다. 인터넷 미디어가 빠른 속도로 발전하면서 블로그의 댓글이나 트랙백 등의 기능을 통해 블로그의 독자들은 자신의 생각을 빠른 속도로 저자에게 전달할 수 있게 되었으며 저자는 독자들의 피드백을 통해 자신의 의견을 더욱 공고히 하거나 독자들의 의견을 종합한 폭넓은 정보 공유를 할 수 있기에 저자와 독자가 함께 서적을 만들 수 있는 적극적 생산자 및 유통자의 환경을 구축할 수 있게 된 것이다. 하지만 블룩을 통해 출판된 서적의 대부분이 블로거들의 실생활이나 생활단상을 주제로 한 소비자 친화적인 내용의 실용서 범주에 머무르는 경우가 많다는 점은 블룩의 발전에 있어 해결해야 할 문제이다. 블룩은 2009년 5월 국내의 국립국어원22)의 우리말 다듬기를 통해 '누리글보따리'라는 명칭을 사용하기로 최종 선정된 바 있다.

3.4. 앱북(App Book)과 멀티미디어 북

블룩은 블로그의 내용을 기반으로 하여 오프라인 종이 서적 시장에 출판되는 것을 말하지만, 이와 유사한 형태의 출판이 앱스토어를 통하여도 이루어지고 있다. 물론, 앱스토어의 장르 구분 아래 전자책 구분이 있지만 전자책이 가지고 있는 하이퍼텍스트나 영상, 이미지, 도표 등을 적극적으로 활용하여 전혀 다른 콘텐츠처럼 구현하는 방식도 새로운 형태의 출판 양상이라고 할 수 있다.

국내의 삼성출판사 멀티미디어 북인 '스마트북'은 율동 동요 애플리케이션을 서비스하여 교육 카테고리 상위를 차지한 바 있으며, 이미 오프라인 서적으로 출판된 바 있는 네이버 파워블로거인 윤희정의 '요리천사의 행복밥상'은 최근 앱스토어에 동영상, 이미지 등이 포함된 멀티미디어 앱 형태로 서비스를 시작하였다. 뿐만 아니라 기존의 오프라인 서적이나 전자책 등에서 쉽게 접하기 어려웠던 영상이 포함된 멀티미디어 전자책이 앱스토어를 통해 지속적으로 등장하고 있기에 앱스토어를 통한 출판 시장도 눈여겨보아야 할 것으로 전망된다.

---

22) http://www.malteo.net/.

'요리천사의 행복밥상'의 오프라인 서적과 앱스토어의 멀티미디어 앱

4. 출판만화 시장의 현재 및 미래

코흘리개 시절, 만화방 혹은 서점에서 친구들과 시간이 가는 줄 모르게 만화책을 넘기던 추억을 중장년층들은 대부분 가지고 있을 것이다. 만화가 흐릿하게 보일 정도로 인쇄의 질이 매우 조악하고, 누런 종이에 여기저기 찢어진 자국이 있어도 만화책을 펼칠 때만큼은 만화 속의 주인공이 되어 악의 무리를 응징하기도 하고, 가련한 여주인공이 되기도 하는 등 상상의 나래를 펼 수 있는 만화책의 묘미에 푹 빠졌던 어린 시절의 기억이 날 것이다. TV라는 영상매체가 등장하기 전까지 만화책은 당시 아이들에게는 저렴한 가격으로 즐길 수 있는 가장 재미있는 엔터테인먼트 거리였다.

물론 지금은 어린이들이 즐길 수 있는 게임기, 컴퓨터 등의 다양한 놀 거리들이 선택하기 어려울 정도로 많지만, 1960년~80년대 만화책은 어린이들에게 빼놓을 수 없는 오락 거리였고 시대를 풍미하던 문화아이콘이었다. 하지만 TV와 비디오 등 영상매체와 인터넷의 발전으로 인해 높은 인기를 구가하던 만화에 대한 관심이 점차적으로 하락하면서 만화산업 역시 점점 침체기에 빠져들고 있다. 실제로 만화의 천국이라는 일본에서조차 불황으로 인해 문을 닫는 출판사들이 생겨나고 있고, 만화가를 지망하는 젊은 작가들도 그 숫자가 많이 줄어들고 있는 추세이다. 하지만, 최근 국내외 사례에서 확인해볼 수 있는 탄탄한 스토리와 예술적 감성으로 무장한 소장용 예술만화의 인기, 원천소스로서의 만화의 타 콘텐츠로의 파생, 온라인(디지털기술)과의 결합을 통한 새로운 시장개척 등은 침체기의 만화산업이 비상할 수 있는 중요한 도약대가 될 수 있다.

4.1. 세계 출판만화산업계의 두 축, 일본과 미국

글로벌 경기침체에 가장 큰 직격탄을 맞은 국가는 바로 일본 출판만화계라고 할 수 있다. 출판만화시장이 지속적으로 축소되고 있는 경향을 보이고 있다. 매주 6백만 부를 발행하던 대표적 만화주간지『소년 점프』가 4백만 부로 발행부수가 급감한 것은 일본 만화출판업계의 침체상황을 대변하는 상징적인 사건이다.

이렇듯 일본 출판만화업계에 불어 닥친 위기는 경기후퇴 측면도 있지만, 지난 호황기에 만들어진 고비용 체제에 있다고 보는 해석이 많다. 일본의 대형만화출판업체들은 엄청난 금액의 연봉을 사원들에게 지급하고 있었으며, 제작비도 상상 이상으로 투입해왔다. 이런 무분별한 고비용 체제가 요즘 일본 출판만화계에 전체적인 적자와 부진을 불러왔다는 의견도 제기되고 있다. 잔뜩 거품이 낀 일본출판만화계의 고비용 체제는 만화책 한 권을 제작하는 데 필요한 제작단가의 상승을 불러오고 그것이 수익의 감소라는 부메랑이 되어 돌아온 것이다.

반면, 미국은 작법과 독법에 있어 일본만화와는 상이해 글로벌 시장에서 그다지 큰 호응을 얻지 못했지만, 지속적으로 국내의 열혈 팬들을 보유해왔고, 최근 침체기에 빠진 일본과는 다른 행보를 보이면서 새로운 부흥기를 맞이하고 있다는 평가이다. 미국 만화는 크게 카툰과 일러스트레이션을 결합한 다양한 만화체와 슈퍼히어로(Super Hero)를 캐릭터로 한 SF작품과 애니메이션 등이 주종을 이루고 있는데, 이러한 미국의 출판만화계에서 2008년부터 실제로 '슈퍼히어로 만화 붐'이 일어났고, 글로벌 팬들까지 미국 만화에 높은 관심을 갖는 상황이 되었다. 이렇게 미국 만화 특히, 슈퍼히어로물의 인기가 수직상승한 중요한 이유는 할리우드 영화라는 강력한 동반자와 마케팅 요소를 함께 가져왔기 때문이다.

여전히 작법과 독법에 대한 이질감을 뛰어넘는 것은 어려운 일이지만, 다른 영상물에 특징적인 강렬한 캐릭터들을 제공하면서 다른 콘텐츠와 만화와의 시너지효과가 발생하게 된 것이다. 일본이 소위 '일본출판만화의 황금기'에 대한 향수에 안주하며 전체 출판만화 시장의 거품을 제대로 걷어내지 못하고 또한 사업영역을 다양화하지 못한 데 비하여, 미국의 출판만화는 영화, 애니메이션 등의 다양한 콘텐츠영역과의 협력과 '마블코믹스'와 'DC코믹스'라는 강력한 출판만화 라이벌업계의 건재를 통해 지속적 성장을 보이고 있다. 여기에 덧

붙여, 어린이용 만화와는 달리 예술적 감성이 충만한 '그래픽노블 (Graphic Novel)'이라는 장르의 성공도 미국 출판만화계가 침체 속의 일본과는 달리 최근 큰 폭의 성장세를 보일 수 있었던 중요한 요인이 되었다(김원제, 2009).

4.2. 예술적 감성을 충만하게 담은 성인만화, 그래픽노블의 성공

'그래픽노블'에 대한 정의는 명확하지 않다는 것이 전문가들의 견해이다. 일반적인 만화를 의미하는 '코믹스'와도 큰 개념이 없다는 지적도 있다. 하지만, 일반적으로 그래픽노블은 '소설 수준의 분량과 스토리의 복잡함을 가진 코믹북'이라고 정의할 수 있다. 기존에 만화가 갖고 있는, 어린이들 수준에 맞는 다소 유치한 것이라는 이미지에서 벗어나서 좀 더 진지하고 깊이 있는 문학성과 미술적인 완성도까지 갖춘 작품이라는 차별성을 내세우기 위해 이러한 이름을 붙이게 된 것이다. 그래픽노블의 역사는 비교적 오래되었다. 미국에 그래픽노블의 형태가 등장한 건 19세기 일이었다. 1837년 루돌프 토플러의『오바댜 올드벅의 모험』이 가장 오래된 형태일 것이며, 1895년엔『옐로키드』가 등장했다.

본격적 그래픽노블의 시대는 1980년대 마블코믹스와 DC코믹스가 그래픽노블시장을 주도하고 나서부터였다. 실제로 마블코믹스는 1982년~1988년에 페이퍼백 형식으로 슈퍼히어로들이 중심이 된『마블 그래픽노블』을 출간하였다. 이어 마블코믹스의 강력한 라이벌이었던 DC코믹스는 아트 슈피겔만의『쥐』(1973), 프랭크 밀러의『배트맨: 다크 나이트의 귀환』(1986), 앨런 무어와 데이브 기븐스의『왓치맨』(1985), 데이비드 로이드의 『브이 포 벤데타』(1982) 등을 엮어냈다. 이들 작품들은 각종잡지와 신문에 리뷰될 정도로 예술성을 인정받았다(김원제, 2009).

또한 이들 작품들은 대부분 스크린으로도 옮겨졌고, 할리우드 블록버스터 이상의 호평도 받았다. 앨런 무어의 원작을 <매트릭스>를 감독한 워쇼스키 남매가 각색하고 <매트릭스> 조감독 제임스 맥티그가 만든 <브이 포 벤데타>는 무정부주의 테러리스트를 정면으로 다루었다는 정치적인 배경으로 평단과 관객들의 관심을 끌었다. 2009년에는 독특한 영상세계로 많은 인기를 얻었던 영화 <300>의 감독 잭 스나이더가 메가폰을 잡은 <왓치맨>이 큰 관심 속에 개봉하였다. '수퍼히어로판 <시민 케인>'이라는 원작의 줄거리를 스크린에 담아내어 새로운 슈퍼히어로물의 장을 열었다는 평가를 받았다.

이처럼 특히 미국시장에서 상당한 팬층을 확보하고 있는 그래픽노블은 기존 만화의 향유층을 어린이에서 성인층으로 보다 넓혔고, 예술성과 탄탄한 스토리로 무장했기 때문에 영화 등 다른 영상콘텐츠로도 충분히 재탄생할 수 있다는 점에서 비즈니스 측면에서의 효용성도 매우 높다는 평가이다.

4.3. 출판만화의 새로운 가능성, 온라인 전략

만화와 온라인의 결합도 이제 新트렌드로서 자리 잡아가고 있는 추세이다. 출판만화의 왕국인 일본에서는 이미 온라인 만화 관련 비즈니스 모델이 활성화되고 있는 추세이다. 불황기 속에서 매출이 급감하고 있는 일본출판만화계에서 잡지연재 대신 인터넷에 게재해 화제를 모은 작품을 다시 오프라인에서 판매하는 출판사가 증가하고 있다. 인터넷 상에서 독자들에게 인기와 작품성을 검증받은 작품을 다시 출판만화로 발간하여, 리스크를 줄이자는 전략인 것이다.

실제로 소프트뱅크와 손을 맞잡은 일본의 플렉스코믹스(FlexComix) 에서는 신예 작가를 중심으로 야후와 같은 인터넷 포털사이트에서 만화를 무료로 읽을 수 있도록 하고 독자들의 반응이 좋을 경우 단행본으로 발간해주는 비즈니스 모델을 실험하고 있다. 이와 같은 비즈니스 모델의 성공적인 사례 형태로 카토우 하루아키의『햣쿄』가 있다. 이 작품은 야후 저팬의 인터넷 만화 서비스인 'FlexComix블러드'를 통해 연재되어 인기를 얻었고, 독자들의 기대 이상의 반응을 기반으로 텔레비전 애니메이션으로도 방영되었다.

미국의 경우에는 메이저 출판사의 온라인 만화 진출로 웹툰 시장에서 새로운 전기를 마련하고 있다. 실제로 미국의 경우 온라인을 통한 만화 '출판' 개념이 세계 어느 곳보다 일찍 시작되었음에도 불구하고, 여전히 작가 개인 사이트 또는 포럼 위주일 뿐만 아니라 기업화된 온라인 만화는 숫자나 인지도 면에서 미미하였다. 하지만 최근 미국의 양대 주류 만화출판사 가운데 하나인 DC코믹스가 본격적으로 온라인 만화 분야에 뛰어들면서 새로운 지각변동이 일어나고 있다. 사이트 이름은 Zuda(www.zudacomics.com)로 웹 전용의 오리지널 작품들을 공개하고 있으며, 신인작가들의 새로운 등용문으로 떠오르고 있다.

한국출판만화 시장은 90년대 이후로 지속적인 침체를 겪고 있다. 특히 온라인 게임과 DVD 등 영상물시장으로 주요 수요층들이 이동하면서, 출판만화 자체에 대한 수요는 줄고 있는 추세이다. 그나마,

간헐적으로 성공하던 작품들도 대부분 일본만화를 판권을 들여와 판매한 것이 대부분이다. 높은 인기를 끌었던 『신의 물방울』과 『데스노트』 등은 모두 일본 작가들이 그린 작품이다.

하지만, 긍정적인 소식들도 많이 들리고 있다. 충무로와 안방극장에 만화원작 영상콘텐츠들이 최근 각광을 보이고 있으며, 새로운 블루오션으로 '학습만화' 시장이 고성장을 보이고 있기 때문이다. 예컨대, 허영만 작가의 『타짜』와 『식객』은 이미 스크린에서 인기몰이를 한 바 있으며, 이현세 작가의 『공포의 외인구단』과 정혜나 작가의 『탐나는도다』가 모두 TV드라마로 선보인 바 있다. 학습만화 시장도 이제는 만화의 인기를 견인하는 한 장르로 자리 잡았는데, 과학학습만화 『Why?』 시리즈는 4,000만 부라는 경이적인 기록을 세우며 학습만화의 성공시대를 열어가는 데 일조하고 있다. 그리고 『마법천자문』, 『앗!』 시리즈, 『만화로 보는 그리스 로마 신화』 등이 1,000만 부 이상 팔린 '텐밀리언클럽' 학습만화 시리즈이다. 그럼에도 불구하고, 일부 작가들의 콘텐츠와 학습만화 시장에만 조명이 집중되고 있을 뿐, 전체적인 출판만화 시장은 여전히 침체를 벗어나기 힘들다.

앞서, 해외 사례에서 살펴보았지만, 온라인 등으로 출판만화의 영역을 넓혀가고 있는 원조 출판만화왕국 일본과 풍부한 작가 인프라와 다양한 콘텐츠와의 연계전략이 이루어지고 있는 미국과 같이 시대변화에 전략적으로 대응하려는 자세가 필요한 시점이다. 성인독자를 겨냥하는 것이 단순히 성(性)을 소재로 한 작품을 양산하는 것이 아니며, 다른 콘텐츠와의 연계전략도 작품이 성공할 때까지 기다리는 것이 능사는 아닐 것이다. 또한 온라인만화가 단순히 기존 만화를 온라인상에서 서비스하는 수준에 멈춰서는 여전히 출판만화는 답보상태를 면치 못할 것이다.

　독창적이면서도 작품성 있는 '한국판 그래픽노블' 시장을 활성화
시키고, 완구와 영화, 게임 등으로 OSMU전략을 활발하게 펼치고 있
는 <트랜스포머>처럼 아동만화의 경우 더욱 적극적인 사업영역의 확
장이 필요하다. 온라인만화도 다음(daum)에서 최근 제공하고 있는 출
판 만화를 위한 온라인 프로모션 공간인 '만화시사회' 등의 독창적인
서비스를 활용해 출판만화 시장의 성장을 위한 모멘텀으로 삼을 필
요가 있다.

제 15 장
출판미디어 정책론

1. 출판진흥정책의 당위성

21세기의 핵심 개념으로 강조되는 정보, 글로벌, 지식, 문화, 디지털, 네트워크, 창의력, 평생학습 등의 용어는 이전의 시대와 달리 현실 세계를 작동시키는 패러다임에 근본적 지각변동이 생기고 있음을 보여준다. 변화의 방향은 비선형적이고 역할 모델은 없으며 기존의 낡은 경계가 사라진 새로운 세계로 이행하고 있는 것이다. 더욱이 우리나라는 세계 최고 수준의 IT 인프라와 국민들의 민감한 소비심리를 바탕으로 '디지털 시장 실험 국가'라고까지 지칭되고 있다.

이제 정보를 지배하는 나라가 세계질서를 주도하는 정보사회의 완숙기로 진입하고 있다. 그런데 언제 어디서나 정보를 이용할 수 있는 유비쿼터스(ubiquitous) 시대를 한발 앞서 열고 있다는 평가를 받고 있는 '정보강국' 대한민국의 실상은 어떠한가. 하드웨어 측면의 정보 인 프라는 세계 제일이지만, 부가가치가 높은 고급 지식정보의 생산력이 나 합리적인 유통·소비를 통한 재생산 기능에 기여하는 저작권 보호, 도서관을 비롯한 사회적 독서환경 조성 등 지속 성장을 위한 기초체 력은 허약하기 이를 데 없다. 즉, 정부의 집중적인 정보화 지원 정책 과 휘발성이 강한 정보 소비환경으로 인해 감각적 정보소비력은 앞 서 있으되 고급정보의 생산과 유통은 여전히 후진국 수준을 벗어나 지 못하고 있는 '정보소비 강국'이 오늘의 자화상이라 할 수 있다.

창의력이 넘치는 '지식문화 정보생산 강국'이 되어 평생학습을 하 는 가운데 글로벌·디지털·네트워크의 파도를 타지 않는다면, 소비 적 IT강국의 허상이 언제 허물어져도 결코 이상한 일이 아닌 상황이 다. 예컨대, 외국 도서에 의존하는 번역출판 비율은 OECD 국가 가운 데 가장 높고, 공공도서관 숫자 및 장서 지표는 OECD 최하위권이다. 지식의 생산-출판-이용 지표가 한결같이 우려할 만한 수준으로서 장기적인 국가 발전의 비전을 논하기 어려운 상황에 처해 있는 셈이 다. 따라서 이제 국가 정책의 방향도 정보강국이 아닌 지식강국으로 의 선회가 요청되는 전환기를 맞고 있다(문화체육관광부, 2006).

그렇다면 이와 같은 21세기의 핵심 개념들을 공통분모로 하는 지 식기반사회에서 선진 강국을 실현시킬 방안은 무엇인가. 무엇보다도 지식산업, 특히 출판지식산업을 획기적으로 진흥시킴으로써 지식 허 브의 기반을 확고히 다지는 것이 그 대안이라 할 수 있다. 출판산업 은 한 나라의 문화가 총체적으로 체화된 문화상품인 출판물을 생산 하는 문화산업이자, 생산자의 전문성과 창의성에 의해 경쟁력이 결정 되는 지식 창조산업이다. 그리고 이를 통해 사회적으로 가치 있는 지식과 콘텐츠가 매개되는 '지식 창구산업'이기도 하다. 즉, 국가의 총요소 생산성(total factor productivity)을 키우고 지식기반경제(knowledge-based economy)를 발전시키려면 지식자원을 가장 효율적으로 생산-유통-이용-재생산하는 출판산업을 적극 육성하는 것이 관건이다. 급변하는 출판환경과 텍스트 위주인 출판의 매체 경쟁력 확보 문제가 더 이상 출판 종사자들만의 상업적 이슈가 아니라 국가 정책의 주요 관심사가 되어야 하는 이유가 바로 여기에 있다.

이와 같이 지식기반 정보사회 발전의 관건은 창의적이고 특화된 지식정보(전문 콘텐츠)의 원활한 생산・유통・이용 시스템의 구축 여부에 달려 있다고 해도 과언이 아니다. 오늘날까지 긴요한 지식정보 및 문화적 생산을 총괄하고 확장시키는 데 있어서 핵심적인 역할을 해온 출판은 문화・교육・학술 등의 지적 총화(總和)를 진화시키는 근간이자, 최고・최대의 문화콘텐츠 저수지이며, 부가가치 창출 효과가 지대한 매체산업이다.

출판은 역사적으로나 경제적으로 매우 비중 있는 문화산업의 견인차 역할을 수행해왔다. 현재 세계시장 및 국내시장에서 출판은 가장 점유율이 높은 문화산업이기도 하다. 또한 정보화・세계화・다원화・고급화・개성화 패러다임이 가속화되는 시대 조류와 유비쿼터스 미디어환경에 조응하는 지식문화산업의 동력으로서 중시되고 있다. 오늘날은 '정보 스모그'라 불릴 만큼 정보가 폭발적으로 양산되는 다매체 시대이지만, 사회적으로 유용한 지식과 정보가 모두 출판물로 정리되고 소통되는 현실은 언어・문자를 근간으로 한 출판활동의 중요성을 단적으로 보여준다. 모든 지식과 문화는 책에서 시작되어(교육・독서) 책으로 귀결되는(저작・출판) 끊임없는 재생산 구조의 연속이기 때문이다.

또한 출판은 영미권의 글로벌 베스트셀러 소설이나(환타지 소설 등) 일본 만화가 문화적 부가가치 사슬을 무한대로 확장하고 있는(영화·게임·애니메이션·캐릭터·테마파크 등) 사례에서 볼 수 있듯이 경제 및 문화적 파급력이 지대하며, 정체성 있는 민족문화의 정수를 전승하는 가장 유력한 방법이 바로 책을 통한 기록과 교육이라는 점, 그리고 논리적 사고의 DNA를 키워주고 창의력의 밑바탕을 만들어주는 것이 바로 출판물이자 독서라는 점도 중시해야 한다.

하지만 우리 출판은 지식집약형 콘텐츠 문화산업이라는 수식에도 불구하고 빈약한 진흥 예산과 법정 진흥기관 부재 등으로 출판산업의 위상과 미래 발전전략을 국가적으로 담보하지 못하고 있는 실정이다. 따라서 급변하는 글로벌화, 디지털화 환경에서 지식문화의 생산-유통-이용을 획기적으로 증대시키기 위한 출판지식산업 진흥전략 수립은 당면한 국가정책이자 미래 국가 비전을 좌우하는 핵심 과제라 할 수 있다.

2. 해외 출판진흥정책 동향 및 특성

전 세계적으로 출판산업의 위기가 장기화되고 고착화되면서 이를 극복하기 위한 각국의 진흥정책도 신속하게 제시되고 있다. 본 장에서는 국내외의 출판진흥정책의 동향 및 특성을 살펴보고, 나아가 미래 지속성장을 위한 정책과제도 살펴보려 한다.

출판에 관한 각국의 규제와 정책은 곧 출판산업 육성과 진입장벽 등 산업발전과 직접적인 연관을 맺는다. 규제가 비교적 자유로운 국가에서는 자유로운 시장진입과 자율경쟁이 보편적인 반면 까다롭고 엄격한 국가에서는 오랫동안 지속되어 온 시장질서와 흐름이 유지되고 있다. 세계 출판시장을 선도하고 있는 미국과 유럽 여러 나라에서는 출판에 관한 규제가 거의 없으며, 누구나 책을 출판할 수 있는 자유로운 정책을 표방하고 있다.

미국의 경우 출판산업은 미국 출판협회가 출판업자, 저널리스트, 작가의 권리를 보호하기 위해 캠페인 등을 전개하며 보다 자유로운 창작활동을 지원하고 있다. 공신력 있는 출판협회의 공적인 지원과 홍보는 새로운 시장 진입자들로 하여금 진입장벽을 완화시키고 전체적인 시장파이를 키우는 데 긍정적 역할을 한다. 예컨대 랜덤하우스(Random House)와 같은 거대 출판업자들이 미국시장을 지배하고 있지만 미국 출판시장은 다양한 중소 출판업자들도 존재한다.

거대 출판업자들이 규모와 가격 면에서 월등한 경쟁력을 갖고 있는 것이 사실이지만 앞서 언급한 바와 같이 새로운 사업자들의 시장진입이 수월하기 때문에 이들은 콘텐츠와 분야에 차별화를 꾀한다. 다시 말해 소규모의 출판이지만 꼭 필요한 독자의 니즈를 반영한 독특한 콘텐츠를 제공한다는 것이다. 실제로 미국 캔자스(Kansas)에 기반을 둔 앤드류 맥밀 출판사(Andrews McMeel Publishing)는 만화와 유머 책에 관한 출판을 특화했다. 미국 외에 유럽에서도 이와 같은 사례는 어렵지 않게 찾아볼 수 있다. 런던에 기반을 둔 애플 프레스(Apple Press)는 요리에 초점을 둔 실화에 관한 서적 출판을 특화했고, 프랑스의 알라인 듀카스 에디션(Alain Ducasse Editions) 역시 유명한 주방장들의 요리를 선명한 삽화로 제공하는 미식관련 책에 관한 출

판을 특화했다. 예술과 문화를 특화 한 출판사도 있다. 독일의 알로우
테 베를락(Alouette Verlag)는 자연과 문화에 기반한 서적을 특화했고,
이탈리아의 아트비전 북스(Artvision Books)는 예술 삽화책을 특화했
다. 이처럼 작고 독립적인 기업일수록 적은비용으로 틈새시장을 겨냥
할 수 있다는 유연한 접근방법으로 인해 거대 출판업자와의 경쟁구
도를 조성하며 출판시장의 외연 확대에 이바지하고 있다. 하지만 최
근 출판산업에 전반적인 위기가 심화되고, 환경적 변화가 빠르게 진행
되면서 근본적인 정책방향도 변화하고 있다(한국콘텐츠진흥원, 2010c).

  종이를 중심으로 한 인쇄출판이 디지털화되면서 정책방향 및 초점
도 보다 복합적이고 다양하게 제시되고 해석되고 있다. 이미 선진국
은 법과 제도를 바꿔, 문자・활자매체를 디지털화하고, 종합적으로
육성하는 정책을 실행하거나 전환을 시도하고 있다.

  이미 미국은 1998년에 '읽기진흥법'을 제정했고, 독일은 1988년부
터 '독서진흥재단'을 설립하여 운영하고 있으며, 일본은 2001년에 '어
린이 독서활동추진법', 2005년에 '문자활자진흥법'을 제정하여 시행
하고 있다. 이렇게 선진국은 단기적인 측면에서 출판계를 회생시키는
처방에서 벗어나, 국가적인 차원에서 활자문화를 진흥시키고 있다.
다양하게 독서운동을 활성화하고, 유아기부터 문자매체에 친숙하고
읽는 습관을 익히게 하는 것이 핵심이다.

  전 세계에서 가장 모범적이고 체계적으로 출판산업을 지원・육성
하는 프랑스는 문화커뮤니케이션부 산하에 공익재단인 국립도서센
터(Le Centre National du Livre)를 만들어 작가 지원, 번역가 지원, 출
판사 지원, 도서관 지원, 서점 지원, 문학 활동 지원 등 출판산업과 관
련된 전반적인 지원업무를 맡게 하고 있다. 국립도서센터는 2008년

출판지원, 번역지원, 도서 전시회, 국제교류, 독서 축제, 유럽 디지털 도서관 건립 지원을 위해 3천만 유로의 예산을 사용하고 있다(한국간행물윤리위원회, 2009).

프랑스에서는 2009년부터 69개 중학교에서 시범적으로 전자 교과서 제도를 시행해왔으며, 2010년에 그 평가가 이루어졌다. 학생들의 가방 무게를 줄여주고, 혁신적인 교육 자료를 제시하며 교실에서의 디지털 이용을 발전시키기 위한 목적으로 이루어진 전자 교과서 제도는 학생과 학부모들로부터 긍정적인 평가를 받았으나, 교사들은 콘텐츠의 개발 없이 단순히 포맷만을 변형하여 실시한 시범 사업에 대해서는 다소 부정적으로 평가했다. 또한 교실 밖에서의 전자 교과서 사용 빈도는 낮은 것으로 나타났고, 교실 내에서도 개인용 장치 부족으로 사용이 제한적이었다(교육정책 네트워크 정보센터, 2010).

독일에서도 전자책이 점차 늘어나고 있으며, 2007년에는 독일도서거래협회의 주도하에 대규모 텍스트-데이터뱅크인 '리브레카(Libreka!)'가 만들어졌다. 리브레카에서는 1,326개 출판사의 313,544종의 도서, 5천만 페이지 검색이 가능하며, 31,816종의 전자책을 판매하고 있다. 또한 이와 관련한 디지털 도서관 설립 등 전자책 중심의 진흥정책이 다각적으로 마련되고 있다.

유럽에서는 각 국가별 정책 외에도 연합차원의 진흥정책도 활기차게 추진되고 있다. 유럽은 구글과 같은 미국 기업의 지식독점 시도에 맞서 독자적인 디지털 도서관을 완성하는 데 정책적인 공조를 취하고 있다. 유럽연합(EU)은 유럽디지털 도서관 프로젝트인 '유로피아나(Europeana)'를 2005년부터 추진하여 유럽 내의 145개 문화기관과 도서관을 네트워크로 연결했으며, 2009년 10월에는 디지털 도서관을 오픈해 온라인을 통해 유럽연합과 관련한 지난 50년간의 문서를 무료로 제공하고 있다.

일본도 독자적인 전자출판 네트워크를 구축하기 위해 여러 가지 정책적인 지원을 아끼지 않는다. 우선 1998년 10월에는 전자도서 시장을 개척하기 위해 통상성의 지원 하에 '전자서적 컨소시엄'이 구성되었는데, 여기에는 출판사, 서점, 유통회사, 인쇄소, 통신·전자회사 등 155개 사가 참여했다. 또한 일본 국회도서관은 구글이 추진하고 있는 디지털 도서관 프로젝트에 대항하기 위해 소장 도서의 디지털화에 박차를 가하여, 약 77만 3천 권의 도서를 디지털화했으며, 저작권법 개정으로 저작권이 있는 서적에 대해서도 자료보존을 목적으로 디지털화할 수 있는 권한을 갖게 되었다. 그리고 일본정부는 2009년부터 국회도서관, 저작, 출판사가 연합해 디지털 도서의 유통 비즈니스 모델을 개발하는 일본단행본검색제도, 일명 '재팬북서치(Japan Booksearch)'의 추진을 지원하고 있다.

중국은 '국가 11차 5개년 계획'에서 2010년까지 모든 출판업체가 전자책을 출판하고, 2018년 중국 전역에서 e-book을 구입할 수 있는 환경을 조성하겠다고 발표했다. 그리고 대만 교육부는 향후 5년간 15억 5천만 달러의 예산을 배정해 2010년부터 학생들에게 e-book 단말기 보급을 시작했다.

끝으로 전 세계 출판산업에서 가장 큰 비중을 차지하고 있는 미국의 경우에도 2008년 7월 '고등교육기회법안(Higher Education Opportunity Act)'에서 대학생들의 교과서 구입비용을 낮추기 위한 대안으로 e-book을 제시한 바 있다. 또한 실제로 2009년 9월 캘리포니아 주는 초·중·고 교과서를 e-book으로 대체하기 위해 'Kindle DX'를 시범적으로 배포했다(이용준 외, 2010).

이처럼 유럽을 비롯한 북미, 아시아권역 등의 주요 선진국에서는 출판산업의 진흥정책 방향을 전자책과 디지털 도서관 등 새롭게 변화한 미디어 환경에 초점을 맞추는 이유는 교육선진화 및 녹색성장 측면에서 많은 장점을 갖고 있기 때문이다. 향후 이 같은 전자책 중심의 출판진흥정책은 보다 정교하고 심층적으로 실행될 것으로 보이며, 인쇄출판과의 유연하고 복합적인 교류를 통한 동반성장의 발판을 마련할 것으로 보인다.

3. 국내 동향 및 미래 지속성장을 위한 정책과제

국내에서도 초고속인터넷의 보급 이후 급속히 위축되는 출판 시장의 부흥과 새롭게 변화하는 환경에 유연하게 대처하기 위한 일환으로 정책적 수정이 지속적으로 시행되어 왔다. 특히 과거 권위주의 정부에서 시행되었던 규제 위주의 출판정책은 2000년대 들어오면서 진흥 위주의 출판정책으로 전환하게 되었다.

2002년 8월 26일에 제정된 「출판 및 인쇄진흥법(법률 제6721호)」은 과거의 「출판사 및 인쇄소 등록에 관한 법률」이 출판의 자유를 신장하고 출판·인쇄산업을 종합적으로 진흥시키는 데 미흡하다는 판단 아래, 출판사 신고제, 도서정가제, 학술 및 양서 출판 진흥, 출판물의 해외 수출 증가 등을 골자로 한 진흥법률로 성격을 변환하였다. 이 법의 제정에 따라 문화체육관광부장관은 출판문화산업의 진흥에 필요한 기본계획을 5년마다 수립·시행하여야 하고, 출판문화산업의 진흥을 위하여 필요한 전문인력의 양성 및 관련 기반 시설의 조성을 지원하게 되었다.

그리고 2007년 7월 19일에는 인쇄문화산업의 진흥을 효율적으로 하기 위하여 「인쇄문화산업진흥법」을 별도로 분리·제정하였으며, 「출판 및 인쇄진흥법」은 「출판문화산업진흥법」으로 법제명을 변경 및 개정했다.

이렇게 정부의 출판정책이 진흥정책으로 변경됨에 따라 출판사를 경영하고자 하는 경우, 출판사의 소재지를 관할하는 시장·군수·구청장에게 출판사의 명칭·소재지 및 경영자의 주소·성명을 단지 신고하기만 하면 됐다(과거에는 등록허가를 받아야 했다). 출판사의 신고를 받은 시장·군수·구청장은 하자가 없는 한 신고필증을 내주고, 그 신고사항을 시·도지사를 거쳐 문화체육관광부장관에게 보고하여야 한다.

그리고 국내에 배포할 목적으로 외국간행물을 수입하고자 하는 자는 문화체육관광부장관의 수입추천을 받아야 하되, 배포의 중지·제한 또는 내용의 삭제에 대한 문화체육관광부장관의 명령에 따를 것을 조건으로 수입추천을 받을 수 있게 되었다.

그러나 「출판문화산업진흥법」은 비록 전반적인 진흥정책에 기반을 두고 있다 하더라도, 출판사의 책임 없는 무제한의 자유 및 불공정 행위의 만연을 방임하지는 않는다.

이법은 간행물의 윤리적·사회적 책임을 구현하고 간행물의 유해성 여부를 심의하기 위하여 한국간행물윤리위원회를 두었으며, 한국간행물윤리위원회는 간행물에 대한 유해성을 주기적으로 심의하여 제재를 가하기도 한다. 또한, 출판물의 정가제를 법으로 규정하여 원칙적으로 간행물의 판매자는 간행물을 정가대로 판매하도록 하였다. 다만, 독서진흥 및 소비자보호를 위하여 스스로 제공하는 할인방법을 통하여 정가의 100분의 10의 범위 안에서 할인 판매할 수 있게 하였다(마일리지 등의 경품을 포함하면 최대 정가의 19% 할인 가능). 또한, 발행일로부터 18개월이 지난 간행물을 판매하거나, 도서관·사회복지시설에 판매하거나, 저작권자에게 판매하거나, 그 밖에 대통령령으로 정한 간행물을 판매하는 경우, 도서정가제에 따르지 않아도 된다는 예외 조항을 두었다.[23]

지속적인 출판산업의 성장을 위해 제정된 「출판문화산업진흥법」은 현재에도 5년마다 기본계획을 수립하며 신속한 환경변화에 대응하고 있다. 그러나 출판산업을 둘러싼 주변 환경이 너무도 급속히 바뀌고, 출판계를 비롯한 이해 당사자 간의 의견 합의가 원할하지 못해 아직 풀지 못한 숙제도 많이 남아 있는 상황이다. 이렇게 현재 우리나라의 출판산업이 안고 있는 난제가 해결되기 위해 정부에서 추진하고 있는 세부 정책 내용은 다음과 같다(문화체육관광부, 2011).

첫째, 출판진흥기구 설립 추진이다. 문화체육관광부는 최근 글로벌 및 디지털화되어 가고 있는 출판환경에 적극 대응하여 출판문화산업을 종합적이고 체계적으로 진흥시키기 위하여 한국간행물윤리위원회를 폐지하고, '한국출판문화산업진흥원'을 설립하는 것을 골자로 하는 출판진흥기구 설립 방안을 마련하고, 현재 이를 법제화하기 위해 「출판문화산업진흥법」 개정을 추진하고 있다[24].

---

23) 네이버 백과사전 참조.

24) 2011년 12월 30일 출판문화산업진흥법 개정안이 국회를 통과하였다. 6개월의 준비기간을 거쳐 2012년 7월 중순 한국출판문화산업진흥원이 개원하게 된다. 이에 따라 기존의 한국간행물윤리위원회는 폐지되고, 간행물의 심의기능은 진흥원 내 별도 기구인 간행물윤리위원회가 맡게 된다.

신설되는 한국출판문화산업진흥원은 출판문화산업 관련 조사연구, 전자출판 등 디지털출판 육성, 출판산업 해외진출 등 출판진흥 기능이 대폭 강화되고 양서권장 및 독서문화 발전 등 출판수요 진작, 출판인력 양성, 제작 활성화, 유통 선진화 등 출판문화산업 진흥을 위한 종합적인 기능을 수행하게 된다. 또한 기존의 유해 간행물 심의기능 수행을 위해 한국출판문화산업진흥원 산하에 별도의 간행물심의위원회를 두게 되어 출판문화산업의 사회적, 윤리적 책임도 담보하게 된다.

조직형태는 독임제 재단법인의 형태로 구성된다. 이는 다양한 가치의 배분과 합의보다 신속한 의사결정과 효율성 확보를 위해 독임제 형태로 하되, 법인의 이사를 다양하게 구성해 입체적인 접근을 가능케 한다. 또한 유해간행물 심의를 위한 심의위원회는 독립적인 의사결정권과 법적 근거를 부여하고, 이사회와는 독립적인 결정기구로 운영한다.

둘째, 전자출판산업의 활성화다. 전자출판산업은 출판콘텐츠를 중심으로 하는 미래 신성장산업이자 IT 연관 산업, 친환경 녹색산업으로, 세계 전자출판시장이 2014년까지 연평균 27.2% 급성장할 것이라는 전망(PwC, 2009)이 나올 정도로 성장 가능성이 매우 큰 산업이다. 국내 전자출판산업 규모도 꾸준히 성장하고 있으나, 미국을 중심으로 한 글로벌시장의 폭발적인 발전에 비해서는 활성화가 더딘 상황이다.

이에 국내에서도 전자출판을 활성화하기 위한 여러 가지 정책적인 지원방안이 그간 시행되어 왔다. 2000년대에 들어와 전자책에 대한 관심이 집중되면서 문화체육관광부와 과거 정보통신부는 각각 전자출판 육성방안을 따로 모색하고, 이러한 정책을 추진할 사단법인의 결성을 지원하였다. 그에 따라 문화체육관광부 산하에는 한국전자출판협회(KEPA), 과거 정보통신부 산하에는 한국지식정보콘텐츠산업협회(KEBIA)가 각각 설립되었다. 그러나 전자출판육성 일원화 방침으로 전자출판에 관련된 업무는 문화체육관광부로 일원화되었다. 문화체육관광부는 전자출판 산업을 다매체 디지털 생산기반 구축, 우수 u-book콘텐츠 제작·보급 지원, 공유저작물의 디지털 출판 및 보급지원, 디지털 출판 콘텐츠 저자 발굴, 전자출판물의 인증·납본 시스템의 제도화란 측면에서 지원해왔다.

그런데 최근 기존 전용단말기 외에 스마트폰과 태블릿PC 등의 범용단말기가 급성장하면서 전자책에 대한 관심도 급증하고 있다. 따라서 전자책의 본격적인 성장 모멘텀으로 평가되는 스마트미디어 환경에 맞춰 정부차원의 지원정책도 궤도를 수정하고 있다. 2010년 4월 문화체육관광부는 급성장하고 있는 전자출판 산업을 종합적으로 지원하기 위해 기존 정책을 뛰어넘는 혁신적인 '전자출판산업 육성방안'을 발표했다. 이 육성방안에는 전자출판산업을 급성장이 기대되는 유망산업으로 진단하고, 전자출판산업을 미래 전략산업으로 육성하겠다는 의지를 표방하였다.

구체적인 육성방안의 주요 골자는 전자출판 진흥 관련 법령 정비, 범정부적 전자출판 산업 진흥협의회의 설치·운영, 전자출판 전문인력 양성, 우수 출판 콘텐츠의 전자책 제작지원, 우수 전자책 제작 확산을 위한 디지털저자 발굴 지원, 전자출판 1인 창조기업 육성 지원, 전자출판 콘텐츠 유통관리 체계 확립, 전자출판 콘텐츠 공정거래 환경 조성, 공유저작물(퍼블릭 도메인)의 콘텐츠 뱅크 구축지원 등이었다.

그리고 직접적인 지원정책 외에도 협력을 통한 지원정책도 고려되었다. 뉴미디어 환경에 적합한 전자책 콘텐츠 확산을 위해 한국콘텐츠진흥원과 협조하여 멀티미디어 및 인터랙티브형 전자책 콘텐츠 제작을 지원하고, 전자출판 관련 문화기술(CT) 연구개발을 지원할 계획이다. 이러한 계획에 따라 2010년 텍스트 기반 전자책 8,000종 제작지원, 멀티미디어 전자책 40종 개발지원, 모바일 인터랙티브형 동화 2종 제작지원 등이 시행되었고, 2011년에는 첨단융복합콘텐츠기술 개발지원사업 예정과제 중 'ePub기반 e-Book DRM 표준기술 개발'을 선정해 지원되었다.

한편, 뉴미디어 환경 및 전자출판 활성화에 부합하는 제도개선도 추진한다. 안정적인 전자책 출판을 위해 전자책에도 출판권을 설정할 수 있도록 하는 것을 내용으로 하는 저작권법 개정, 전자책의 특수성을 반영한 전자책 도서정가제 적용기준을 담은 「출판문화산업진흥법」 개정을 각각 추진할 계획이다. 이 중 전자책의 정가제를 담고 있는 출판문화산업진흥법 개정안은 2011년 12월 30일에 국회 본회의를 통과하였다. 이 외에도 프랑크푸르트 도서전 참가 등 전자출판 콘텐츠 해외진출 지원, 전자출판에 적합한 콘텐츠 및 창작자 발굴을 위한 '대한민국 디지털 작가상' 공모전 등을 추진하고 있다.

셋째, 지역 서점 지원 강화이다. 인터넷의 발달로 도서 유통경로가 오프라인에서 온라인으로 변화되면서 인터넷서점과 소수 대형 서점의 영역은 지속 확대되는 반면 지역 서점은 감소되고 있는 실정이다. 지역 단위의 자생적 문화공간인 지역 서점의 감소는 지역문화의 위축 등 문화의 양극화 현상을 심화시킬 우려가 있으며, 인터넷 서점 및 대형 서점 접근에 취약한 노인 및 지역민에게 도서 접근 기회가 줄어들 우려가 있다.

문화체육관광부는 지역 서점이 자생력을 높여 출판유통이 균형적으로 발전할 수 있도록 하고 지역 사회의 다목적 문화공간으로 역할을 할 수 있도록 이를 지원할 계획이다. 지역 서점에서 '저자 초청 강연회', '양서 소개', '독서 운동', '지역 문화인과 독자의 만남', '지역 문화 안내행사' 등을 개최하도록 하여 서점의 경쟁력을 향상시키고 지역문화 발전에도 기여할 수 있도록 할 예정이다.

이를 위해 다수의 지역 서점을 선정하여 1개 서점당 5백만 원부터 3천만 원까지 지원하며, 다양한 문화 활동을 할 수 있도록 출판단체, 문화단체, 지역 공공도서관 등과 연계하는 방안 등을 마련할 계획이다. 또한 우수한 문화 활동 프로그램을 운영한 서점을 모델서점으로 선정하여 향후 지역 서점의 운영 개선을 선도하도록 할 계획이다. 그리고 지역 서점의 전문화 및 마케팅 능력 향상 등을 위해 서점 경영 전문가로 구성된 서점학교를 전국 시·도 단위로 순회 개최하여 지역 서점 종사자의 교육 참여 기회를 확대하도록 지원되고 있다.

넷째, 한국문학과 도서의 해외진출 강화다. 문화체육관광부와 한국문학번역원은 2011년 4대 중점 과제를 통해 한국문학과 도서의 저작권 수출을 확대하고, 해외에서 직접 출간되는 우리 도서를 늘리기 위해 필요한 구체적인 전략들을 시행할 계획이다. 지난 10년간은 한국문학의 존재를 알리는 '소개'에 집중해왔다면 앞으로는 세계문학의 '일부'로서 한국문학이 자리매김하는 데 보다 많은 역량을 집중시킬 계획이다. 이를 위한 구체적인 주요 사업과제로 1) 번역지원 질적 수준 제고 및 영어권 진출 강화, 2) 해외출판정보 제공 및 출간도서 사후관리 강화, 3) 우수번역가 양성 및 해외 번역가 커뮤니티 구축, 4) 출판저작권 수출 지원 활성화 등을 선정하였다.

물론 대표성 있는 한국문학 작품과 도서가 해외출판시장에 진출하기 위한 선결과제는 번역의 질적 수준 제고가 병행되어야 한다. 이를 위해 우수 번역가를 선정하여 대표작품을 번역하도록 하고 있는 '한국문학번역원 지정번역가 제도'를 확대 운영하고 있다. 또한 영어를 매개어로 세계출판시장 진출을 꾀하기 위해 영어권 번역지원을 전체 번역지원 중 영어번역 지원 25% 이상으로 확대하고, 영어권 중심 해외거점 지역에 작가, 편집자를 파견하며, 영어권 번역가, 문학관계자가 참여하는 워크숍 개최가 추진되고 있다.

또한, 문학번역원이 우리나라 각종 출판정보를 해외출판사 및 저작권 에이전시 등에게 제공하기 위하여 2010년에 구축한 '해외출판정보제공 시스템(Overseas Publication Information Access)'을 활용하여 우리나라의 출판저작권 홍보를 강화할 계획이며, 특히 2011년 4월부터는 해외에서 기 출간된 한국도서의 정보 및 유통 현황을 체계적으로 관리하여 국내 출판물의 해외진출이 활성화되고 있다.

전문번역가 양성을 위한 교육과 해외에 거주하고 있는 한국문학 전문번역가의 네트워크 또한 강화된다. 한국문학번역원의 번역 아카데미에서 배출된 번역가가 향후 전문번역가로 성장해 꾸준히 한국문학작품을 번역할 수 있는 토대 마련을 위해 해외 인적 네트워크를 강화할 계획이다. 우선 미주, 아시아, 유럽 등 권역별로 활동하고 있는 번역가들의 커뮤니티 형성을 위해 이들 지역에서 지속적으로 워크숍을 개최할 예정이다. 이를 통해 현지 번역가, 출판사, 문학관계자들이 한국문학의 현지 수용현황, 및 권역별 한국문학 소개 활성화 방안 등의 정보를 공유하여 우리 문학의 현지 진출을 위한 지역별 번역가 중심 교두보를 만들 예정이다.

끝으로 시장지향적인 지원시스템을 구축해 한국문학 및 도서의 저작권 수출에 관심 있는 국내출판사와 에이전시가 실제 활용할 수 있는 자원을 제공하는 데 주력하고 있다. 현재의 지원시스템을 통해 신경숙 작가의 '엄마를 부탁해' 등 우리 작품이 미국 등 해외출판 시장으로 진출한 경험을 바탕으로 더욱 다양한 종수의 한국문학과 도서가 해외 출판시장의 주목을 받을 수 있도록 노력을 추진 중이다.

이렇게 출판산업을 육성하기 위해 정부에서 지원하는 예산은 연간 200억 원이 넘고 있다. 물론 다른 문화산업 영역에 비해서는 상대적으로 보잘것없지만, 출판산업을 진흥시키기 위한 그나마 다행한 예산이다. 현재 성장률 정체 상태를 보이고 있는 우리나라 출판산업을 더욱 육성하기 위해서는 출판진흥을 총괄할 수 있는 진흥기구를 하루빨리 만들고, 출판진흥과 관련된 업무를 원스톱 서비스로 일원화시키는 등 최대의 효과를 내는 구조를 형성하는 것이 필요하다.

제 16 장

출판법제

1. 국내외 표현의 자유 관련 사례 및 제도

출판 표현의 자유라 함은 언론·출판의 자유의 범주 속에서 그 법적해석과 범위를 두고 있다. 광의적인 의미로 언론·출판의 자유는 표현의 자유를 모두 포함하며, 협의적인 의미로 보면 표현의 자유 중 언어와 인쇄를 매체로 하는 것을 가리킨다. 또한 고전적 의의와 현대적 의의로도 의미를 구분할 수 있는데, 고전적 의의의 언론·출판 자유는 의사표현의 자유를 의미하는 반면 현대적 의의는 알 권리, 액세스권, 언론기관의 자유 등으로 세분화할 수 있다.

언론과 출판의 자유 모두 개인의 의견이나 사상을 외부에 발표하는 자유이며, 그 구분은 표현하는 수단에 따라 나눈다. 언론이란 담화·토론·연설·연극·방송·음악·영화 등 구두(口頭)를 통한 사상발표를 말하고, 출판이란 문서와 서적·도화·사진·신문·잡지·조각 등 문자 및 상형(象形)에 의한 사상발표를 말한다. 한편 학문적·예술적인 것은 학문과 예술의 자유(헌법 22조)로서 별도로 보장된다.

역사적으로 구두를 통한 의사표현이 중요시되었으나 인쇄술이 발달하면서 출판에 의한 사상표현 방법 역시 중요시되었다. 언론의 자유는 1647년 및 1649년 영국 국민협정(Agreement of the People)이 헌법적으로 보장하려고 한 최초의 것이었다. 1689년 권리장전(Bill of Rights)에서는 의회에서의 언론 자유가 보장되었고, 1695년 검열법(The Licensing Act)을 폐지함으로써 비로소 출판의 자유가 확립되었다. 그 후 1776년 미국의 버지니아 헌법, 1789년 미국 헌법에서는 법률로서도 제한할 수 없는 절대적 자유로 보장되었다. 1789년 프랑스 인권선언(11조)에서 "사상 및 의견의 자유로운 교환은 인간의 가장 귀중한 권리의 하나이다"라고 선언한 이래, 모든 입헌국가가 헌법적으로 보장하게 되었다. 우리나라에서도 헌법은 언론·출판의 자유를 보장하고 있다(21조).[25]

언론·출판의 자유는 민주정치의 필수적인 사상표현의 자유이며, 소극적인 자유이기보다는 적극적인 민주정치의 구성 원리로서의 의미를 가진다. 특히 출판의 자유는 민주주의에 있어서 무엇보다도 선행되어야 할 자유다. 출판의 자유를 제한하고서는 사상의 자유도, 표현의 자유도, 학문의 자유도 향유할 수 없다. 그래서 미국의 수정헌법은 제1조에 언론·출판 자유를 제한하는 법률은 제정할 수 없다는 명문규정을 두고 있다. 우리나라도 제 2공화국 때에는 헌법 제28조 제2항에 언론·출판의 자유에 대한 제재는 어떤 경우에도 할 수 없다는

---

25) 네이버 매스컴 용어사전 참조.

규정을 두어 언론·출판의 자유를 보장했다. 그러나 5·16군사정권이 들어서면서부터 이 조항을 사문화(死文化)하고 언론·출판의 자유를 짓밟기 시작했다. 그러다가 1972년 '10월 유신' 이후부터는 아예 이 조항마저도 삭제해 버리고 출판자유 통제의 늪 속으로 깊이 빠지고 말았다(윤형두, 2002).

이후 민주화가 정착되고 다양한 미디어가 등장하면서 이들 신문·잡지·라디오·TV 등의 매스컴이 중요한 수단이 되었다. 따라서 언론·출판의 자유에는 보도(報道)의 자유가 포함된다. 그래서 국민의 '알권리'와 매스컴의 '알릴 권리'가 보장된다. 언론·출판의 자유는 사전 검열제도(事前檢閱制度)나 허가제도가 없어야 보장된다. 일찍이 W.블랙스턴이 "출판의 자유는 발표 전에 사전제한을 하지 않는 데 있다"고 한 것은 이를 잘 표현한 것이다.

사전 검열제도란 행정권이 주체가 되어 그 내용을 사전에 심사·선별하여 허가받지 아니한 것의 발표를 금지하는 것으로 보도의 자유와 상충된다. 하지만 우리나라는 영화와 음반, 게임물 등에 관한 등급제를 운영하고 있어 제한적인 사전심의제도는 시행하고 있으며(영상물등급위원회에서 결정), 따라서 표현의 자유과의 상충문제로 가끔 사회적인 논란이 되기도 한다.

한편 사전 검열제도와 달리 사후 검열제도도 존재한다. 단, 사후 검열제도의 경우 표현과 해악발생 사이의 인과관계가 명백할 경우 성립한다. 헌법재판소에 따르면 국가보안법에 대한 한정합헌결정에서 "국가의 존립·안전을 위태롭게 하거나 자유민주적 기본질서에 실질적 해악을 미칠 명백한 위험성이 있는 행위에 대해서만 적용하는 한 합헌이다"라고 규정했다. 하지만 이 부분에 대해서도 해석의 애매함이 사회적 논쟁을 불러일으키고 있다(유일상, 2007).

표현의 자유를 규제하는 입법에 있어서 명확성의 원칙은 특별히 중요한 의미를 지닌다. 무엇이 금지되는 표현인지가 불명확한 경우에, 자신이 행하고자 하는 표현이 규제의 대상이 아니라는 확신이 없는 기본권주체는 대체로 규제를 받을 것을 우려해서 표현행위를 스스로 억제하게 될 가능성이 높기 때문에 표현의 자유를 규제하는 법률은 규제되는 표현의 개념을 세밀하고 명확하게 규정할 것이 헌법적으로 요구된다.

그런데, "공공의 안녕질서 또는 미풍양속을 해하는"이라는 불온통신의 개념은 너무나 불명확하고 애매하다. '공공의 안녕질서'와 '미풍양속'은 매우 추상적인 개념이어서 어떠한 표현행위가 과연 '공공의 안녕질서'나 '미풍양속'을 해하는 것인지, 아닌지에 관한 판단은 사람마다의 가치관, 윤리관에 따라 크게 달라질 수밖에 없고, 법집행자의 통상적 해석을 통하여 그 의미내용을 객관적으로 확정하기도 어렵다.

「전기통신사업법」 제53조는 "공공의 안녕질서 또는 미풍양속을 해하는"이라는 불온통신의 개념을 전제로 하여 규제를 가하는 것으로서 불온통신 개념의 모호성, 추상성, 포괄성으로 말미암아 필연적으로 규제되지 않아야 할 표현까지 다함께 규제하게 되어 과잉금지원칙에 어긋난다. 즉, 헌법재판소가 명시적으로 보호받는 표현으로 분류한 바 있는 '저속한' 표현이나, 이른바 '청소년 유해 매체물' 중 음란물에 이르지 아니하여 성인에 의한 표현과 접근까지 금지할 이유가 없는 선정적인 표현물도 '미풍양속'에 반한다 하여 규제될 수 있고, 성(性), 혼인, 가족제도에 관한 표현들이 "미풍양속"을 해하는 것으로 규제되고 예민한 정치적, 사회적 이슈에 관한 표현들이 "공공의 안녕질서"를 해하는 것으로 규제될 가능성이 있어 표현의 자유의 본질적 기능이 훼손된다. 실제로 1997년 미국에서 발생한 'Reno v. ACLU사건'에서는 인터넷 이용 음란물을 규제한 통신품위법(CDA)의 '품위에 어긋난', '명백하게 불쾌한' 사안에 대해서 애매모호하다고 하여 위헌판결을 내린 바 있다(국회사무처, 2005).

대한민국의 헌법에서 "표현의 자유"와 관련하여 규정하고 있는 바는 다음의 조항으로 정리할 수 있다.

표현의 자유와 관련된 헌법 조항

제18조
모든 국민은 통신의 비밀을 침해받지 아니한다.

제21조
모든 국민은 언론·출판의 자유와 집회·결사의 자유를 가진다.
언론·출판에 대한 허가나 검열과 집회·결사에 대한 허가는 인정되지 아니한다.
통신·방송의 시설기준과 신문의 기능을 보장하기 위하여 필요한 사항은 법률로 정한다.
언론·출판은 타인의 명예나 권리 또는 공중도덕이나 사회윤리를 침해하여서는 아니 된다.
언론·출판이 타인의 명예나 권리를 침해한 때에는 피해자는 이에 대한 피해의 배상을 청구할 수 있다.

제22조
모든 국민은 학문과 예술의 자유를 가진다.
저작자·발명가·과학기술자와 예술가의 권리는 법률로써 보호한다.

이처럼 언론·출판의 자유는 민주정치에서 필수 불가결한 것이지만, 무제한으로 방임될 수는 없기에 일정한 범주 안에서 규제를 하고 있다. 우리 헌법에서 언론·출판은 타인의 명예나 권리 또는 공중도

덕이나 사회윤리를 침해해서는 안 되며(21조 4항), 국가안전보장·질서유지·공공복리를 위하여 필요한 때에는 법률로써 제한할 수 있게 하였다(37조 2항). 단, 미디어의 속성이 일방향에서 쌍방향으로 바뀌고 다매체, 다채널화되면서 기존 법제로 해석하기 애매하거나 무리가 있는 조항의 수정이 논의되어야 하며, 현실적이고 유연한 제도와 법률 마련이 필요하게 되었다.

2. 국내외 저작권법 관련 사례 및 제도

출판물을 비롯한 문화콘텐츠는 비경합성과 비배재성을 지닌 대표적 공공재이다.

비경합성이란 한 사람이 그 재화를 소비하더라도 다른 사람이 소비할 몫이 줄어들지 않는다는 것으로, 출판물의 경우에도 한 사람이 소비한 후에 다른 사람이 소비하더라도 그 만족감이 줄어들지 않는다. 물론 인쇄출판물의 경우, 이전에 읽은 사람이 종이를 더럽히거나 구겨놓는 등 일부 훼손을 가할 수 있으나, 그로 인해 콘텐츠의 본질적인 가치가 닳지는 않는다. 출판물의 본질은 편집, 디자인, 종이, 재질, 인쇄, 제본 등의 표면적인 것에 있는 것이 아니라 내용 그 자체에 있기 때문이다. 따라서 포장 상태에 따라 소비자의 만족도에 일부 차이가 있을 수는 있겠지만, 본질적인 내용이 영향을 받는 것은 아니다.

비배재성이란 상품이 어떤 사람에게 제공되고 나면 다른 사람이 아무런 대가도 치르지 않고 소비하는 것을 막을 수가 없다는 것이다. 일례로 책을 한 사람에게 팔면 다른 사람에게 빌려주는 것을 막을 수

는 없다. 개인이 소비한 후 주위 사람들에게 빌려주어도 온전한 가치
를 누릴 수 있기 때문이다. 이로 인해 책 내용을 무단으로 복제하여
상업적으로 이용하는 행위는 저작권법으로 규제하고 있다. 저작권법
은 비배제적인 출판물을 배제적인 상품으로 만들기 위한 제도적 장
치로 볼 수 있다(임동욱 외, 1997; 한국콘텐츠진흥원, 2010c).

국내 저작권법은 빠르게 변화하는 디지털 환경에 유연하게 대처하
기 위해 2009년 7월 저작권법을 개정하고 저작권 보호를 위한 법적,
제도적 환경을 이전보다 강화했다. 이는 초고속인터넷이 확산됨에 따
라 기존 오프라인 저작권 침해보다 더욱 심각하고 광범위하게 나타
나 법과 제도의 개정이 불가피했기 때문이다. 디지털 기반의 지식·
정보화 사회에서의 출판은 커다란 부가가치를 창출해낼 수 있는 가
장 중요한 요소이며, 나아가 콘텐츠산업의 확산을 촉진하는 요소로
평가된다. 특히 스마트폰과 스마트패드와 같은 모바일성이 극대화된
매체들이 대중화되면서 전자책에 대한 기대치도 상승하고 있다. 전자
책을 비롯한 출판산업에 대한 새로운 호기가 찾아온 가운데 앞서 언
급한 저작권 침해는 산업발전을 저해하는 가장 큰 장애요소로 지적
된다. 이러한 저작권침해는 저작권자들의 창작에 대한 정당한 대가를
누리지 못하게 할 뿐 아니라 저작권 이용자들이 양질의 콘텐츠를 이
용하기 어렵게 만든다. 따라서 저작권을 보호하고 콘텐츠산업을 육성
하기 위하여 엄격하고 현실적인 제도적 변화가 항시 요구된다. 덧붙
여 저작권보호를 위한 각 기관별 공조체계가 유기적으로 이루어져야
한다.

현재 우리나라의 저작권보호체계는 저작권법에 따라 문화체육관
광부를 중심으로 크게 공공영역과 민간영역으로 구성되어 있다. 공공

영역은 저작권법 제2조의 제2에 따라 문화체육관광부가 저작권보호에 관한 시책을 수립·시행하는 역할을, 동법 제8장 제112조에 따라 한국저작권위원회의 설립과 사업영역, 제133조에 따른 불법복제물의 수거·폐기 및 삭제 등의 업무를 위탁받은 한국저작권단체연합회 저작권보호센터와 저작권특별사법경찰 등의 영역으로 구성된다. 저작권보호센터에서는 단속 외에도 매년, 매달 정기적으로 『저작권보호 연차보고서』와 『월간 저작권보호』 등을 발간하며 저작권보호에 앞장서고 있다. 문화체육관광부의 신속한 법 개정과 저작권보호센터의 적극적인 단속과 홍보의 결과로 우리나라는 매년 급증하는 불법복제 및 유통 사례에도 불구하고 불법복제 시장규모는 전년도와 비교했을 때 감소한 것으로 나타났다. 이러한 고무적인 결과로 우리나라는 2년 연속 미국의 지적재산권에 대한 '감시대상국'[26]에서 제외되는 성과를 거두었다(임병국, 2009).

출판산업의 경우 아직까지는 온라인보다 오프라인의 시장침해 규모가 크다. 특히 오프라인 시장침해 중에서도 학술서적과 참고서는 50%를 넘고 있어 이 부분에 대한 현실적인 규제 마련이 요구된다. 또한 전자책의 보급과 성장을 맞을 것으로 예상되는 현재 상황에서 온라인의 불법복제 확산은 동시에 견제해야 할 부분으로 지적된다.

현재 출판분야에서 저작권과 관련되어 논의되고 있는 쟁점사항은 다음과 같다.

첫째, 저작권법상에 출판인의 권한을 명확히 해야 된다는 문제이

---

26) 미국무역대표부(USTR)는 2009년 4월 30일 '스페셜 301조 보고서'를 통해 각국의 지적재산권 보호수준을 평가하여 보호가 미비한 국가들을 분류하고 발표하였는데, 보고서에 따르면 미국의 77개 주요 교역국 중 '우선감시대상국(PWL; Priority Watch List)'에 12개국, '감시대상국(WL; Watch List)'에 33개국이 지정되었으며, 우리나라는 처음으로 감시대상에서 제외되었다(한국저작권단체연합회, 2010).

다. 현행 저작권법 제1조에는 "이 법은 저작자의 권리와 이에 인접하는 권리를 보호하고 저작물의 공정한 이용을 도모함으로써 문화의 향상발전에 이바지함을 목적으로 한다"라고 규정되어 있다. 따라서 저작권법의 목적을 규정한 저작권법 제1조 어디에도 출판인을 보호 대상으로 보고 있지 않다.

그러나 지식산업과 문화산업이 발전하려면, 지식산업과 문화산업에서 저작자, 저작인접권자와 동반자적 관계에 있는 출판인의 권리도 법적으로 균형 있게 보호되어야 한다. 저작인접권이 저작물의 자본투자 및 창의적 기여를 한 자에게 부여하는 권리라는 법적 취지를 살펴볼 때, 실연자, 음반사업자, 방송사업자 등 기존 저작인접권자와 출판인 사이에 차등을 둘 이유가 없다고 보인다(박익순, 2011).

이렇게 현행 저작권법에서 출판자에 대한 권리가 매우 미흡한 현실 때문에, 출판계는 출판자가 자신의 권리를 인정받을 수 있는 방향으로 저작권법(출판권의 확립과 판면권, 사적복제보상금제도 도입, 공공대출권과 대여권 도입 등)의 개정을 오래전부터 주장해왔는데, 이것을 자세히 살펴보면 다음과 같다.

① 판면권의 도입

출판물에 고정되어 있는 저작물은 저작권법에 의해 보호받는데, 이것을 전자책으로 만들 때에는 보호를 받지 못하고 있다. 그러나 출판물의 편집 발행에 노력을 경주한 출판자의 권리는 전자책의 경우에도 마땅히 보호받아야 한다. 판면권이란 저작물의 레이아웃이나 디자인적인 요소에 대한 권리로서 출판물의 가치를 결정하는 데 중요한 요소가 된다. 따라서 종이책의 내용을 전자책으로 전환할 경우에

도 출판자가 들인 공로인 판면권을 인정해야 된다는 것이 출판계의
의견이며, 실제로 영국, 독일 등에서는 출판사의 판면권이 인정되고
있다(강희일, 2009).

② 사적복제보상금제도

사적복제보상금제도라는 것은 소비자가 복사기, 녹음기, 녹화기,
CD, USB 등 복제기기를 구입할 때, 향후 이들 기기를 사용하여 저작
물을 복제하는 것에 대한 저작권 사용료를 미리 기계 값에 얹어서 지
불하는 것을 말한다. 이러한 제도가 필요한 이유는 복제기기를 이용
하여 복사·녹음·녹화를 하는 경우 이용자가 개별 저작자에게 저작
권 사용료인 복제보상금을 직접 지불해야 하지만, 방법이 마땅치 않
고 사용자를 일일이 파악하는 것이 불가능하므로 미리 소비자가 복
사기, 녹음기, 녹화기 등을 구입할 때 일정한 저작권 사용료를 얹어서
구매하는 것이 필요하다고 판단되기 때문이다.

출판물의 경우, 도서관 등에서 구매된 책이 이용자의 필요에 의해
반복적으로 복사되기 때문에 복제보상금을 현실적으로 인정받기 위해
서는 사적복제보상금제도가 꼭 필요하다는 입장을 오래전부터 주장해
왔다. 따라서 2009년 10월 출범한 '저작권 선진화포럼'에서는 사적복
제보상금제도의 도입을 1차 과제로 삼고 추진하고 있는 상황이다.

③ 공공대출권

공공대출권은 공공도서관이 이용자들에게 저작물을 무료로 대출
해줌으로써 발생하는 저작자의 저작물 판매수익 감소를 고려하여, 일
정한 비용을 공공도서관이 저작자와 출판자에게 보상하는 제도로 전

세계 20여개 국에서 실시하고 있다(박익순, 2011).

이상은 종이책과 관련된 저작권법상의 쟁점사항을 정리한 것이다.

둘째, 전자출판 관련 저작권법의 정비 문제이다. 전자적 형태로 출판되어 온라인상 무형적으로 유통되는 전자책의 경우, 그 거래의 성립과 이행과 관련하여 저작권법상 특유의 문제가 발생하게 된다. 가령 전자출판의 경우 저작자-출판자-유통업자 사이에 저작권의 권리처리나 저작권 이용료 산정에서 문제가 발생한다.

우리나라 「저작권법」 제57조는 '저작물을 복제·배포할 권리를 가진 자(이하 '복제권자'라 한다)는 그 저작물을 인쇄, 그 밖에 이와 유사한 방법으로 문서 또는 도화로 발행하고자 하는 자에 대하여 이를 출판할 권리(이하 '출판권'이라 한다)를 설정할 수 있다'고 출판권의 설정에 관해 규정하고 있다. 그러나 최근 전자책은 저작물의 유형적 유통(배포)이 아니라 무형적 유통(전송)이므로 저작권법상의 발행에 해당하지 않는다는 문제가 있다. 저작권법상 출판은 원칙적으로 종이책의 제작과 유통인 복제·배포를 전제로 하는 개념인데, 전자책과 전자출판은 복제 및 '전송'이 핵심 이용 형태이기 때문에 현재의 법제상에는 출판권설정계약이 적용될 수가 없다. 따라서 전자책이 저작권법상의 출판권설정계약에 대상에 해당되기 위해서는 복제·배포뿐 아니라, 복제·전송까지 포괄하는 새로운 출판 개념의 정립이 요구되고 있다.

3. 기타 출판과 관계된 법률

3.1. 「출판문화산업진흥법」

출판에 관한 일반 사항 및 출판문화산업의 지원·육성과 간행물의
심의 및 건전한 유통질서의 확립에 필요한 사항을 규정함으로써 우리
나라 출판문화산업의 발전을 도모하기 위해 만들어진 법이다. 총 7장
26조로 이루어졌는데, 출판문화산업 진흥 방법, 출판사의 신고에 대한
규정, 외국간행물의 수입추천에 관한 규정, 한국간행물윤리위원회에
대한 규정, 출판물의 정가제판매 등에 관한 사항 등을 담고 있다.

이 법에 의해 문화체육관광부장관은 5년마다 출판산업의 육성에
대한 계획을 준비·발표해야 하며, 출판사의 설립이 간단한 신고만으
로도 가능해졌으며, 외국간행물을 수입하기 위해서는 사전에 유해성
여부를 심사받아야 하고, 한국간행물윤리위원회는 출판산업의 진흥
과 유해간행물의 배포금지를 위해 노력하는 주체가 되며, 출판시장에
서 도서정가제가 지켜져야 한다는 법적 근거가 마련되었다.

또한, 이 법에 의해 문화체육관광부 장관은 출판산업의 전문인력
양성과 국제교류 활성화, 시설·유통의 현대화, 기반시설의 조성[27]을
지원하고 있으며, 도서정가제의 규정을 어기는 사람이나 단체에게는
300만 원 이하의 과태료를 부과하고 있다. 그리고 이법에 의해 문화
체육관광부의 산하기관으로 문학번역원을 두어 한국문학의 번역수
출과 우리 출판물의 세계진출을 지원하게 되었으며, 또 다른 산하기

---

27) 파주출판문화산업단지. 즉 파주출판도시는 이 법에 근거하여 정부의 지원을 받고 있는 우리나라의 대표적
인 문화클러스터이다.

관으로 한국간행물윤리위원회를 두어 출판산업의 진흥과 유해간행물이나 불법복제간행물의 유포금지를 지원하게 하였다.

특히 이법이 규정한 유해간행물은 1) 자유민주주의 체제를 전면 부정하거나 체제 전복 활동을 고무(鼓舞)하거나 선동하여 국가의 안전이나 공공질서를 뚜렷이 해치는 것, 2) 음란한 내용을 노골적으로 묘사하여 사회의 건전한 성도덕을 뚜렷이 해치는 것, 3) 살인, 폭력, 전쟁, 마약 등 반사회적 또는 반인륜적 행위를 과도하게 묘사하거나 조장하여 인간의 존엄성과 건전한 사회질서를 뚜렷이 해치는 것 등의 내용 중 어느 하나라도 해당되는 것을 말하며, 일단 유해간행물로 결정되면 국가나 지방자치단체, 간행물윤리위원회는 유해간행물을 유포한 사람에게 수거나 폐기를 명하거나 직접 수거·폐기처분해야 한다.

따라서 한국간행물윤리위원회는 우리나라 출판물의 사후등급을 결정하는 기관의 역할을 담당하며, 이때 간행물윤리위원회가 내릴 수 있는 출판물의 심의등급은 청소년 유해 등급(청소년유해간행물로 결정)과 성인 유해 등급(유해간행물로 결정)이 있다. 이 중 청소년 유해 간행물의 심의는 뒤에 나오는 「청소년보호법」의 심의규정에 따르며, 청소년유해간행물은 유해간행물과 달리 폐기 처분되지 않고 제한된 범위에서 판매·유포할 수 있다.

심의결정 내용	심의결과에 따른 조처
의견제시	법적인 제재는 없으나, 심의위원들의 주의환기 의견을 해당 출판사에 전달함
청소년유해간행물	해당간행물은 비닐 포장되어 일반간행물과는 분리하여 보관·판매·이용해야 하며, 청소년에게 판매하거나 이용하게 하면 법적인 제재를 받는다. 또한 신문의 경우 1년에 2회 이상 청소년유해간행물 판정을 받으면 벌금을 물게 된다.
유해간행물	해당간행물은 전량 수거·폐기된다. 이를 어기고 불법 유통 시 중대한 법적 제재를 받게 된다. 간행물 심의에서 최고 수위의 제재등급이다.

우리나라에서 음란출판물에 대한 법정 논쟁은 1969년 염재만이 쓴 소설『반노』가 처음이었는데, 6년간의 재판 끝에 결국 외설이 아닌 예술이라는 최종판결을 받았다. 반면에 1992년에 문제가 되었던 마광수 교수의『즐거운 사라』는 외설물로 인정되어 작가가 구속되는 사태에 이르렀다(유일상, 2007).

3.2. 「청소년보호법」

청소년에게 유해한 매체물과 약물 등이 청소년에게 유통되는 것과 청소년이 유해한 업소에 출입하는 것 등을 규제하고, 각종 유해한 환경으로부터 청소년을 보호·구제함으로써 청소년이 건전한 인격체로 성장할 수 있도록 하는 목적으로 만들어진 법률이다.

이 법에 의해 국가, 지방자치단체는 청소년이 유해한 매체물과 유해한 약물 등을 이용하고 있거나 유해한 업소에 출입하고자 할 때에는 이를 즉시 제재해야 한다. 이때, 청소년유해매체물은 1) 청소년에게 성적인 욕구를 자극하는 선정적인 것이거나 음란한 것, 2) 청소년

에게 폭악성이나 범죄의 충동을 일으킬 수 있는 것, 3) 성폭력을 포함
한 각종 형태의 폭력행사와 약물의 오용을 자극하거나 미화하는 것,
4) 청소년의 건전한 인격과 시민의식의 형성을 저해하는 반사회적·
비윤리적인 것 등의 내용을 담고 있는 매체를 말한다(임병국, 2009).

청소년보호법이 출판과 직접 연관성이 있는 법률로 인식되는 것은
위에서 열거한 청소년 유해매체에 관한 사항 때문이다. 실제로 출판
물에 대한 유해성 심의는 「출판문화진흥법」과 「청소년보호법」의 유
해매체물의 기준에 의해 결정되고 있다. 따라서 위의 4가지 조건 중
어느 하나에라도 연관이 있는 출판물은 청소년 유해매체로 결정되어,
비닐 포장되어 유통되어야 한다.

「청소년보호법」은 전문 56조와 부칙으로 이루어져 있으며, 출판영
역에서 표현의 자유와 건전한 출판문화의 발전이란 측면에서 충돌을
만들어내는 법률이기도 하다.

3.3. 「국가보안법」

대부분의 국가들은 국가의 안전보장을 위하여 일정한 범위에서 국
가기밀사항을 기밀로 지정·분류하여 보호하고 있다. 그런데 필요 이
상의 비밀양산은 국민의 정당한 비판과 감독의 여지를 말살하게 되
어 있다.

우리나라 「국가보안법」은 국가의 존립·안전이나 자유민주적 기
본질서를 위태롭게 하는 반국가 단체나 그 구성원의 활동을 찬양하
거나 동조하여 국가변란을 선전·선동하는 경우, 사회질서의 혼란을
조성할 우려가 있는 사항에 관하여 허위사실을 날조하거나 유포한

경우 등은 처벌을 받는다고 규정하고 있다.

이 법에 의해 그동안 한국 사회의 언론·출판의 자유는 많이 통제되고 탄압받아 왔다. 언론·출판이 정부가 비밀로 분류한 정보를 누설하거나 공표하여 국가안보에 심각한 타격을 입혔다고 인정될 때, 이 법에 의해 제재를 받기 때문이다. 그러나 이 법을 둘러싼 논란은 항상 끊임없이 제기되어 왔다. 문제의 핵심은 정부에서 분류한 기밀이 과연 국가의 존립을 해칠 만큼 중대한 사안인지에 관해 정부와 출판계 사이에 견해 차이가 있을 수 있기 때문이다. 그리고 출판물의 경우 연구 목적상 설사 적대국가라도 하더라도 필요한 정보와 자료를 출판해야 하기 때문이다. 따라서「국가보안법」은 항상 출판인들이 염두에 두고 살펴보아야 할 규제법률이다(오택섭·강현두·최정호·안재현, 2009).

3.4. 「형법」

출판물이 타인의 권리를 침해한 경우에는「형법」의 적용을 받게 된다. '그는 뇌물을 받고 있다', '여자관계가 복잡하다'는 등의 사실을 여러 사람 또는 불특정인이 알 수 있게 하여 타인의 명예, 즉 사회적 지위 또는 가치에 대한 평가를 손상케 하면 명예훼손에 해당한다.

「형법」제307조에서는 공연히 구체적인 사실이나 허위 사실을 적시(摘示)하여 타인의 명예를 훼손한 자에 대한 처벌 규정을 명시하고 있으며, 제309조에는 출판물에 의한 명예훼손에 대한 처벌을 규정하고 있다. 특히 출판물에 의한 명예훼손은 그 내용이 일반에게 널리 공개되는 것이기 때문에 처벌의 강도가 높은데, 진실한 사실을 적시한 경우에는 3년 이하의 징역이나 금고 또는 700만 원 이하의 벌금, 허위의 사실을 적시한 경우에는 7년 이하의 징역이나 10년 이하의 자격정지 또는 1,500만 원 이하의 벌금에 처할 수 있다(유일상, 2007).

그러나 비록 타인의 명예를 훼손했을지라도, 공공의 이해와 관계 있거나, 또는 다만 공익을 위한 목적에서 행했을 경우에는 표시된 내용의 진실성이 증명되는 한 벌하지 않는다. 또한, 공무원이나 공공선거 후보자에 대한 명예훼손은 진실의 증명이 있는 한 벌하지 않는다. 그리고 언론의 오보가 공인의 명예를 훼손하는 결과를 초래하였다 하다라도 악의가 발견되지 않는 한 명예훼손으로 처벌되지 않는 경향이 있다.

제17 장
출판의 미래,
미래의 출판

"미래가 어떤 모습일지 이해하기 위해서 나는
우선 과거를 대충 간추려서 요약해 본다.
곧 알게 되겠지만, 과거를 관통하며 변하지 않는 상수(常數)들이
반드시 있기 마련이며,
과거는 역사의 구조로 작용함으로써 다가올 몇십 년 후가
어떤 식으로 조직될지 예측 가능하도록 도와준다."

_자크 아탈리(Attali, J.)의 『미래의 물결(*Une breve histoire de l'avenir-Jacques*
Attali)』(2007) 중에서

1. 출판 환경의 변화

인류가 지식과 정보를 전달하기 위해 기록한 내용을 묶었던 책은 그 형태와 내용 면에서 오늘날까지 시대와 환경에 조응하며 진화하고 있다. 책의 진화 형태를 살펴보면 고대에서 현재에 이르기까지, 종이책에서 스마트폰에 이르기까지의 전 과정에서 지속적으로 진화를 거듭해왔음을 알 수 있다.

책은 원래 종교적 기능이 그 주된 임무였다. 그래서 책은 화려하게 꾸며져 그 품격에 맞는 곳에 전시되어 있었고, 사람들은 그곳을 방문하여 그 책을 관람해왔다. 그러던 것이 르네상스 이후 인문주의가 보편화되면서 인쇄술이 발달했고, 책의 보급이 좀 더 광범해지면서 책

의 의미는 확장되기 시작했다.

　책은 '가서 읽는 것'에서 '가져와 읽는 것'으로 변했으며, '가져와 읽는 것'의 기능을 다하기 위해 책은 작고 가벼워지는 진화를 거듭하게 되었다. 그리고 그 진화의 핵심에 '모바일성(mobile性)'이라는 키워드가 자리하게 되었고, 그 변천의 역사 속에는 '모바일성의 개선'이라는 목표가 존재하게 되었다. 그리고 이 모바일성을 향한 책의 진화는 어떤 한 면에서 단순하게 변해온 것이 아니라, 의미의 변화와 더불어 재질과 형태의 두 층위에서 동시에 진행되어 왔다.

　책의 재질과 형태는 책을 얼마나 쉽게 지니고 다닐 수 있느냐라는 과제를 해결하는 방향으로 진화를 거듭해온 것인데, 이러한 진화는 독서취향에 의한 수요를 기술이 뒷받침해줌으로써 가능했고, 이것은 다시 독서의 취향이 다양하게 생성되는 데 영향을 주었다.

인류발전에 따른 책의 진화과정

이처럼 책의 진화과정은 보다 편리하고 지니기 쉬운 형태로 진화해가고 있었으며, 그러한 모바일성을 구현하기 위해 책은 끊임없이 거친 것에서 부드럽고 세련된 것으로, 무거운 것에서 가벼운 것으로, 두꺼운 것에서 얇은 것으로, 견고한 것에서 유연한 것으로, 큰 것에서 작은 것으로, 고정된 것에서 이동 가능한 것으로 변천, 진화해왔다. 물론 이것이 가능했던 것은 기술의 발전이 있었기 때문이었다. 지식과 정보의 전달은 인간 사회의 필요성이기도 하지만, 근본적으로 인간이 가진 표현의 욕구이기도 하다. 지식과 정보를 남기고 전달하기 위해서는 그것을 어떠한 형태로 전달할 것인가를 생각해야 했을 것인데, 그것을 위한 지식과 정보의 기호화는 획기적인 발상이었고, 기호화한 콘텐츠를 '프레임' 형태에 담아낸 것도 역시 혁명적인 일이었다.

책이라는 프레임에 담아낸 후 보다 편리하게 지니고 다닐 수 있는 모바일성에 대해 고민하기 시작했다. 서판, 글씨판(Hornbook), 책, 그림, 사진, 영화 같은 정보 전달 매체에 있어 그 형태를 계승하도록 한 것은 그 형태가 모바일성을 부여하기에 가장 적합한 형태였기 때문이다. 이 모바일성은 마치 DNA처럼 우리 인류 문화에 기억되어 매체의 진화와 융합의 동력이 되었다. 이 DNA는 문자텍스트의 저장과 전달의 역사 속에서도 힘을 발휘했고, 영상의 저장 방식의 발전 속에도 적용되었으며, PC의 변천에서도 예외 없이 작동했으며, 이 PC가 모바일 기기로 진화할 때도 여전히 유효한 원천적 힘이 되었다.

그러한 이유로 전자책 시대로 접어드는 오늘날에도 종이책의 특성과 장점을 계승하기 위한 노력이 지속되는 것이다. 다시 말해 잘 만들어진 전자책일수록 종이책을 현실감 있게 구현하고 있음을 의미한다. 만약 책이 단순한 모바일성을 높이는 데에만 초점을 맞추어 진화했다면 지금의 모든 모바일 단말기의 형태를 단순히 IT의 기술들이 형성해낸 가장 합리적인 모양으로 이해할 수 있겠지만, 책에는 표면적인 기술의 진화 외에도 아날로그적 감성적 소구와 같은 추상적인 면도 존재하기 때문에 종이책의 근본적인 특성 적용이 필수적인 것이다.

최근의 전자책 시장의 외연 확대를 추동하고 있는 '아이패드(iPad)'와 같은 태블릿PC 역시 종이책의 소구성을 수용하는 방향으로 초점을 맞추고 있다. 종이책을 넘기는 것과 같은 터치감과 아날로그 책꽂이와 같은 애플리케이션 등 질감과 촉감에 있어 디지털을 접목시켰다 뿐이지 그 근본과 시스템은 종이책의 그것을 그대로 차용하고 있다. 이처럼 인쇄출판의 환경이 기술의 진화와 궤를 같이하며 모바일성이 극대화되고 있지만 기본방향은 종이책을 따르고 있는 것으로 보아 미래의 인쇄출판 형태 역시 아날로그의 감성과 디지털의 기술이 조화를 이루며 발전해나갈 것으로 보인다. 예컨대 현재 한쪽 면의 태블릿PC가 종이책처럼 두 쪽짜리 듀얼화면으로 진화할 수도 있을지 모른다. 물론 2008년과 2009년에 듀얼 디스플레이 전자책이 출시된 바 있으나 앞서 언급한 바와 같이 기능적인 측면에서의 진화였기 때문에 큰 관심을 받지 못했다. 하지만 이러한 단말기에 감성적 측면과 편리한 기능적 측면이 보강되어 다양한 콘텐츠를 구현한다면 차세대를 이어나갈 'computing e-book'으로 진화할 수 있을 것이다.

2. 출판의 패러다임 변화

　'책'은 인간의 사상과 감정을 글자로 표현하여 종이에 인쇄하여 제본한 것으로 읽는 데 특별한 기능이 필요하지 않다. 특정한 기기가 없어도 필요할 때 언제든지 꺼내볼 수 있으며, 종이의 묶음이기 때문에 휴대하기도 편리하다. 또한 종이 위에 잉크로 인쇄된 글자는 가독성이 크다. 무엇보다도 종이로 만들어진 책은 보관과 관리를 잘하면 오랜 기간 보존할 수 있다는 매력이 있다. 그러나 한 권의 책에 담을 수 있는 용량이 제한적이며, 출간되기까지 여러 과정을 거쳐야 하기 때문에 비교적 시간이 걸리는 단점을 가지고 있다. 이러한 단점을 극복하고 장점을 지속시켜주는 것이 바로 전자책이다.

　출판의 패러다임은 크게 전자책의 출현을 기준으로 이전의 시점을 출판 1.0시대, 그리고 전자책 출현 시점을 출판 2.0으로 나눌 수 있다. 이는 곧 아날로그와 디지털출판의 분기점으로도 구분할 수 있으며, 전체적인 출판 산업의 패러다임 전환점으로 볼 수 있다.

　전자책 개념의 최초 출현을 1971년에 있었던 미국의 '구텐베르크 프로젝트'로 볼 때 서책 형태를 전자화하는 것에서 출발하였다고 볼 수 있다. 디지털화한 책을 전자책으로 볼 때 당시의 전자책은 그 기능면에서 매우 단순하였으나, 최근에는 독자들의 강한 요구와 기술의 발달로 말미암아 더 복잡하고 다양한 형태의 전자책으로 발전하게 되었다.

　우리나라에서도 이러한 출판환경의 변화에 따라 전자책이 발전해 왔다. 우리나라에서 나온 초기 형태의 전자책은 패키지(package)형식의 전자출판물로 나왔다. 국내에서 나온 첫 전자출판물은 CD-ROM형태로 된 1992년 세광데이터테크에서 출판한 '설악의 사계'이다. 온라인 형태의 전자책 서비스는 1994년 예인정보의 책마을 버전 발표로 시작되었다. 이 온라인 전자책 서비스는 천리안, 하이텔, 나우누리 등 PC통신에서 이용할 수 있었으며, 1996년 2월에는 멀티북(윈도 버전)으로 발전하였다. 예인정보는 대개 종이책 출판사에서 파일형태가 아닌 인쇄된 책으로 받아온 자료를 스캐닝 작업을 하고 다시 OCR(문자인식기) 작업을 한 다음 교정 작업을 하여 전자책을 제작하였다. 여기서 제작한 도서는 주로 일반소설과 무협소설이었다(정보통신정책연구원, 2010).

이처럼 초기의 전자책은 PC를 기반으로 해서 나왔다. PC용 전자책의 장점은 문서작업뿐만 아니라 음향, 음성, 동영상과 플래시를 구현할 수 있는 멀티 기능이 있고, 엄청난 양의 기록을 한 번에 저장할 수 있는 저장기능도 있으며, 인터넷을 통한 접속 기능도 갖고 있다. 저장공간이 크고 전력 소모로 인한 이용시간을 제한받지 않는 것도 큰 특징이라고 할 수 있다. 지금도 도서관과 같은 B2B 시장으로 멀티미디어 전자책과 전자저널 등 PC기반에서 읽을 수 있는 전자책이 많이 납품되고 있다. 하지만 PC는 무거워서 휴대하기 불편한 것이 단점이다. 그래서 이제는 종이책과 PC용 전자책의 장점을 살린 모바일 전자책이 전자책의 대명사로 자리 잡아가고 있다.

따라서 전자책의 본격적인 모바일성을 강조한 최근 형태의 전자책 시장을 출판 3.0시기로 볼 수 있다. 2007년 11월 미국에서 출시된 아마존의 전자책 전용단말기 '킨들'이 전자책 시장에 대한 긍정적인 기대를 불러일으키면서 전자책을 읽을 수 있는 기기가 널리 확산되고 있다. 국내에서도 전자책 전용단말기가 출시되었는데, 삼성전자의

'SNE-60K'와 아이리버의 '스토리', 인터파크의 '비스킷', 네오럭스의 '누트', 북큐브네트웍스의 '북큐브', 넥스트파피루스의 '페이지원' 등이 전자책 전용단말기에 해당한다.

　전자책은 어떻게 하면 종이책과 유사한 특성을 가질 수 있으며 독자의 사용습관에 근접할 수 있는가에 초점이 맞추어져 발전해왔다. 그중 한 예가 e-잉크의 출현인데, e-잉크 단말기란 600dpi 해상도로 종이책과 비슷하고 천 권 이상의 책을 담아서 들고 다닐 수 있는 전자책 전용단말기를 말한다. 이 단말기의 장점은 조작이 간편하고 무게가 가벼워서 휴대하기 편리하다는 것이다. 또 종이책과 비슷한 느낌이 나도록 잉크분사 방식을 기기에 도입해서 마치 종이책을 읽는 듯한 느낌을 주어서 눈의 피로를 최소화하였다. 이 단말기는 백라이트가 없어 자체 발광을 하지 않기 때문에 텍스트는 외부의 빛의 도움으로만 읽을 수 있다. 햇볕이 강한 야외에서도 문제없이 책을 읽을 수 있을 뿐만 아니라 어떤 각도에서든 독서가 가능하다. 이러한 장점에도 불구하고 e-잉크 단말기는 가격이 상대적으로 비싼 것이 단점이다. 또한 페이지를 넘길 때마다 화면이 꺼지는 듯한 느낌을 주는 것과 화면이 흑백인 것은 개선되어야 할 점으로 지적되고 있다. 요즘 흔히 볼 수 있는 화면 터치 기능도 없고 동영상이 구현될 수 없다는 단점이 있다(이용준 외, 2010).

　그리고 대부분의 경우 전자책은 유통사 중심으로 제작, 판매되기 때문에 호환성에 문제가 있고, 또 단말기를 구입하기 위해서 별도의 비용을 지불해야 한다는 것이 적지 않은 부담으로 작용하고 있어 미국을 제외한 대부분의 나라에서 전자책 전용 단말기는 크게 각광을 받지 못하고 있다. 그러나 미국 시장에서는 아마존의 킨들, 반스 앤 노블의 누크 등 전자책 전용 단말기의 판매량이 연간 1천만 대를 넘어서고 있다.

이러한 단점을 극복하고 종이책의 장점을 극대화시킨 것이 바로 최근에 전자책 시장의 붐을 주도하고 있는 스마트폰과 스마트패드(태블릿PC)로 불리는 스마트미디어들이다. 따라서 오늘날 스마트미디어를 중심으로 전개되는 전자책 시장을 '출판 3.5'로 보는 시각도 있다.

전자책 시장의 개화는 이미 몇 년 전부터 나타났지만 미국을 제외한 대부분의 나라에서는 본격적인 시장성숙은 이뤄지지 않았다. 그 이유는 바로 단말기의 보급 부진과 전자책 콘텐츠의 공급부족 등을 들 수 있다. 하지만 스마트폰의 선풍적인 인기와 소비인식 및 행태의 변화로 전자책 시장은 서서히 킬러콘텐츠 시장으로 부상하기 시작했다. 스마트폰은 PC와 핸드폰이 결합된 제품으로 '풀 브라우징', 터치 스크린 기능을 기반으로 개발되고 있다. 스마트폰의 장점은 요즘 누구나가 가지고 다니는 핸드폰의 기능이 있기 때문에 전자책을 읽기 위해서 별도의 단말기를 구입하지 않고 이것을 그대로 전자책 리더기로 사용할 수 있다는 데 큰 장점이 있다. 이미 우리나라에서 아이폰과 갤럭시폰의 이용자 수가 급증하는 것을 고려한다면, 스마트폰은 당분간 전자책 리더기로서 주도적인 역할을 할 것으로 기대된다.

또한 스마트폰의 장점은 조작이 간편하고 휴대하기 편리하다는 것이다. 또 여기에는 전화, 인터넷, 게임, 사진기 등등의 IT기능이 집약되어 있어서 사용 폭이 넓고, 그것을 가능케 하는 응용프로그램(application)이 많다. 물론 컨버전스에 의한 장점이 많은 반면에 단점도 있다. 우선 액정화면의 밝기와 반사 때문에 가독성이 떨어지고, 눈의 피로가 쉽게 온다. 그리고 모바일 폰으로서 핸드폰의 특성상 화면 크기가 작을 수밖에 없어서 이 역시 가독성을 떨어뜨리는 결정적인 한계인데, 이러한 점은 스마트폰이 전자책의 주류로 자리 잡는 데에 장애요소다.

이러한 스마트폰의 단점을 보안해서 나온 복합단말기가 스마트패드라고 불리는 태블릿PC이다. 특히 화면이 확대되어서 읽기에 편리하고 원하는 책을 실시간 다운로드받아서 읽을 수 있고 가로보기로 스마트패드를 돌리면 자동으로 2페이지를 동시에 볼 수 있게 함으로써 독서를 하기에 편리한 환경을 구현하였다. 하지만 휴대하기에는 크고 책처럼 들고 독서를 하기에는 무겁다는 단점이 있다. 하지만 독서에 가장 중요한 가독성과 집중도 등을 감안한다면, 스마트패드가 전자책을 구현하는 데에는 문제없다는 평가가 지배적이다.

여기까지가 기술의 진화와 기능적 변화에 따른 패러다임 구분이었다고 한다면, 다음과 같이 작가와 독자, 출판업자와 유통업자 등의 역할에 따른 패러다임 구분도 나눌 수 있겠다.

구텐베르크 이후 기계화로 대량인쇄에 의한 책의 대량소비를 가능케 했던 출판계는 디지털 혁명에 의해 다시 한 번 진화를 거쳤다. 컴퓨터가 등장하면서 텍스트의 디지털화가 급속히 진행되고 인터넷이 보편화되면서, 기존 출판 유통과는 또 다른 유통구조가 발생하기 시작했다. 그리고 그것을 이용하는 세대를 중심으로 고유한 독자층이 형성되었다. 더욱이 모바일 기기의 등장은 이 독자층으로 하여금 더욱 강력한 자신들의 영역을 구축하게 했다. 현재 모바일 기기의 헤비유저가 10, 20대인 까닭에 그 독자층 역시 그들을 중심으로 이루어지고 있다. 그리고 이 모바일 기기들은 그들만의 이야기를 자신들만의 공간에서 향유할 수 있는 가능성을 현실화시켰다. 여기에 새로운 작가들이 반응을 보이면서 모바일 문학작품의 작가들이 등장하기 시작했다. 이러한 현상은 기존의 출판 메커니즘과 작가—독자 관계에서 변화를 야기했다(정보통신정책연구원, 2010).

전자책은 출판유통 구조에 많은 변화를 가져왔는데 구체적으로 살펴보면 다음과 같다. 전통적으로 출판사는 책을 기획하고 편집하고 제작해서 독자에게 전달하는 일을 해왔다. 하지만 전자책을 취급하는 출판사는 기존의 종이책 출판사와는 다르다. 전자책 시대의 출판사는 제조업을 담당하는 매체라는 개념보다 콘텐츠를 통해 다양한 문화상품을 제작하여 유통시키는 기획사이자 유통회사라는 개념에 더욱 가까이 다가가고 있다. 이처럼 출판사의 역할이 확대되고 광범위해지면서 다양한 참여자로 이루어진 새로운 생태계가 조성되고 있다. 전자책 시장에서의 생태계를 이루고 있는 참여자는 크게 저작권자(저자), 출판사업자(콘텐츠 제공자), 제작사업자(콘텐츠 가공 or 솔루션 개발자), 유통사업자(전자책 전문 유통업체), 통신사업자, 단말기 제작업자·디스플레이 사업자, 이용자(독자)로 나눌 수 있으며, 이들은 상호 간의 협력과 공조 체계를 이루며 공진화하고 있다.

위와 같이 전자출판 시장의 유통구조가 바뀌고 새로운 생태계가 조성될 수밖에 없던 근본적인 이유로는 불가피한 역할변화를 들 수 있다. 전자책 시장의 발달은 종이책에서는 시도하기 어려웠던 획기적인 아이템에 대한 도전이 수월해졌고, 장르의 다양화도 이끌어낼 수 있었다. 하지만 전자책의 양적 팽창, 질적 다양화와 함께 야기되는 문제는 책이 디지털 파일로 출판되면서 전통적인 출판사와 서점의 역할이 축소된다는 데 있다. 출판사는 콘텐츠의 기획사 역할을 하고 서점은 전자책의 유통회사로 전환하는 등, 기존의 유통체계와는 다른 양상을 보일 수밖에 없게 된 것이다.

또한 전자책은 누구나 저자와 제작자가 될 수 있기 때문에, 다양한 형태와 장르의 출판도 손쉽게 시도할 수 있다. 예컨대 일본에서는 휴대폰으로 전자책을 보는 것을 넘어 휴대폰 전용 소설, 즉 '휴대폰 소설'이 큰 인기를 얻고 있다. 아직까지 우리나라에서는 매우 드문 경우지만 일본에서는 인기 있는 휴대폰 소설이 종이책으로 출간되는 경우가 일반화되고 또한 베스트셀러에 등극하는 일이 보편화되고 있다. 일본은 2007년 이후 휴대폰 전용 전자출판물(283억 엔)이 크게 증가하여 PC 전용 전자출판물(72억 엔)의 네 배에 가까운 점유율을 보이고 있다. 휴대폰 전용 전자출판물 중에서 큰 비중을 차지하는 것이 바로 휴대폰 소설이다. 휴대폰 소설의 작가는 대부분 무명작가인데 그들이 휴대폰 전용 인터넷 사이트에 접속해서 글을 쓰면 사람들이 그 글을 읽게 되어 자연스럽게 베스트셀러가 되고, 나아가 종이책으로 출간되어 판매되기도 한다. 2007년에 일본에서는 연간 소설 베스트셀러 10위 안에 3종의 휴대폰 소설이 들어갈 정도로 휴대폰 소설이 인기가 높았다. 휴대폰 소설이 베스트셀러가 된 것은 전자책이 보편화되면서 콘텐츠가 다양해지고 종이책 시장의 주변부에 머물렀던 장르소설이 새로운 독자들의 관심을 끌었기 때문이다(산은경제연구소, 2009).

전자책이 휴대폰과 같은 개인미디어로 확장되면서 다양한 구조변화를 야기했는데, 그중 가장 큰 변화는 바로 독자와 작가 간의 탈경계를 들 수 있다. 다시 말해 전자책 출판은 저자 1인 출판 시대의 도래를 의미한다. 개인이 아이디어만 갖고 있다면 자신이 직접 전자책을 만들어서 출판사와 서점을 통하지 않고 독자에게 직접 전자책을 제공할 수 있다. 이 부분이 내용과 역할에 따른 패러다임의 가장 큰 변화이자 구분이라고 할 수 있다.

최근에는 인기 작가들이 전자책을 출간하는 경향이 늘어나고 있으며, 『해리포터』 시리즈의 작가 조앤 K. 롤링(J. K. Rolling)은 직접 '해리포터 전자책'을 만들어 판매하겠다는 구상을 밝히고 있다. 또한, 인기 블로거들도 자신의 블로그 텍스트를 이용하여 직접 출판에 나서는 사례도 늘고 있다. 2009년 1월 블로거들이 직접 참여해 제작한 책 『2009, 블로그로 살아남다』가 출간되었다. 비즈니스 인맥 서비스인 링크나우의 '블로거클럽(www.linknow.kr/group/blog)'은 2009년에 들어서자마자 이른바 '출판 2.0 프로젝트'를 진행해왔다. 출판 전문업체의 도움 없이 블로거들의 참여와 협업만으로 책을 출간하자는 의도였다. 30여 명의 블로거가 참여해 진행한 이 프로젝트는 한 달여 만에 『2009, 블로그로 살아남다』라는 한 권의 책으로 탄생했다. 30여 명의 블로거들은 자신이 속한 업계의 블로그 활용과 정보를 기본으로 문화, 플랫폼, 콘텐츠, 블로그 기술, 비즈니스, 학습, 기업 등의 주제를 나눠 맡아 콘텐츠를 제작했다. 각자 맡은 주제의 글을 자신의 블로그에 포스팅하고 그 글들은 다시 트랙백으로 한데 모아 책 한 권 분량의 콘텐츠가 쌓인 것이다.

편집과 디자인도 경험 있는 블로거들이 직접 맡아 진행했고, 온라인은 물론 오프라인 모임을 통해 의견을 나누며 책 제목과 표지 디자인까지 결정한 이들은 각자 호주머니를 털어 인쇄까지 마쳤다. 이렇게 해서 30여 명의 블로거가 30일 만에 블로그를 주제로 한 책 한 권을 만들어냈다. 홍보와 유통도 각자의 블로그 인맥을 활용해 진행했다.

이처럼 기존 작가는 물론 글쓰기에 관심이 있는 사람이라면 누구나 쉽게 출판을 할 수 있는 환경이 도래하면서 전자출판에서도 유튜브와 같은 거대 커뮤니티가 등장했다. 2006년 설립된 캐나다 기업 왓패드(www.wattpad.com)는 '전자책을 위한 유튜브'로 불린다. 유튜브와 마찬가지로 올리는 것, 보는 것 모두 무료다. 2006년 설립 이래 60만 종 이상이 올라왔고, 매달 6만 종이 새로 등장한다. 저자가 출판사를 거치지 않고 바로 독자에게 콘텐츠를 제공한다는 점에서 자가출판 플랫폼이자 저자 오픈마켓인 셈이다. 저자와 독자가 트위터와 페이스북으로 소통하는 소셜네트워크 공간이기도 하다. 북미시장에서 자가출판의 종류의 수는 이미 정규 출판물을 뛰어넘었다. 자가출판은 틈새시장을 중심으로 전통적인 출판 형태와 공존하면서 출판시장의 다양성을 확대할 전망이다. 현재 왓패드는 전 세계에서 20여 개 언어로 전자책을 서비스하며, 한국어로도 이용이 가능하다. 매달 2,000만 명 이상이 웹과 모바일로 왓패드에 접속하는데, 그중 500만 명이 고정 방문자다. 주 이용자는 10대와 20대이고 80%가 여성이다. 로맨스, 판타지, 뱀파이어 이야기가 인기 장르로 꼽힌다(한국콘텐츠진흥원, 2010c).

자가출판, 1인 출판 시대를 촉발한 국내외 e-book 오픈마켓 사이트

왓패드 외에도 룰루(www.lulu.com), 스매쉬워드(www.smashwords.com), 스크리브드닷컴(www.scribd.com) 등 전자책 업체가 전 세계적으로 이런 서비스를 하고 있으며, 2010년부터는 국내에서도 텍스토어(www.textore.com)와 북씨(www.bucci.co.kr), 유페이퍼(www.upaper.net)가 텍스트 파일을 전자책으로 변환해주는 서비스를 시작했다. KT도 2010년 10월부터 전자책 서비스인 쿡북카페(bookcafe.qook.co.kr)에서 소설, 시, 만화 등 콘텐츠를 누구나 손쉽게 전자책으로 제작·출판할 수 있는 오픈마켓을 개설했다. 이들 전자책 오픈마켓에서 책값은 저자가 결정하는데 보통 저자와 서비스업체가 7대 3 또는 6대 4로 나눈다.

전자책 덕분에 자가출판, 1인 출판은 훨씬 쉬워졌다. 제작비가 종이책의 절반 내지 3분의 1밖에 안 드는 데다 누구나 쉽게 전자책을 만들어 팔 수 있는 무료 프로그램과 온라인 공간이 있기 때문이다. 하지만 대부분 무명작가나 아마추어 작가의 작품이라 콘텐츠의 질을 담보할 수 없고, 저작권 침해 등의 문제가 산적해 있어 성장에 장애 요소로 지적된다. 또한 1인 출판 시대가 활성화된다고 해도 기존의 전통출판을 완전히 대체하기는 어려울 것으로 전망된다. 따라서 1인 출판의 경우 기존 출판의 부족한 점을 보완해주는 보완재의 역할을 담당할 것으로 보인다.

3. 출판의 미래 성장 조건 및 전망

전자출판이 초창기 PC 중심에서 모바일 중심으로 이동하는 오늘날의 추세는 그 크기와 형태에 있어 모바일성을 갖고 있는 종이책의 영향임이 분명하다. 그리고 모바일을 중심으로 한 전자책은 독서형태나 취향 면에서 종이책 고유의 매력과 특성을 고스란히 계승하려 한다. 스마트폰이나 스마트패드와 같이 이동형 미디어를 중심으로 빠른 성장세를 보이는 전자책 시장은 결국 종이책을 기반으로 한 기술적 융합이 진행될 것이며, 소통의 방식과 속도와 범위, 또 저장방식과 용량 등에 있어 그동안 이루어낸 디지털 기기만의 소구성을 종이책이 보유한 소구성과 융합해나갈 것이다.

이처럼 전자책이 종이책의 방식을 추구하고 구현하려는 것인 책이 갖고 있는 유구성과 익숙함에 기인한다. 인간은 오랜 기간 종이책으로 독서를 해왔고 전자책을 접한 것은 근 십여 년밖에 되지 않았다. 우리에게는 아직도 아날로그 방식이 머리뿐만 아니라 몸에도 익숙해져 있기 때문에 당분간은 종이책을 읽을 때 가졌던 습관이 지속될 것으로 보인다. 전자책도 종이책과 마찬가지로 촉감, 질감을 느끼게 함으로써 디지털의 한계일 수밖에 없는 감각적인 부분을 보완하고 발전시키는 방향으로 나아갈 것이다. 하지만 시간이 흐르면서 디지털과 아날로그가 보완과 교류를 반복하면서 새로운 형태의 방식이 익숙해질 것으로 보인다. 예컨대 전자책 매체의 특성으로 인하여 사색할 수 있는 콘텐츠보다 감각적이거나 가벼운 콘텐츠의 선호도가 늘어날 수 있으며, 멀티미디어의 특성을 포함한 형태의 콘텐츠가 차츰 늘어날 것이다. 이로 인해 독서취향이나 형태의 변화도 일어날 수 있다.

콘텐츠를 생산하는 주체에 있어서도 이러한 변화는 적용될 전망이다. 현재는 디지털과 아날로그가 순차적으로 이용되거나 혼합되어 활용되고 있다. 기성작가들의 글은 먼저 인터넷 카페에 업로드되고 나중에 종이책으로 출간되는 경향이 늘고 있다. 즉, 디지털매체와 아날로그매체를 순차적으로 이용하는 것이다. 이들 작가에게는 종이책이 더 주요한 매체이고 블로그나 인터넷 카페에 올린 책들은 오히려 홍보성격이 강하다고 할 수 있다. 하지만 기성작가와는 다른 문학패러다임을 인터넷 작가에게서 볼 수 있다. 이들은 자신의 글을 인터넷이나 전자책으로 출간한다. 종이책은 작품의 반응이 성공적일 때나 주어지는 부차적 매체이다. 여기서 인터넷 작가들은 크게 2가지 방식으로 전자책을 출간한다. 첫째는 작가 스스로 전자책을 만들어서 전자책 오픈마켓에 자신의 작품을 판매하는 것이고, 둘째는 자신의 작품을 인터넷 작가 인증시스템에 올려 독자들의 평가를 받는 것이다.

유비쿼터스 ePUB 전자책 오픈마켓(www.genesofts.com)을 운영하고 있는 지니소프트는 직접 국제전자책 표준 ePUB 파일의 전자책을 만들 수 있도록 제작 틀을 무료로 배포하고 있다. 이곳에서 개인, 법인, 작가, 출판사 누구든지 자신의 글을 ePUB 저작툴을 사용하여 전자책을 직접 제작할 수 있다. 이 전자책을 오픈마켓이 제공하는 저자사이트에 업로드해서 독자에게 IPTV, PC, PDA, 스마트폰, 전자책단말기 등을 이용하여 서비스할 수 있다. 콘텐츠 관리자가 제공하는 오픈마켓에 입점해서 자신의 글을 독자에게 전달함으로써 누구나 작가가 될 수 있는 구조이다. 여기서 ePUB 전자책 오픈마켓의 역할은 저자의 작품을 독자에게 중개하는 것이다. 하지만 오픈마켓에서 질적으로 검증되지 않은 작가의 글들이 올라오다 보니 독자의 불만이 나타나는 경우도 종종 생기고 있다. 이와 같이 디지털 출판으로 인하여 작가의 문턱이 낮아지긴 했지만 작품의 질적 수준이 떨어질 수 있다는 점이 현실로 나타나기도 한다.

바로북이 운영하는 '아이작가(www.ijakga.com)'의 경우에는 인증시스템을 도입하고 있다. 무명작가들이 자신의 글을 올리는 방식은 같지만 아이작가의 경우에는 ePUB 전자책 오픈마켓에 누구나 글을 올렸던 것과는 달리 업로드 된 글을 평가해서 작가등급을 매긴다. 현재 아이작가 홈페이지에 등록된 작가는 21,538명이고 연재작품은 18,363편, 그리고 감상평도 178,868개에 달한다. 그야말로 대규모의 작가 커뮤니티가 형성되어 있다. 아이작가 연재등급은 총 3개로 나뉘는데 그 중 '자유연재'는 모든 회원들에게는 열려 있는 작품공간이다. 그 다음에는 작품평가 및 조회 선호정보를 종합적으로 검토하여 좋은 점수를 얻으면 '신인연재' 등급으로 상향 조정된다. 이 중에서 출간경험이 있는 작가의 작품을 연재하는 공간을 '작가연재'라고 한다. '신인연재' 또는 '작가연재'에서 나온 좋은 작품을 아이작가와 출간계약을 통해서 전자책으로 제작하게 된다. 아이작가와 직접 출간계약을 맺은 작품은 바로북을 비롯한 포털사이트에서 판매된다.

아이작가에서는 전문편집 자문위원을 위촉해서 작품을 평가하도록 했고 무엇보다도 네티즌 독자의 평가가 가장 큰 비중을 차지한다. 작품연재에 댓글과 조회 수가 많을수록 편집위원들은 그 작품을 수준 높은 작품으로 평가하고 있다. 여기서 알 수 있듯이 누구나 글을 쓸 수 있다. 하지만 인터넷상에서도 작가 등급을 매기는 새로운 인증제도가 도입되거나 사용되고 있는 것을 알 수 있다(정보통신정책연구원, 2010).

전자책 보급이 확산되고 누구나 책을 출간할 수 있는 환경이 도래해도 질적 수준을 담보하기 위한 위와 같은 시스템의 도입은 미래 출판 산업의 성장에 있어 필수조건이라고 할 수 있다. 콘텐츠 생산 외에도 유통과 소비에서도 다음과 같은 일련의 성장조건 및 전망을 할 수 있겠다.

전자책의 비중과 역할이 커지면서 많은 변화가 수반되어 오고 있다. 기존 종이책에서 중추적 역할을 해오던 총판이나 위탁 등의 유통 구조는 축소되거나 소멸되고 출판사나 서점의 역할도 근본적인 변화를 경험했다. 또한 전자책이 등장하면서 전자책 단말기나 네트워크와 관련한 새로운 역할도 생겨났다. 출판산업에서 큰 역할을 담당했던 도서관 역시 디지털화되면서 이러한 변화를 겪고 있다.

최근에 몇몇 대학에서 시작된 대학도서관의 명칭변경(성균관대학교 '중앙학술정보관', 연세대학교 '학술정보원', 한양대학교 '백남학술정보관' 등)은 오늘날 도서관의 개념과 기능의 변화를 일러주는 것이다. 과거와 달리 오늘날의 도서관에서는 도서만이 정보의 주를 이루는 것이 아니라 음악 CD와 영상 DVD 등 멀티미디어가 제공되기도 하고, 컴퓨터가 비치되어 있어 전자책 등 사이버상의 정보를 검색하고 이용할 수 있다. 프랑스에서는 곳곳의 시립도서관들이 '미디어테크(mediatheque)'라는 명칭으로 변경되어 시민들에게 다양한 미디어를 서비스하고 있다.

오늘날 우리가 상식적으로 생각하는 도서관은 책을 보존하는 곳이면서 도서를 이용할 수 있는 곳으로서의 도서관 기능이 갖추어진 것이다. 그러나 디지털 컨버전스 시대의 도서관은 그 의미가 크게 달라졌다. 더 이상 책이 중심이 아니라 다양한 미디어를 통한 시청각적 정보를 제공하는 곳으로 변하게 된 것이다. 뿐만 아니라 많은 종이책 정보들이 전자책으로 디지털화되었고 이것은 사이버상으로 이용이 가능하게 되었는데, 이러한 추세가 계속된다면 도서관에서 도서 대출의 기능은 자연히 축소될 수밖에 없다. 굳이 도서관에 직접 가서 대출을 하지 않아도 인터넷 접속이 가능한 곳 어디에서나 전자책 정보를 다운로드받아 정보와 지식을 습득할 수 있기 때문이다. 따라서 종이책으로 보존되어 왔던 정보를 디지털화하는 것은 피할 수 없는 시대적 요청으로 보인다(정보통신정책연구원, 2010).

그러나 이 역시 과도기적 현상이 될 가능성도 있다. 머지않아 모든 정보가 웹에 오르고 문자미디어뿐 아니라 다양한 멀티미디어들까지 웹을 통해 전송되는 것이 일상화되면 사람들은 집 밖에 나오지도 않고 각자 자기 집에서 전자 커뮤니케이션을 위한 여러 기기들을 구비하고 살아갈 것이기 때문이다.

이는 곧 도서의 보존과 물리적 커뮤니케이션의 공간이었던 도서관의 기능과 의미의 변형으로 이어져 엄청난 지식과 정보를 저장하는 '디지털 보관소'로서의 역할이 강조될 것이고, 사이버 공간상에서 사용자들에게 지식과 정보를 연결해주는 '허브'로서 역할이 새로이 부여될 수도 있다. 구글이 사이버 공간상에서 모든 도서관의 정보를 담는 디지털 도서관의 구축을 추진하는 것은 이러한 예측과 밀접한 연관을 맺고 있는 것이다.

이제 출판의 디지털화는 거스를 수 없는 추세임에는 분명하다. 스마트폰과 스마트패드의 폭발적인 성장으로 출판 산업에도 새로운 국면을 맞고 있다. 전자책 전용단말기를 넘어 범용단말기의 보급, 사용자의 확산, 전자책에 대한 다양한 니즈 등 본격적인 전자책 시장의 성장을 앞두고 있다. 하지만 앞에서 언급한 바와 같이 미래의 출판은 아날로그와 디지털의 조화로운 융합으로 기본으로 한 형태로 발전할 것으로 보인다. 오래전 돌에 글을 새기고, 진흙 서판을 거쳐 파피루스와 양피지, 종이까지 진화하면서도 지식과 정보 그리고 감정을 글로

새겼던 본래의 의미는 변치 않았던 것과 같이 오늘날의 전자책도 기존의 책의 특성과 장점을 그대로 계승하면서 보다 발전적으로 진화하는 단계로 볼 수 있다. 따라서 출판의 진화는 지금 이 시간에도 계속되고 있으며, 앞으로도 기존의 진화형태를 바탕으로 계속 발전해나갈 것이다.

참고문헌

_국내문헌

강희일(2007). 『한국출판의 이해』. 다산.
고덕환(1993). 『한국도서편집론』. 삼지원.
국회사무처(2005). 『입법연구논문집』.
김병준 · 김병도(1999). 『출판경영』. 지경사.
김성재(2004). 『출판의 이론과 실제』. 일지사.
김순철(2001). 『종이역사』. 예진출판.
김원제(2006). 『호모미디어쿠스』. 커뮤니케이션북스.
_____(2009). 『콘텐츠 실크로드 미디어 오디세이』. 한국학술정보(이담북스).
_____(2010). 「e-Book 시장의 현황 및 과제」. 『KTOA, 세상을 이어주는 통신
   연합』, Vol. 52. 한국통신사업자연합회.
김재윤(2006). 『대한민국 인쇄문화산업의 르네상스를 위하여-인쇄문화산업 진
   흥을 위한 정책제안』. 2006년 제262회 정기국회 국정감사 정책자료집 7.
김정숙(1997). 「출판편집론」. 『현대출판론』. 중앙출판문화원.
김희락(1991). 『한국출판논고』. 태성출판사.
노병성(1997). 「출판경영」. 『현대출판의 이해』. 나남.
대한인쇄문화협회(2009). 「인쇄문화산업육성방안」.
데이코산업산업연구소(2010). 『글로벌 전자책시장 실태와 관련산업 동향』.
문화부(1996). 「21세기 한국출판산업의 전망과 진흥 방향」.
문화체육관광부(2007). 「지식강국의 성장동력 출판지식산업 육성방안: 출판 · 인
   쇄문화산업 진흥계획」(2007~2011).
_____(2009). 「인쇄문화산업 육성방안」.

_____(2010a). 「2009문화산업통계」(2008년 기준).

_____(2010b). 「전자출판산업 육성방안」.

_____(2010c). 「2010 콘텐츠산업 전국 소비자 조사」.

_____(2010d). 「2010 국민 독서실태 조사」.

문화체육관광부 · 한국잡지협회(2010). 「잡지산업 진흥 5개년 계획(안)」.

문화체육관광부 · 한국출판학회(2009). 『소비자 경품규제 폐지에 따른 도서정
　　　　가제 정책방안 연구』.

미노와 시게오, 민병덕 역(2001). 『출판학서설』. 범우사.

박숙정(2010). 『책의 역사』. 김영사.

박영서(1993). 『출판회계』. 보성사.

박익순(2011). 「한국출판의 좌표와 출판계의 과제」. 제59회 출판포럼. 한국출
　　　　판연구소.

백원근(2008). 「국내 번역출판 지원 현황」. 『기획회의』, 224호(2008. 5. 20).

범우사 기획실 편(1995). 『출판학 원론』. 범우사.

부길만(2008). 『책의 역사』. 일진사.

스트라베이스(2008). 『2008년 해외 디지털 콘텐츠 시장 조사: 이러닝, 전자책,
　　　　정보콘텐츠, 디지털 콘텐츠솔루션 편』.

신유근(2006). 『경영학원론』. 다산출판사.

시오노 나나미, 김석희 옮김(2007). 『로마인 이야기』. 한길사.

오경호(2001). 『출판기획원론』. 일진사.

오딜 리무쟁, 장석훈 옮김(2007). 『종이의 역사』. 비룡소.

오택섭 · 강현두 · 최정호(2005). 『미디어와 정보사회』. 나남출판.

오택섭 · 강현두 · 최정호 · 안재현(2009). 『뉴미디어와 정보사회』. 나남출판.

유재천 외 5인(2008). 『매스커뮤니케이션의 이해』. 커뮤니케이션북스.

유진룡 외 24인(2009). 『엔터테인먼트산업의 이해』. 넥서스BIZ.

윤세민(1997). 「출판경영」. 『현대출판론』. 중앙출판문화원.

윤형두(2008). 『한국 출판미디어의 제문제』. 범우사.

_____(2002). 『한국출판의 허와 실』. 범우사.

이구용(2008). 「영미 출판계 2007년 결산과 2008년 전망」. 『기획회의』, 215호
　　　　(2008. 1. 5).

이기성(2007). 『유비쿼터스와 출판』. 한국학술정보.

이기성 · 고경대(2004). 『출판개론』. 서울출판미디어.

이동우(2009). 『밸런스 독서법』. 21세기북스.

이병훈(2010). 『전자책의 어제 오늘 그리고 내일』. KDPF 포럼자료집.

이용준(1997). 「전자출판과 출판의 미래」. 『현대출판론』. 중앙출판문화원.

_____(1999). 『디지털 혁명과 인쇄매체』. 커뮤니케이션북스.

_____(2006). 「한국잡지산업의 현황과 성장 구조 모델에 관한 연구」. 『한국출판학회지』, 통권 51호. 한국출판학회.

_____(2010). 『전자책 빅뱅, re-르네상스 퍼블리싱』. KDPF 포럼자료집.

이용준·김원제·최학현·최재표(2010). 『e-book 르네상스, 전자책 빅뱅』. 한국학술정보(이담북스).

이임자 역(1998). 『베스트셀러의 진실』. 경인문화사.

이임자(1998). 『한국 출판과 베스트셀러: 1883~1996』. 경인문화사.

이정춘(1992). 『출판사회학』. 타래.

_____(2000). 「정보사회와 출판미디어의 패러다임변화」. <Digital 시대, 한국 출판은 변해야 산다>. 제22회 출판포럼 자료집. 한국출판연구소.

이제식(2006). 『잡지기획과 편집디자인』. 미담.

이종국(2006). 『출판연구와 출판평설』. 일진사.

임동욱 외(1997). 『현대출판의 이해』. 나남출판사.

전영표(1997). 『출판문화와 잡지저널리즘』. 대광문화사.

정보통신정책연구원(2010). 『전자책의 출현과 문학적 패러다임의 변화』. 디지털 컨버넌스 기반 미래연구(Ⅱ)시리즈 10-03.

정종원(2006). 『출판 & 전자출판』. 학예사.

조경자(2006). 「온라인잡지의 비즈니스 모델 분석」. 경희대학교 석사학위논문.

채백(2001). 『출판학』. 한나래.

하상희(2007). 「국내 출판사들의 브랜드 다각화 경향에 관한 연구」. 서강대 언론대학원.

한국간행물윤리위원회(2009). 2009 출판진흥 세미나: 한국 출판산업, 살리는 길은 무엇인가?.

한국언론진흥재단 조사분석팀(2006). 『잡지경영 현황과 발전전략』. 한국언론진흥재단.

한국언론진흥재단(2010). 「Media Worldwide」. 『신문과 방송』, No. 480.

_____(2011). 「Media Worldwide」. 『신문과 방송』, No. 481.

한국잡지협회(2009). 「글로벌 정보문화강국 구현을 위한 잡지산업 진흥 5개년 계획」.

한국출판마케팅연구소. 『기획회의』 191호~307호. 2007.1.5~2011.11.5.

한국콘텐츠진흥원(2008). 「방통융합시대 콘텐츠 OSMU비즈니스 모델 분석 및 개발 연구」.

_____(2009). 「뉴미디어 시대의 콘텐츠비즈니스 전문인력 양성방안 연구」.

_____(2010a). 「2009 해외콘텐츠시장조사: 출판」.

_____(2010b). 「콘텐츠산업분야 인력수급 전망 및 해외선진사례 벤치마킹 조사」.

_____(2010c). 「2010 해외콘텐츠시장조사: 출판, 영화」.

한태학(2000). 「세기전환기 출판환경의 변화에 따른 새로운 방향모색: 전자출판」. 『영산대논총』. 영산대학교.

홍우동(1996). 『편집에서 제책까지』. 지문사.

우예무라 아시오, 김정명·김기태 옮김(2011).『일본 전자출판 들여다보기』, 대한출판문화협회.

닐 포스트먼, 홍윤선 옮김(2009).『죽도록 즐기기』, 굿인포메이션.

류부현(2004). 『책의 역사』, 한국학술정보.

마샬 맥루한, 김진홍 옮김(2001).『미디어는 맛사지다』, 커뮤니케이션북스.

문화체육관광부(2009b).『2009 문화콘텐츠 산업백서』.

문화체육관광부(1995).『한국 도서유통의 문제점 및 개선방안 연구 : 도서정가제 개선을 중심으로』.

박찬수(2009).『만만한 출판제작』, 한국출판마케팅연구소.

볼프강 헤를레스·클라우스 뤼디거 마이, 배진아 옮김(2010).『책 VS 역사』, 추수밭.

부길만 외(1997).『현대출판론』, 세계사.

브뤼노 블라셀, 권명희 옮김(1999).『책의 역사』, 시공사.

사사키 도시나오, 한석주 옮김(2010).『전자책의 충격』, 커뮤니케이션북스.

엘리자베스 L.아이젠슈타인, 전영표 옮김(2008).『근대유럽의 인쇄미디어 혁명』, 커뮤니케이션북스.

유일상(2007),『언론법제론』, 박영사.

오경호(1993).『출판편집레이아웃강의』, 정동출판사.

이재민(2009). 「중국 도서출판산업 현황」, 한국콘텐츠진흥원. 글로벌 콘텐츠 동향과 분석 제298호.

인포메이션 투데이, 김지현 옮김(2011).『세계 출판무역 통계』, 대한출판문화협회.

임병국(2009),『언론법제와 보도』, 나남.

해럴드 A.이니스, 김문정 옮김(2008).『제국과 커뮤니케이션』, 커뮤니케이션북스.

한국출판연구소(2000), 『세계의 도서정가제 현황 연구』, 한국출판연구소.
한기호(2009). 『(함께 쓰는) 출판 마케팅』, 한국출판마케팅연구소.
Impress R&D(2009), 『電子書籍ビジネス調査報告書 2009』.

_해외문헌

Audit Bureau of Circulations(2009). Going Mobile: How Publishers Are Preparing for the Burgeoning Digital Market.

Beijing Review(2009). China's E-Book Booming.

BISG(2009). Book Industry Trends 2009.

Bocker(2009). 2008 U.S. Book Consumer Demographics and Buying Behaviors Annual Report.

Catenazzi, N. & Gibb, F.(1995). The publishing process: the hyper-book approach. *Journal of Information Science, 21,* pp.161~172.

Contra Costa Times(2009). For Retailers, it's Twilight Time. 2009. 11. 27.

Eisenhart, D. M.(1994). *Publishing in the Information age.* Quorum Books.

European Commission(2008). Launch of the ARROW Project: Improving the exploitation of creative content. 2008. 12. 12.

European Newspaper Publishers' Association(2009). 1st Council of Europe Conference of Ministers responsible for Media and New Communication Services A new notion of media. 2009. 5.

_____(2009). Annual Review of 2008.

Fang, I.(1997). *A History of Mass Communication: Six Information Revolution.* Butterworyh-Heinemann a division of Reed Educational & Professional Publishing Ltd.; 심중길 역(2002). 『매스커뮤니케이션의 역사』. 한울아카데미.

Gibbins, P.(1984). Electronic publishing: The future convergence of many disciplines. *Journal of Information Science, 8,* pp.123~129.

Godthe Institute(2009). Dossier: Bookmarket and Books in Germany. 2009. 8.

International Advertising Bureau(2009). Annual Report 2008.

J. P. Morgan(2009). Educational Publishing. 2009. 8. 12.

Kipling, P. & Wilson, T. D.(2000). Publishing, Bookselling and the World Wide

Web. *Journal of Librarianship and Information Science, 32,* pp.147~153.
Magazine Publishers of America(2009a). A Comprehensive Guide and Handbook: Magazines the medium of action. 2009. 10.
_____(2009b). Clearing up Misperceptions about Magazine Closings. 2009. 8.
Nielsen(2009). Consumer Consumption: Current and Future. 2009. 10. 15.
Post Press Packaging & Logistics(2006). Newspaper Supply Chains.
PWC(2009). *Global entertainment and media outlook 2009~2013.*
Richard, J. W.(2002). The impact of electronic publishing on the performance of professional information markets in the Netherlands. *New Media & Society, 4,* pp.307~328.
Scarborough Research(2009). *Scarborough Writes a Refreshing Headline for the Newspaper Industry: Three Quarters of Adults are Reading Newspapers in Print or Online.*
Scupola, A.(1999). The impact of electronic commerce on the publishing industry: towards a business value complementarity framework of electronic publishing. *Journal of Information Science, 25,* pp.133~145.
Ted Striphas, T.(2002). Banality, book publishing and the everyday life of cultural studies. *International Journal of Cultural Studies, 5,* pp.438~460.
The Bookseller(2009). *Global Publisher Ranking: Publishers Top 50.* 2009. 7. 10.
The Publishers Association(2009). *The UK Book Publishing Industry in Statistics 2008.*
Weedon, A.(1996). The Book Trade and Internet Publishing: A British Perspective. *Convergence, 2,* pp.76~102.

_인터넷 자료

대한인쇄문화협회 http://www.print.or.kr/
대한출판문화협회 http://www.kpa21.or.kr
인쇄수출진흥 동국대학교 RIS사업단 http://captris.or.kr/
프린팅코리아 http://www.printingkorea.or.kr/
한국교육개발원 교육정책 네트워크 정보센터 http://edpolicy.kedi.re.kr
한국잡지협회 http://www.kmpa.or.kr/
SOY 헌법/기본법 각론 http://desert.tistory.com/2315

이용준

대진대학교 신문방송학과 교수로 재직 중이며, 중앙대학교 대학원에서 석사와 박사학위를 받았다. 한국간행물윤리위원회 심의위원, 한국출판학회 이사, 경기대진테크노파크 영상미디어문화콘텐츠위원회 위원장을 맡고 있으며, 한국출판학회 총무이사, 한국전자출판협회 감사, Center for Publishing of Stirling University의 Visiting Researcher를 역임했다.

저서 및 연구논문으로『전자책 빅뱅』(2010, 공저),「국민독서의 해 추진방안 연구」(2011),「한국전자책 시장에 대한 수용자 인식 연구」(2010),「전자책 활성화를 위한 수용자 조사연구」(2010),「한국출판산업의 활성화를 위한 진흥방안연구」(2009),「출판·잡지 콘텐츠의 본문 검색에 대한 연구」(2008),「전자출판산업 활성화방안 연구」(2007),「잡지콘텐츠의 디지털 활용방안 연구」(2007),「한국잡지산업의 현황과 성장구조모델에 대한 연구」(2006),「e-Book 콘텐츠의 수익구조 개선방안에 대한 연구」(2005),「한국잡지산업의 구조적 특성에 대한 조사연구」(2004) 등이 논문과 역서로『온라인 저널리즘』(2003) 등이 있다.

문화체육부장관상(2008), 한국잡지언론상(2007) 등을 수상했으며, 2011년 문화체육관광부 전자출판포럼 위원장, 2009년 문화체육관광부 전자출판산업 활성화 정책연구TFT 간사, 2009 출판문화포럼 위원으로 참여했다. 또한, 문화체육관광부의 잡지산업진흥 5개년계획(2011. 4. 발표)과 전자출판산업진흥 5개년계획(2010. 4. 발표)의 수립에 주도적으로 참여하였다.

김원제

중앙대학교 대학원에서 언론학 석사학위를 받았으며, 성균관대학교 대학원에서 언론학 박사학위를 받았다. 현재 (주)유플러스연구소 대표연구원(연구소장), 성균관대학교 사회과학부 겸임교수로 재직 중이며 한국문화콘텐츠기술학회 이사를 맡고 있다.

저서로『스마트 미디어 콘텐츠 인사이트』(2011, 공저),『전자책 빅뱅』(2010, 공저),『콘텐츠 실크로드 미디어 오디세이』(2009, 문화관광부 우수교양도서),『감성펀치』(2008, 공저),『리스크 커뮤니케이션과 위기관리 전략』(2008, 공저),『디지털미디어 길라잡이』(2007, 공저),『퓨전테크 그리고 퓨전비즈』(2007, 문화관광부 교양도서),『대한민국은 지금 체험지향사회』(2006, 공저),『스포츠코리아』(2006),『문화콘텐츠 블루오션』(2005, 공저),『미디어스포츠 사회학』(2005),『유비쿼터스사회와 방송』(2005, 공저) 등이 있다.

과학기술부장관상(2004), 문화관광부장관상(2005), 방송통신위원회 위원장표창(2009) 등을 수상했다.

정세일

중앙대학교 대학원에서 언론학 석사·박사학위를 받았다. 현재 (주)유플러스연구소 연구전문위원으로 재직 중이며, 여러 대학에서 매스커뮤니케이션 관련 과목을 강의하고 있다.

저서로『스마트 미디어 콘텐츠 인사이트』(2011, 공저),『감성펀치』(2008, 공저)가 있으며, 주요 논문으로「문화콘텐츠산업의 성과결정요인에 관한 연구」,「MP3의 도입에 따른 한국음반산업의 구조변화에 관한 연구」,「해외 미디어기업의 '현지화'전략에 관한 연구」,「과학기술의 위험인지와 위험태도에 관한 연구」 등이 있다.

구텐베르크의 귀환

출판문화의 re-르네상스를 위한 성찰

초판인쇄 | 2012년 3월 9일
초판발행 | 2012년 3월 9일

지 은 이 | 이용준 · 김원제 · 정세일
펴 낸 이 | 채종준
펴 낸 곳 | 한국학술정보㈜
주   소 | 경기도 파주시 문발동 파주출판문화정보산업단지 513-5
전   화 | 031) 908-3181(대표)
팩   스 | 031) 908-3189
홈페이지 | http://ebook.kstudy.com
E-mail | 출판사업부 publish@kstudy.com
등   록 | 제일산-115호(2000. 6. 19)

ISBN   978-89-268-3174-8 93010 (Paper Book)
        978-89-268-3175-5 98010 (e-Book)

이 저서는 2012학년도 대진대학교 학술연구비 지원에 의한 것임